"十二五"职业教育国家规划教材

经全国职业教育教材审定委员会审定

21世纪高职高专旅游系列规划教材

# 旅游行业礼仪实训教程（第2版）

主　编　李　丽
副主编　双建萍　张　健　辛　冰
参　编　谷丽丽　季巧霞

## 内容简介

礼仪知识现已渗透到人们社会生活的各个领域，行业礼仪也成为个人与行业文明程度的重要标志。随着旅游业被确立为我国的支柱产业，对旅游行业礼仪的深入研究和实际应用，已成为旅游行业面向世界与国际接轨的大势所趋。《旅游行业礼仪实训教程》是一本行业特色鲜明、操作导向明确的礼仪教程。它的知识解析实用规范，图解说明形象生动，实训活动丰富具体，主要包括礼仪知识概述、旅游行业仪容仪表礼仪、仪态礼仪、交际礼仪、服务语言礼仪、接待礼仪、国际交往礼仪、岗位礼仪、求职礼仪九个章节，涉及旅游专业课内与课外、旅游行业校内与校外等不同场景，借鉴了国内外礼仪专家传播的时尚新鲜的礼仪知识，构成了"礼仪知识+典型案例+实训项目活动+第二课堂任务"等相互补充的实践教学体系，突出旅游职业能力的培养，旨在更好地开展体验式礼仪教学，在仿真情境中完成教、学、做融于一体的礼仪训练任务，帮助您塑造出优雅得体的个人形象，更使您富有优秀旅游从业者的个人魅力。

**图书在版编目（CIP）数据**

旅游行业礼仪实训教程/李丽主编．—2版．—北京：北京大学出版社，2014.8
（21世纪高职高专旅游系列规划教材）
ISBN 978-7-301-24478-4

Ⅰ.①旅… Ⅱ.①李… Ⅲ.①旅游业—礼仪—高等职业教育—教材 Ⅳ.①F590.63

中国版本图书馆CIP数据核字（2014）第148300号

| | |
|---|---|
| 书　　　名： | 旅游行业礼仪实训教程（第2版） |
| 著作责任者： | 李　丽　主编 |
| 策　划　编　辑： | 刘国明 |
| 责　任　编　辑： | 刘国明 |
| 标　准　书　号： | ISBN 978-7-301-24478-4/F·3988 |
| 出　版　发　行： | 北京大学出版社 |
| 地　　　址： | 北京市海淀区成府路205号　100871 |
| 网　　　址： | http://www.pup.cn　新浪官方微博：@北京大学出版社 |
| 电　子　信　箱： | pup_6@163.com |
| 电　　　话： | 邮购部 010-62752015　发行部 010-62750672　编辑部 010-62750667 |
| 印　　刷　者： | 北京虎彩文化传播有限公司 |
| 经　销　者： | 新华书店 |
| | 787毫米×1092毫米　16开本　20印张　468千字 |
| | 2012年8月第1版 |
| | 2014年8月第2版　2021年9月第8次印刷 |
| 定　　　价： | 40.00元 |

未经许可，不得以任何方式复制或抄袭本书之部分或全部内容。
**版权所有，侵权必究**
举报电话：010-62752024　电子信箱：fd@pup.pku.edu.cn

# 第 2 版前言

旅游行业礼仪是改善旅游业软环境、促进旅游业持续发展的重要影响因素,被称为旅游业的无声招牌。旅游行业礼仪教育包括从业人员的职业道德提升、职业形象设计、职业仪态塑造、对客关系处理、行业礼貌语言运用、求职礼仪、礼俗知识传播等方面的内容。讲究行业礼仪的得体服务是旅游行业提供个性化服务的前提条件,它充分体现了对客人的尊重。

本书从职业意识、形象塑造、举止身姿、谈吐沟通等这些旅游行业从业者最常遇到的礼仪问题入手,并逐步深化礼宾常识、涉外礼俗、岗位服务、求职礼仪等行业礼仪知识,帮助他们学习优雅的服务,得体的举止,自信地生活和工作。旅游行业礼仪的普及和传播不但促使从业者的外在形象不断变化、精神境界不断升华、内在修养不断完善、职业素质不断修炼,更能推动旅游行业走向成熟和稳健。

旅游职业教育的特色在于专业性和应用性,以培养应用型人才为宗旨。因此,本书的编写目的重点在于在旅游行业礼仪方面"如何做""为什么要这样做",少谈"是什么",在一定课程理论和实训原理指导的前提下,指导读者将礼仪知识转化为可动手掌握和操作的行为与规范。

**独特新颖的体例**。本书在每章节采用"知识解析+典型案例+实训项目+课程任务"的体例,结构设计为三个要点:一是每章节设计了行业礼仪的相关知识导入和讲解,引入图片资料的形式进行展示分析,注重清晰的逻辑思路和简洁的知识脉络;二是每节都有典型案例、实训项目、情景剧的设计,注重知识点的应用与操作;三是每章之后设计活泼有趣的课程任务引导读者将所学知识应用于生活与工作实践。

**体现实训教程的特点**。将旅游从业者在旅游服务中应掌握的知识和技能分解到各个实训项目中,实训项目设计包括项目内容、所需材料和工具、训练场地设计、训练场景布局、实训步骤、实训标准,以及实训效果的考核等等都做了详尽的安排,同时部分项目采取场景设计、角色模拟的办法来达到实战演练的目的。

**时代性与实操性兼容**。教材借鉴了国内外知名礼仪专家传播的时尚新鲜的礼仪教学内容,大量吸收了反映旅游行业礼仪教学发展的新成果,行业特色更加鲜明,并加入了许多新鲜内容,着力加强讲授者的实践教学能力和学习者的应用操作能力。

**针对性和适用性强**。教材有助旅游从业人员全面地提高人际交往能力,掌握一般旅游行业通用礼仪要求和旅游行业典型岗位服务礼仪规范,具有很强针对性的同时,也为读者课程后续专业课学习、个人自我完善和未来职业生涯发展奠定良好的基础。

全书由李丽负责体例设计及总纂统稿。共分为九章,李丽任主编,双健萍、张健、辛冰任副主编。长春职业技术学院谷丽丽、青岛金沙滩希尔顿酒店人力资源总监季巧霞也参与了编写工作。具体分配如下,前言:李丽;第 1 章:李丽、谷丽丽;

第2章：双建萍；第3章：李丽；第4章：季巧霞；第5章：李丽、张健；第6章：谷丽丽；第7章：李丽、季巧霞；第8章：辛冰；第9章：李丽、辛冰。

  这本书中参考了许多礼仪专家、学者的论著，让我们从中吸取了有价值、有影响力的观点，在此一并表示衷心的感谢！由于学识有限，敬请各位专家、读者对本书的缺点和疏漏给予批评指正。

编者

2014 年 4 月

# 目 录

1 意识唤醒——旅游行业礼仪概述 …………………… 1
  1.1 礼仪的概念、特征与职能 …… 2
    1.1.1 礼仪相关概念与内涵 …… 2
    1.1.2 礼仪的特征 …………… 4
    1.1.3 礼仪的作用 …………… 5
  1.2 礼仪的起源与发展 …………… 9
    1.2.1 礼仪的起源 …………… 9
    1.2.2 礼仪的形成和发展 …… 12
    1.2.3 中西方礼仪文化的差异 …………………… 14
  1.3 旅游行业礼仪 ………………… 19
    1.3.1 旅游行业礼仪与职业素养的关系 ………… 19
    1.3.2 旅游行业礼仪的养成 … 20

2 形象整饰——旅游行业仪容仪表礼仪 …………………… 25
  2.1 旅游行业仪容仪表与个人卫生 ………………………… 26
    2.1.1 发型的选择与打理 …… 27
    2.1.2 个人卫生 ……………… 29
    2.1.3 个人气味 ……………… 32
  2.2 旅游行业服务形象塑造 ……… 34
    2.2.1 正式场合的着装与服饰 …………………… 35
    2.2.2 面容的修饰与化妆 …… 41
    2.2.3 饰品的佩戴 …………… 47
    2.2.4 鞋袜能顶半边天 ……… 49

3 举止气质——旅游行业仪态礼仪 …………………………… 54
  3.1 优雅仪态美化与塑造 ………… 55
    3.1.1 优雅站姿训练 ………… 56
    3.1.2 优雅坐姿 ……………… 60
    3.1.3 优雅蹲姿 ……………… 65
    3.1.4 优雅走姿 ……………… 67
  3.2 优雅手势 ……………………… 70
    3.2.1 旅游行业服务手势 …… 70
    3.2.2 旅游服务中常用的手势 … 71
  3.3 表情与神态 …………………… 75
    3.3.1 眼神 …………………… 75
    3.3.2 微笑 …………………… 76

4 待人接物——旅游行业交际礼仪 …………………………… 81
  4.1 会见与拜访礼节 ……………… 82
    4.1.1 握手礼 ………………… 83
    4.1.2 介绍礼 ………………… 84
    4.1.3 鞠躬礼 ………………… 86
    4.1.4 拥抱与亲吻礼 ………… 87
    4.1.5 名片礼 ………………… 89
    4.1.6 拜访礼 ………………… 91
    4.1.7 馈赠礼仪 ……………… 93
  4.2 电话礼仪 ……………………… 96
    4.2.1 接听电话的礼仪 ……… 96
    4.2.2 拨打电话的礼仪 ……… 99
    4.2.3 电话的转接和等候 …… 100
    4.2.4 如何做好电话记录 …… 100
    4.2.5 电话礼貌用语 ………… 101
  4.3 用餐礼仪 ……………………… 104
    4.3.1 出席中餐宴会礼仪 …… 104
    4.3.2 出席西餐宴会礼仪 …… 108
    4.3.3 出席工作餐与自助餐 … 116
    4.3.4 品酒礼仪 ……………… 117

5 谈吐沟通——旅游行业服务语言礼仪 …………………… 123
  5.1 谈话的艺术与技巧 …………… 124

5.1.1　与客人谈话的一般
　　　　　技巧 …………………… 124
　　5.1.2　服务语言交流的艺术 … 126
5.2　对客服务沟通艺术 …………… 131
　　5.2.1　对客服务沟通要素的
　　　　　基本要求 ……………… 132
　　5.2.2　对客服务沟通能力的
　　　　　训练 …………………… 138
　　5.2.3　对客服务沟通中的"魔力
　　　　　词语"和"可怕词语" … 140
5.3　重要场合如何讲话 …………… 142
　　5.3.1　道歉的语言艺术 ……… 142
　　5.3.2　感谢的语言艺术 ……… 143
　　5.3.3　插话的语言艺术 ……… 144
　　5.3.4　拒绝的语言艺术 ……… 145
　　5.3.5　处理投诉的语言艺术 … 146
　　5.3.6　上下级沟通的艺术 …… 148
　　5.3.7　在公共场合的发言 …… 149
　　5.3.8　回答问题的技巧 ……… 151

## 6　礼宾次序——旅游行业接待礼仪 …………………………… 155

6.1　礼宾规格与礼宾次序 ………… 156
　　6.1.1　礼宾规格 ……………… 156
　　6.1.2　礼宾次序 ……………… 160
6.2　旅游接待服务中礼宾次序的
　　排列 …………………………… 163
　　6.2.1　会议座次的排列 ……… 163
　　6.2.2　签字仪式时的位次
　　　　　排列 …………………… 166
　　6.2.3　谈判时的位次排列 …… 168
　　6.2.4　会见与会谈时的位次
　　　　　排列 …………………… 170
　　6.2.5　行进时的位次排列 …… 172
　　6.2.6　乘车时的位次排列 …… 175
　　6.2.7　宴会座次和桌次的排序
　　　　　规则 …………………… 178
6.3　旅游接待服务礼仪 …………… 185
　　6.3.1　旅游接待服务准备 …… 185
　　6.3.2　旅游接待服务落实 …… 187
　　6.3.3　旅游接待服务收尾 …… 191
　　6.3.4　旅游接待基本礼仪 …… 192

## 7　涉外礼俗——旅游行业国际交往礼仪 …………………………… 199

7.1　宗教习俗与礼仪 ……………… 200
　　7.1.1　佛教礼俗与禁忌 ……… 200
　　7.1.2　基督教礼俗与禁忌 …… 204
　　7.1.3　伊斯兰教礼俗与禁忌 … 208
7.2　国外习俗与礼仪 ……………… 212
　　7.2.1　亚洲国家习俗礼仪 …… 212
　　7.2.2　欧洲国家习俗礼仪 …… 221
　　7.2.3　美洲国家习俗礼仪 …… 227
7.3　我国少数民族及港澳台地区传统
　　习俗礼仪 ……………………… 231
　　7.3.1　我国主要少数民族地区的
　　　　　传统礼俗 ……………… 231
　　7.3.2　港澳台地区礼俗 ……… 238

## 8　优质服务——旅游行业岗位礼仪 …………………………… 246

8.1　餐饮服务礼仪 ………………… 247
　　8.1.1　领台服务人员礼仪 …… 247
　　8.1.2　值台服务人员 ………… 248
　　8.1.3　走菜服务人员礼仪 …… 252
　　8.1.4　账台服务人员礼仪 …… 254
　　8.1.5　厨台服务人员礼仪 …… 254
8.2　客务服务礼仪 ………………… 255
　　8.2.1　前厅服务礼仪 ………… 256
　　8.2.2　总台服务礼仪 ………… 260
　　8.2.3　客房服务礼仪 ………… 266
8.3　导游服务礼仪 ………………… 272
　　8.3.1　导游迎客礼仪 ………… 272
　　8.3.2　带客游览服务礼仪 …… 276
　　8.3.3　带客购物服务礼仪 …… 278
　　8.3.4　导游送客礼仪 ………… 279
　　8.3.5　导游人员服务礼仪 …… 280

# 9 职场助力——旅游行业求职礼仪 …… 286

## 9.1 求职信的礼仪 …… 287
### 9.1.1 求职信基本礼仪 …… 287
### 9.1.2 求职资料准备 …… 290

## 9.2 面试的礼仪 …… 294
### 9.2.1 面试前的准备 …… 294
### 9.2.2 面试中的礼仪 …… 298
### 9.2.3 面试结束的礼仪 …… 302
### 9.2.4 面试礼仪禁忌 …… 304

**参考文献** …… 309

# 1 意识唤醒——旅游行业礼仪概述

**知识概述**

随着时代与社会经济的飞速发展，礼仪现已渗透到人们社会生活的各个领域，占据着越来越重要的位置，并逐渐形成了专门的学科，备受人们青睐。随着旅游业被确立为我国的支柱产业，成为国民经济新的增长点，加强对旅游行业礼仪的深入研究和实际应用，已成为一个有着悠久历史的经济文化大国面向世界与国际接轨的大势所趋。本章内容主要包括：

● 礼仪的概念、特征与职能。介绍礼仪的概念与内涵、明确礼仪在社会生活和职业中的重要作用。

● 礼仪的起源与发展。探讨礼仪起源与发展状况，辨析中西方礼仪在文化、意识和表现方面的差异，帮助理解现代礼仪现象。

● 旅游行业礼仪。了解旅游行业礼仪与职业素养的关系，掌握旅游行业礼仪的养成方法。

礼仪是一个人内在修养和素质的外在表现，是人际交往中约定俗成的示人以尊重、友好的习惯做法。人们可以根据各式各样的礼仪规范，正确把握与外界的人际交往尺度，合理地处理好人与人的关系。

## 知识导入

### 刘庄尊师

汉明帝刘庄做太子时，博士桓荣是他的老师，后来他继位作了皇帝"犹尊桓荣以师礼"。他曾亲自到太常府去，让桓荣坐东面，设置几杖，像当年讲学一样，聆听老师的指教。他还将朝中百官和桓荣教过的学生数百人召到太常府，向桓荣行弟子礼。桓荣生病，明帝就派人专程慰问，甚至亲自登门看望，每次探望老师，明帝都是一进街口便下车步行前往，以表尊敬。进门后，往往拉着老师枯瘦的手，默默垂泪，良久乃去。当朝皇帝对桓荣如此，所以"诸侯、将军、大夫问疾者，不敢复乘车到门，皆拜床下"。桓荣去世时，明帝还换了衣服，亲自临丧送葬，并将其子女作了妥善安排。

常言道：一日为师终生为父。古往今来，尊师重道的故事比比皆是。阅读以上中华传统礼仪故事，讨论我国传统礼仪的核心是什么？如何在学习礼仪的过程中不断完善自己的品格、增长自己的智慧？

## 1.1 礼仪的概念、特征与职能

在一般人的表述之中，与"礼"相关的词最常见的有3个，即礼仪、礼节、礼貌。在大多数情况下，它们是被视为一体、混合使用的。其实，从内涵上来看，三者不可简单地混为一谈。它们之间既有区别，又有联系。

### 1.1.1 礼仪相关概念与内涵

1. 礼仪

据许慎《说文解字》，"礼"在我国古代最初指"事神致福"，即祭祀神明以获得庇佑。之后，"礼"这一概念被引申和演变成为社会生活中的规范，是规定社会行为的法则、规范、仪式的总称。《论语·为政》："道之以德，齐之以礼。"这个"礼"即是礼制和法度，是治理国家的一系列典章制度。《诗经·小雅》："献酬交错，礼仪卒度"，"仪，度也"，"仪"指形式、仪式，也指法度、准则和典范。作为文化现象中上层建筑领域的重要组成，礼仪指特定民族、人群或国家基于客观历史传统而形成的，以确立维护社会等级秩序为核心内容的价值观念、道德规范及与

# 1 意识唤醒——旅游行业礼仪概述

之相适应的典章制度、行为方式,并随着社会经济的发展和人类文明的进步而不断发展、完善。

孔子说:"不学礼,无以立";"礼者,敬人也"。顾名思义,从现实生活和社会交往的角度来讲,礼仪是尊重自己、尊重别人的表现形式,是一种待人接物的行为规范,也是交往的艺术。它是人们在社会交往中由于受历史传统、风俗习惯、宗教信仰、时代潮流等因素而形成的,既为人们所认同,又为人们所遵守,是以建立和谐关系为目的的各种符合交往要求的行为准则和规范的总和。

礼仪的核心是什么?《礼记·曲礼》:"夫礼者,自卑而尊人。"意思是礼仪是律己、敬人的一种行为规范,是表现对他人尊重和理解的过程和手段。因此,礼仪的核心应当是诚敬与尊重。"德辉动于内,礼发诸外",这是我国传统礼仪的待人处世原则,也是现代礼仪的"源"与根;同时,西方礼仪是当前我们需要学习和借鉴掌握的人际交流工具,它的特点是强调个性,崇尚个性自由、平等、自由、开放,但也并不是死板的"规矩",它是通过考虑、尊重和真诚的方式在各种社会活动中对待他人的方式。

礼仪的表现形式有:礼节、礼貌、仪表、仪式、器物、服饰、标志、象征等。礼仪的内容涉及穿着、交往、沟通、情商等内容。

2. 礼貌

礼貌,是人与人在接触交往中,通过言语、动作向交往对象表示敬重和友好的行为规范,是文明行为的最起码要求。它侧重于表现人的品质与素养。礼貌是待人接物时的一种态度与方式,它是礼仪的基本标准与要求。在现代社会中遵守社会公德、遵时守信、真诚友善、理解宽容、热情有度、互尊互帮、仪表端庄、女士优先等礼仪被世界各国的人们视为礼貌的基本原则。

在交往时讲礼貌,不仅有助于建立相互尊重或友好合作的关系,而且能调节公共场所的人际关系,缓解或避免冲突。旅游服务人员对宾客开展礼貌服务可以让身处异国他乡的宾客,仍有在家一般的亲切、温暖之感。

3. 礼节

礼节,通常是指人们在日常生活和社交场合,相互表示尊重、友好的问候、祝颂、慰问以及给予必要的协助与照料的惯用形式。它实际上是对他人礼貌态度在语言、行为、姿态、仪表等方面的具体体现。例如日常生活中问候、握手、拥抱、作揖、男士照顾女士等行为(图1-1、图1-2),在旅游服务行业中主动微笑问候,按照先宾客后主人、先女宾后男宾等礼遇顺序进行送茶、上菜、斟酒、送毛巾等均为礼貌待客之道。

4. 三者之间的关系

礼仪、礼貌与礼节是相互渗透,相互补充的关系。其中礼貌为礼仪的具体规范与要求，礼节是礼仪和礼貌的表现形式。礼貌待人绝不是简单地模仿、学习，更不是讲究形式的例行公事，礼节、礼貌是一个人内心世界的外在表现和真实感情的自然流露。举止大方、温文尔雅、彬彬有礼的风度，绝不是装模作样所能及的，它必须以良好的个人修养为基础。因此，讲究礼仪规范既是人际交往中增进友谊、联络感情的行为准则，也是一个人内在修养的外在表现。

图 1-1　合十礼

图 1-2　拥抱礼

## 1.1.2　礼仪的特征

**1. 共同性**

在现实生活中，礼仪已经成为参加交际活动的社会各阶层人士所共同遵守的准则与行为规范，也是一门将交际活动导向成功的学科。每一个国家或地区、民族的礼仪，都有自身的特征，但由于人们追求真善美的愿望是一致的，礼尚往来、礼貌待客、文质彬彬、举止得体是符合大多数人价值取向的文明标志，因此各国、各民族的礼仪也有着相通的共性，每个人都要依礼办事。

**2. 差异性**

由于民族习俗、生活习惯以及文化修养等诸多方面的不同，礼仪除了共同性特点之外，还带有本地域民族的自身特点，这就形成了礼仪表现形式上的差异性。例如大拇指和食指环成圆圈、其余手指伸展的手势，在美国表示"赞同"、"了不起"，但是在巴西则是指责别人行为不端。所以礼仪除了具有一定的固定形式与规范外，还要注意因时因地因对象的不同而"入乡随俗"。人们如果忽略了礼仪的差异性，就达不到交往的目的，甚至适得其反。

## 1 意识唤醒——旅游行业礼仪概述

**3. 继承性**

礼仪的发展与沿用从来就没有间断过，它是历史的产物。礼仪规范将人们交际活动中约定俗成的程式固定下来，每个时代都能反映其发展面貌，有精华、也有糟粕，这种固化程式随着时间的推移沿袭下来，形成了继承性特点。例如：在重大活动中，座次以北为上，以右为尊的规则，就是继承了传统礼仪，成为现今人们仍沿用遵守的礼仪规范。我们必须从传统的礼仪精神遗产中批判继承，在继承我国古代礼仪精华的同时，也要十分注意汲取外国礼仪，特别是注意吸收目前通行当代国际礼仪的一切长处，为我所用。

**4. 时代性**

礼仪规范不是一成不变的，它随着时代的发展、科学技术的进步，在传统的基础上不断地推陈出新，并渗透到社会生活的各个方面，反映着每个时代政治、经济、文化、道德等各个方面的面貌，体现着时代的要求与时代的精神。在我国，握手替代了作揖，鞠躬替代了跪拜，如今节假日给亲朋好友打个礼仪电话，发个短信或送去礼仪鲜花表示祝贺与问候，这些都反映了礼仪时代性的特点。

### 1.1.3 礼仪的作用

中华民族素有礼仪之邦的美誉，礼仪在中华文化的历史演进过程中，起着积极的推动作用。"为人子，方少时，亲师友，习礼仪。"我国宋代启蒙教材《三字经》中就已经强调了礼仪的重要性。今天，经济的全球一体化和信息共享的网络化把现代人领到了一个无限伸展而又不断浓缩的空间，人际交往和沟通日益频繁。礼仪修养，不仅是人们必备的基本素质，而且是社会交往、商务活动和其他各项事业成功的一个重要条件，对社会中的个人和团体起着重要作用。从个人的角度来看，它有助于提高人们的自身修养，美化自身、美化生活，促进人们的社会交往，改善人际关系，另外还有助于净化社会风气。从团体的角度来看，礼仪是企业文化、企业精神的重要内容，是企业形象的主要附着点。

在人际交往中，礼仪的作用主要体现在四个方面，第一是塑造形象；第二是沟通信息；第三是联络感情；第四是增进友谊。

**1. 塑造形象**

"形象"，在社交中是指参与交往的主客双方在对方心目中的总体评价和基本印象，人们在现代社会交往中，总是以两种形象出现，一种是个人形象，一种是组织形象。例如我们以个人身份去赴宴时，在餐桌上表现的纯粹是个人形象；当我们代表组织或单位去赴宴，此时表现的则是组织或单位的形象；而有时一个人的言谈举止甚至被外界视为一个民族、一个国家的形象。所以欧洲旅游总会制定的旅游者应遵循的9条基本准则中第一条就这样写道："你不要忘记，你在自己的国度里不过是成千上万同胞中一名普通公民,而在国外你就是'西班牙人'或'法国人'。你的言谈举止决定着他国人士对你的国家的评价。"不管以什么身份,保持优雅的礼仪应对进退,自然会塑造出良好的个人及组织形象。

1) 个人形象塑造

在社会生活的大部分时间里,人们总是以个体形象出现。一般而言,一个具有高尚情趣、优雅气质、潇洒风度的人总是备受欢迎的,而不拘小节、不知情理、行为粗暴、态度恶劣等是与人交往的诸多障碍。怎么才能成为一个有魅力、有风度、有修养的现代人呢?

(1) 拥有高尚的情趣。一个富有高尚情趣的人,必然是一个尊重他人、心胸开阔、心底无私的君子。一个人既懂得外在礼仪方面的涵养,又注重内在品质的锤炼,方能达到性情和志趣高远的境界。

(2) 提升优雅的气质。根据古希腊医学家希波克拉底(Hippocorates)的研究,把人的气质分为四种,即胆汁质、多血质、粘液质和抑郁质。不同的人就有不同的气质,不同气质的人看待问题和处理问题的方法又不同。如何在待人接物中提升个人气质魅力呢?一般而言,胆汁质类型的人在社交场合中容易获得他人好感,不容易得罪他人;但遇事不要过分急迫而自信,应该多一份谦虚的容忍。多血质类型的人在社交场合往往很容易投入,也能成为社交中心人物,但难以持久;这种人特别应该注意培养自己的恒心和耐心,以取得他人的信任。粘液质类型的人在社交场上很难顺利融入圈子,交际不广;在与人相处时,多一些热情,多一份信心,知礼行礼,那么即便你少言寡语一些也仍然会受欢迎的。抑郁质类型的人往往很难打开交际场面,要想改变现状,唯有努力改变一下自己的个性,多与人交往,多参与各种社交活动,让现实逐渐打破自己气质抑郁的枷锁,争取创造一个崭新的个人形象去面向社会。

(3) 保持潇洒的风度。风度是一个人受人欢迎的内在素质修养和外部行为等的总称,具体表现在人的形态、言谈、举止、装束打扮等方面。个人风度之美是多方面的,不仅需要有丰富的内涵,也需有外在的表现。一个人如果仅具有良好的外在形象,在人群中不一定受到欢迎;而一个举止得体优雅、言谈风趣幽默、内涵丰富的人,则一定是一个真正受欢迎、有风度的人。

2) 组织形象塑造

人总是社会的人,大部分的人总隶属于一个部门、一个公司,即人是组织化的个人。显然,我们每个人工作中的各种形象也就代表着组织的形象,组织形象就是对外交往的门面和窗口,良好的组织形象可以给组织带来无穷的社会效益。比如电话总机接线员的声音就具有很强的渗透性,如果声音温文尔雅、彬彬有礼,自然留给客人良好的组织形象印象(图1-3)。从组织角度出发,无论是领导者还是员工,应有强烈的形象意识。从礼仪角度而言,任何组织内的个人均应重视社交礼仪的学习和再教育,自觉掌握现代社交礼仪的常识,为塑造良好的组织形象服务。

# 1 意识唤醒——旅游行业礼仪概述

图1-3 组织形象代表

**典型案例**

### 礼仪助你塑造形象

美国 IBM 公司强调团队意识，注重统一的形象，其一般员工都是蓝色衬衫配深色西裤，因而被人们誉为蓝色巨人。而同样经营电脑设备的美国苹果公司更注重个性的张扬，其员工着装不拘一格，营销人员多着牛仔裤，从而给人轻松、活泼的形象。这些迥然不同的礼仪风格都是为了在公众心中塑造独特的企业形象。

2. 沟通信息

礼仪行为可帮助传达和沟通多种信息。在现代信息社会，飞速发展的传播沟通技术和手段日益改变着人们传统的交往观念和交往行为，这种人际沟通的变化给人类社交礼仪的内容和方式均提出了更高的要求。如何在这种沟通条件下，实现有礼有节的交往，创造"人和"的境界，是学习礼仪的另一意义。礼仪传达信息的三大要素分别是言语礼仪、行为表情礼仪和饰物礼仪。

（1）言语礼仪是指通过口头或书面语言方式表达的一种礼仪，即直接用语言来传达的某种礼节。比如问候语"您好"、"早安"、"身体好"、"万事如意"等，通过语言本身的字面含义传递给对方这样一种信息，或是祝福，或是尊重，或是一般性礼貌，或是一种随意的问候等。

（2）行为表情礼仪有时也称"态势语"、"体态语"（图1-4）、"无声语言"等，泛指人际沟通中除却语言信息之外、通过人的身体语言来传情达意的一种礼仪行为。比如不同握手姿势所表达的信息截然不同：用双手紧紧握住对方并使劲晃动，表示了一种久别重逢或深深的感激或浓浓的鼓励；松松垮垮握一下对方的手，可能传达不重视或希望快结束等信息。人们既要通过态势语准确地表达自己所想传达的信息，同时又得学会准确地猜度他人传递给你的信息。

图1-4 体态语

（3）饰物礼仪是指通过服饰打扮或各种物品等传情达意、传达信息的一种礼仪。比如在中国红色衣服适合喜庆场合，黑色衣服适合隆重、庄严的场合，白色表示纯洁、高尚等。在社交活动中，通过饰物来传情达意，往往能达到"此时无声胜有声"的效果。

3. 联络感情

联络感情不仅是社交礼仪的重要职能，也是社交礼仪的一个重要特征。一方面，表达感情、联络感情是社交礼仪的重要目的，同时，行使礼仪行为的基础又必须是情感。发自内心对别人的尊重和关爱，才能产生和颜悦色的礼仪行为，否则，礼仪只不过是一套僵化的程序和手段而已。心不在焉地与他人握手时，眼神肯定是不专注的，手势也是无力的，这样的握手让对方感受到你缺乏真诚，让人觉得不够重视。长此以往，就会给你的社交生活带来重大损失。充分认识社交礼仪的"情感"特征，以真诚的心换取他人之心，以真诚的行为款待他人，以真诚的语言取悦他人，礼仪联络感情的职能才能得到尽情地发挥。

1 意识唤醒——旅游行业礼仪概述

**典型案例**

### 尼克松访华外交趣闻

1972年2月，美国总统尼克松访华。尼克松对这次来访做了充分准备：盛大的国宴上，在座的美国人大都不会使用筷子，尼克松却能不紧不慢地用筷子夹取美味佳肴。时任外交部礼宾司副处长的唐龙彬回忆说，自从访华之事决定之后，尼克松和夫人就开始在家里练习如何用筷子。不仅如此，"尼克松还学会了几句简单的中文，比如'你好'，'谢谢'"，这些都巧妙地拉近了他和中国人的距离。

在尼克松临行前的答谢宴会上，"熊猫"牌香烟盒上那憨态可掬的大熊猫引起了尼克松夫人帕特的注意和赞叹。早有一番深思熟虑的周总理告诉她，决定要将大熊猫作为中美建交的礼物送给美国人民。

在如此重要的外交场合，无论尼克松总统使用筷子还是周总理赠送熊猫，都通过恰当的外交礼仪传递了对对方国家和人民友好的感情信息，这种方式不可谓不巧妙。

(原文摘自：西陆军事，有改动)

## 1.2 礼仪的起源与发展

礼仪作为人类社会的行为规范，是与人类社会同时产生、同步发展的。在我国，对礼仪的起源说法是多元的，礼仪既起源于原始人类的劳动和日常生活，用来调节人类不断增长的欲望与客观环境之间的种种矛盾，同时又起源于原始人类的世界，是由原始的祭祀仪式和活动逐渐发展形成的一系列行为规范。

### 1.2.1 礼仪的起源

1. 祭祀起源说

这种观点认为，礼仪起源于远古时期的原始宗教祭祀活动（图1-5）。当时，人们无法解释人与自然的关系，认为一切事物都有看不见的鬼神在操纵，于是向神灵跪拜打恭的宗教仪式就成了沟通人与神的中介与桥梁，履行宗教祭祀礼仪即是向鬼神讨好求福，从而产生了礼仪的雏形。礼仪制度正是为着处理人与神、人与鬼、人与人的三大关系而制定出来的。中国古代有"五礼"之说，"祭祀之事为吉礼，冠婚之事为嘉礼，宾客之事为宾礼，军旅之事为军礼，丧葬之事为凶礼"。民俗界认为礼仪包括生、冠、婚、丧四种人生礼仪。

图1-5　祭祀活动

2. 饮食起源说

自古以来，中国就是"礼仪之邦"、"食礼之国"。懂礼、习礼、守礼、重礼的历史，源远流长。《礼记·礼运》记载："夫礼之初，始诸饮食。"古时候，把黍米、切割成块的猪肉烤熟而吃，用双手捧着小坑的积水喝，都是饮食礼仪的原始体现，与远古的祭神仪式直接相关。食礼诞生后，周公通过"制礼作乐"对皇家和诸侯的礼宴作出了若干具体的规定。接着，儒家学派的三大宗师——孔子、孟子、荀子，又继续对食礼加以规范，补充进仁、义、礼、法等内涵，将其拓展成人与人的伦理关系，"以礼定分"，消患除灾。他们的学生还对先师的理论加以阐述、充实，最后形成《周礼》、《仪礼》、《礼记》三部经典著作，使之成为数千年封建宗法制度的核心与灵魂。

3. 欲望与环境矛盾起源说

这种观点认为，礼仪起源于人类协调主客观矛盾的需要，维持群体生活的自然人伦秩序是礼仪产生的最原始动力。《荀子·礼论》云："礼起于何也？曰：人生而有欲，欲而不得，则不能无求，求而无度量分界，则不能不争。争则乱，乱则穷。先王恶其乱也，故制礼义以分之。"《管子·君臣下》云："古者未有君臣上下之别，未有夫妇妃匹之合，兽处群居，以力相争。于是智者诈愚，强者凌弱，老幼孤独，不得其所。"以上说法认为，礼仪是"先王"为了"止欲制乱"而"制礼"，来维护特殊社会集团和阶级利益的。

4. 原始舞蹈起源说

这一说法通过对"礼"字的字源学考察和对原始舞蹈社会化功能的分析，说明原

## 1 意识唤醒——旅游行业礼仪概述

始舞蹈是人类最早的社会化途径,在贵族集团的宗法制度下,原始舞蹈演变为教化人伦、分别等级的礼仪制度,而在民间,则演变为会饮狂欢、合同人群的节日庆典。使原始舞蹈(图1-6)将不同个体凝聚为社会共同体的是洋溢于其中的普遍同情感,这就是孔子所谓的"仁",孔子正是从民间庆典中领会到"仁"的真谛。

图1-6 原始舞蹈

**知识拓展**

### 有趣的古代饮食礼俗

"毋抟饭"。吃饭时不可抟饭成大团,大口大口地吃,这样有争饱之嫌。

"毋放饭。"要入口的饭,不能再放回饭器中,别人会感到不卫生。

"毋流歠"。不要长饮大嚼,让人觉得是想快吃多吃,好象没够似的。

"毋口它食"。咀嚼时不要让舌在口中作出响声,主人会觉得你是对他的饭食表现不满意。

"毋啮骨"。不要专意去啃骨头,这样容易发出不中听的声响,使人有不雅不敬的感觉。

"毋反鱼肉"。自己吃过的鱼肉,不要再放回去,应当接着吃完。

"毋投与狗骨"。客人自己不要啃骨头,也不能把骨头扔给狗去啃。

"毋固获"。不要喜欢吃某一味肴馔便独取那一味,或者争着去吃,有贪吃之嫌。

"毋扬饭"。不要为了能吃得快些,就用食具扬起饭粒以散去热气。

"饭黍毋以箸"。吃黍饭不要用筷子,但也不是提倡直接用手抓。食饭必得用匕。筷子是专用于食羹中之菜的,不有混用。

"羹之有菜者用梜,无菜者不用梜"。梜即是筷子。羹中有菜,用筷子取食。如果无菜筷子派不上用场,直饮即可。

"毋嚺羹"。饮用肉羹,不可过快,不能出大声。有菜必须用筷子夹取,不可直接用嘴吸取。

> "毋絮羹"。客人不能自己动手重新调和羹味，否则会给人留下自我表现的印象，好象自己更精于烹调。
> "毋刺齿"。进食时不要随意不加掩饰地大剔牙齿，如齿塞，一定要等到饭后再剔。
> "毋歠醢"。不要直接端起调味酱便喝。醢是比较咸的，用于调味，不是直接饮用的。
> "濡肉齿决，干肉不齿决"。湿软的烧肉炖肉，可直接用牙齿咬断，不必用手去擘；而干肉则不能直接用牙去咬断，须用刀匕帮忙。
> "毋嘬炙"。大块的烤肉和烤肉串，不要一口吃下去，如此塞满口腔，不及细嚼，狼吞虎咽，仪态不佳。

### 1.2.2 礼仪的形成和发展

随着人类历史的前进，社会经济、政治和文化得到发展，人际交往日趋频繁，社会生活更加复杂和多样化，"礼"也在不断丰富和发展。有一些日常生活中的"礼"是在物质生产发展的基础上才有可能出现的。例如，"干杯"必须在酿造业发展的基础上才可能出现，人们讲究服饰穿戴礼仪则是基于纺织、丝绸、印染业的规模化发展。也有一些礼节是在社会文化生活和相互交往中逐渐演变而来的。例如，席间奏乐必须是音乐有了相当发展后形成的，各种礼仪场合的布置装饰是艺术发展的一种成果，"握手"据说是西方中世纪骑士相互格斗、势均力敌时作为和解的表示，把平时持剑的右手伸向对方、相互握手言和，而演变成今天的一种通行礼节（图1-7）。

图1-7 握手礼节

**1. 中国礼仪的形成和发展**

在中国历史上，夏朝以前，礼仪较为简单和虔诚。夏、商、西周三代形成了完整的国家与制度，提出了许多极为重要的"礼"的概念。周朝是国家礼仪齐备的朝代，不遵行种种典章制度的诸侯，天子就可以处以讨伐。其后，历代封建王朝崇尚儒家主张的"礼治"，沿袭周礼，并根据自己统治的需要，不断加以修改、补充和完善。所

## 1 意识唤醒——旅游行业礼仪概述

谓"道之以德，齐之以礼"，就是要人们以"礼"为准绳，恪守本分，不得逾越。这种"以礼治国"的做法，对于稳定当时的社会秩序起到了重要作用。

秦朝统一中国之前的春秋战国时代，可说是中国系统的礼仪文化的形成奠基阶段。孔子所著的《仪礼》，记载了当时通行的礼仪为"八礼"：冠礼、婚礼、丧礼、祭礼、乡饮酒礼、射礼、朝礼、聘礼。在当时，礼仪不仅是个人之间的行为方式，也成为国与国之间的行为准则。

汉代到清代，是我国古代礼仪由强盛到逐渐衰落的时期。汉代时，我国最早最重要的礼仪论著《周礼》、《仪礼》、《礼记》（统称"三礼"）的推广使礼仪得到了进一步的完善和发展。唐宋年间，《礼记》由"记"上升为"经"，程朱理学进一步巩固了礼治的地位，家庭礼仪研究硕果累累。明代时，交友之礼更加完善，而忠、孝、节、义等礼仪日趋繁多。到清末，一些礼仪显得虚浮、繁琐，古代礼仪盛极而衰。

**典型案例**

### 古代的外交礼节

公元前542年，郑国国王郑简公出访晋国，按照礼仪规范，晋国国王应及时会见郑简公。而晋国有意怠慢郑简公，借口为鲁哀公服丧，迟迟不安排会见。郑国宰相子产乃令随从人员捣毁宾馆的院墙，将自己的车马牵入院内。晋国的礼宾官为此向他们提出抗议。子产申辩说，你们借口为鲁哀公服丧，不安排会见，我们的车上装的是送给晋国国王的礼物，需要经过一定的仪式赠送给晋国国王。只要你们安排会见，接受了礼品，我们会把围墙立即修好。晋国知道自己输了礼，只好向子产致歉，立即安排会见，并举行了隆重的欢迎仪式。由此可见，远在2000多年前，进行国事访问时，在欢迎、会见、赠礼等的安排上，便已有一定的规范；如不遵行，就会引起外交纠纷。

鸦片战争之后即进入了我国近、现代礼仪的发展时期。伴随着西学东渐，西方一些先进的礼仪、礼节陆续传入我国，同我国传统礼仪的基本框架逐渐融合。

当今我国礼仪发展的趋势，正步入一个礼仪教育日益普及，礼仪形势日趋简化，礼仪内容日益丰富的时期。

2. 西方礼仪的形成和发展

"礼"一词，在拉丁文里是 etiquette，原意为"法庭上的通行证"。但它一进入英文后，就有了礼仪的含义，指上流社会中的行为规范或宫廷礼仪，以及官方生活中的公认准则。西方的文明史，同样在很大程度上表现着人类对礼仪追求及其演进的历史。例如人类为了维持与发展血缘亲情以外的各种人际关系，避免"格斗"或"战争"，逐步形成了各种与"格斗""战争"有关的动态礼仪：为了表示自己手里没有武器，让对方感觉到自己没有恶意而创造了举手礼；为了表示自己的友好与尊重，愿在对方面前"丢盔卸甲"，于是创造了脱帽礼等。

早期的西方礼仪，不论是古希腊、古罗马，还是古印度、古埃及，带有鲜明的民族特点。在古希腊、古罗马的诗歌中，在古埃及的墓葬壁画中，都有古代礼仪的描述。它生动地反映了不同国家、不同时期的文明习俗，是人类文化传统的宝贵财富。古希腊就有"优遇外侨"的制度和职司礼宾的"外侨官"，在古罗马则有"礼待客卿法"。到了17世纪以后，由于贸易的发展，交往迅速增加，欧洲各国纷纷制定了相应的礼仪与礼节，这对于现代礼仪的形成产生了较多的影响。

随着欧洲近代工业的迅速兴起，商品经济的大规模发展，交通邮电事业的日益发达，人际交往日趋频繁。人们更需要调节和增进彼此间的关系，礼仪成了人们社会生活中不可或缺的东西。讲究礼节、注意礼貌、遵守一定的礼仪规范，已成为现代文明社会生活的一项重要标志。在资本主义社会中，人们之间相互来往更加注重礼节，封建社会的繁文缛节多数已不能适应现代人的生活，礼仪习惯本身发生了很大的变化。

如上所述，无论在东方，还是在西方，礼仪的发展有很长的历史。在长期国际交往的过程中，也形成了许多国家间通行的通用礼仪。现代的礼仪正是历史上各国及各民族礼仪的继承和发展。

## 1.2.3　中西方礼仪文化的差异

随着全球经济一体化进程的加快，中国与西方国家在政治、经济和文化方面的联系变得越来越紧密，我们参与国际交往的机会越来越多。无疑，礼仪将会在这个过程中发挥着重要的作用。比较中西文化在社交礼仪上的差异，从而使我们更好地掌握国际交往的技巧和应遵循的惯例，可以帮助我们更快更好地与外国人沟通，也可避免在各种场合里做出不合时宜的举动，使自己或对方尴尬，这在今天的社会交往中显得尤为重要。

1 意识唤醒——旅游行业礼仪概述

**典型案例**

### 西方餐桌礼仪起源

西方餐桌礼仪起源于法国梅罗文加王朝，是由于受到拜占庭文化启发，而制定的一系列的礼仪。到了罗马帝国的查理曼大帝时，礼仪更为复杂而专制，皇帝必须坐最高的椅子，每当乐声响起时，王公贵族必须将菜肴传到皇帝手中。在17世纪以前，传统习惯是戴着帽子进餐；帝制时代餐桌礼仪显得繁琐与严苛，不同民族有不一样的用餐习惯：高卢人坐着用餐，罗马人卧着进食，法国人从小被教导用餐时双手要放在桌上，但是英国人却被教导不吃东西时双手要放在大腿上。

1. 中西方礼仪文化差异溯源

东方文化以儒家思想为代表，而儒家思想"仁爱"为主、重义轻利的哲学观影响了中国人的种种社会关系。以基督教为主要宗教信仰的西方人则提倡"重法不重情"、"法在理前，理在情前"。因此，东方人重视"情义"前提下的种种家庭与社会关系，西方人则崇尚个人独立，讲究法律、条例与原则。

西方文化鼓励人民开拓创新、做一番前人未做过的杰出事业，因此西方人崇拜个人奋斗，尤其为个人取得的成就而自豪，从来不掩饰自己的信心、荣誉感以及在获得成就时的狂喜。相反，传统的中国文化要求人们不偏不倚，走中庸之道。因此中国人善于预见未来的危险，愿意维持现状，保持和谐。这种心态在人际交往中也体现为不主张炫耀个人荣誉，提倡谦虚谨慎、务实求稳的心态，缺乏冒险与创新精神。

西方人自我中心意识和独立意识很强，所持有的是独立的自我观，这种自我观具有相对独立和固定的内核，因此，西方人在交际中注重个人隐私和独立。而中国人所持有的是依附性的自我观，这种自我观没有相对稳定的内核，他人和自我的关系相对不是那么清晰、分明，因此，中国人的行为准则是"我对他人，对社会是否有用"，崇尚"个人的价值是在奉献中体现出来的"。简单地说，西方礼仪强调关心有度，换而言之，不得打探或者涉及个人隐私问题；而我国传统礼仪强调亲密无间，认为主动关心别人，给人以无微不至的体贴是一种美德。

### 2. 中西社交礼仪在日常交往中的差异表现

《礼记·曲礼上》说："入境而问禁，入国而问俗，入门而问讳。"国际交往的频繁和普遍要求我们了解并得体运用社交礼仪，对中西方礼仪在日常生活中的不同表现加以注意，就能友好、真诚地进行交流、沟通和合作。中西社交礼仪的不同体现在人际交往的各个方面，如称呼、问候、告别、赞扬、交谈、约会、道歉、感谢等。

1）打招呼

打招呼是日常生活中最为平常的事情，但就是这司空见惯的小事也能反映出中西方文化的大差异。在我国，熟人碰了面相互问一声"吃了吗？""上哪去？""今天不用上班呀？"这本是中国人最熟悉也是最平常的打招呼的方式，但这些"套话"对于西方人来说全部是期待对方给予答复的真正问题，而不是打招呼语或问候语。在西方国家，不太熟悉的人碰面打声招呼，只需说"Hi/Hello/Good morning（afternoon）！"等即可；初次见面时打招呼用"How do you do?"而不说"How are you?"，如在路上遇到了熟悉的朋友，可以谈论天气、交通等，但不谈论涉及私人的事情。

2）交际中的隐私

在社交场合难免要交谈，在我国，人们在一起聊天多半会谈到家庭、婚姻、孩子、经济收入等问题，特别是在亲朋好友之间，大家喜欢不分你我，共同分享对方的私人生活。另外，长者往往可以随意问及晚辈的私人生活，以表示关心。这正是中国人所谓的拉家常，这些话题能缩短人们之间的距离，使人有亲切感。

西方人非常注重个人隐私权。在日常交谈中，大家一般不会涉及对方的"私人问题"。这些私人问题包括：年龄、婚姻状况、收入、工作、住所、经历、宗教信仰、选举等。同时，人们还特别注重个人的私人生活空间。别人房间里的壁橱、桌子、抽屉，以及桌子上的信件、文件和其他文稿都不应随便乱动、乱翻（如果需要借用别人物品，必须征得对方的许可）。假如别人在阅读或写作，也不能从背后去看对方阅读和写作的内容，即使对方只是在阅读报纸或杂志。空间距离上也很在意。即使在公共场所，大家都十分自觉地为对方留出一定私人空间。比如，排队的时候他们总是习惯和别人保持1m以上的距离。

3）赞扬与回应

中西方在称赞方面的表现差别甚大。相对于中国人，西方人喜欢赞美别人，对人的感谢和赞美不离口，也会对赞美欣然接受并表示感谢。而令西方人费解的是，中国人对给予的赞美过分谦虚，总是说："过奖了，过奖了"，"哪里，哪里，还不够"，似乎不想接受他们的赞赏。

倘若一位西方人到一位家里装修豪华的中国朋友家做客，中国人会把大受西方朋友赞美的豪宅称为"寒舍"；明明准备了一桌美味佳肴，却说"没什么好吃的"；中国学者在作演讲前，通常会说："我学问不深，准备也不充分，请各位多指教"；当上司委以重任，通常会谦虚地说："我恐怕难以胜任。"在对待赞扬的态度上，习惯贬低自己或拒绝称赞的中国人使西方人感到迷惑不解甚至沮丧不已。中国人这么做，并不是有意以牺牲友谊的代价换取谦虚的品质，只是因为中国传统思想认为谦虚是美

# 1 意识唤醒——旅游行业礼仪概述

德,接受赞美就是不谦虚的表现。而外国人特别是西方人没有自谦的习惯。他们认为,一个人要得到别人的承认,首先必须自我肯定。所以,他们对于自己的能力和成绩总是实事求是地加以评价。宴请的时候,主人会详尽地向客人介绍所点菜的特色,并希望客人喜欢;而被上司委以重任的时候,他们会感谢上司,并表示自己肯定能干好。

4) 参加活动与时间观念

西方人大多时间观念很强,日程安排很紧凑。如果要拜会或是宴请西方人,一定要提前预约,预约时间通常在一周以上。如果你没有预约而突然拜访或是临时约请对方,对方一般会拒绝你。即使有预约,拜访前仍应事先电话联系,确定时间,以免自己的"随时"而造成别人的不便。若接到正式的邀约,请柬上倘印有"R. S. V. P.",去与不去必须电话通知。大型活动请柬通常印有"Regrets only",此时只有不参加时才需通知。非正式私人邀请,可用电话或信函,明确告诉时间、地点。接到邀请,要回柬致谢;若没有赴约把握不要轻易应允;若不能应邀要说明理由,并致歉意。若临时不能赴约,务请电话通知,不可随意放人空。男女交往在西方是比较开放,约会看电影吃饭也非常普遍。男女双方均可主动邀约,通常男性较主动;可以各自拆账或一方请客。而且,他们对于工作时间和个人时间有严格的区分。如果是工作交往,应选择在对方的工作时间里进行;如果是私人交往,就要选择在对方下班的时间里进行。

而在中国,亲朋好友来访一般无需预约,突然造访和临时约请都相当普遍,即使提前预约也往往在一周以内。另外,职业人在时间分配上往往公私不分,下班以后谈公事或是上班时间谈私事都是寻常之事。在中国,男女约会一般是男士买单借此显示男士的大方气度。

5) 待客和做客

中国人和人相处的时候,总是习惯从自己的角度去为别人着想。这表现在待客和做客上,尽责的客人总是尽量不去麻烦主人,不让主人破费,因而对于主人的招待总是要礼貌地加以谢绝。比如,主人问客人想喝点什么,客人一般会说"我不渴"或"不用麻烦了";主人在餐桌上为客人斟酒,客人总要加以推辞说"够了,够了",而事实上,客人往往只是客气而已。所以,称职的主人不会直接问客人想要什么,而是主动揣摩客人的需求,并积极地给予满足。在餐桌上,殷勤好客的主人总是不停地给客人劝酒劝菜。所以,中国人的待客和做客场面往往气氛热烈:一方不停地劝,另一方则不停地推辞。

而外国人特别是西方人,无论是主人还是客人,大家都非常直率,无需客套。当客人上门了,主人会直截了当地问对方"想喝点什么";如果客人想喝点什么,可以直接反问对方"你有什么饮料",并选择一种自己喜欢的饮料;如果客人确实不想喝,客人会说"谢谢! 我不想喝"。在餐桌上,主人会问客人还要不要再来点,如果客人说够了,主人一般不会再向客人劝吃请喝。

6) 告别

告别一般分为两个步骤。在最后告别之前,通常会有个暗示,这种暗示中西方文化也有所不同。在西方社会中，在见面的结束阶段，客人通常会从自己的角度出发，告知主人离开的原因，一般会伴随着道歉的表达，如"恐怕我必须要走了，因为保姆要下班了"等。西方人认为拜访别人，和别人交谈是尊重别人的一种体现，而结束拜访并不是自己的意愿，是因为有其他的安排。因此，他们总是找些理由，尽量使自己的离开显得不情愿，并向对方道歉，以使双方都能够接受。

在中国文化中，在会面临近结束时，通常客人会从别人的角度陈述结束会面的理由。如"你看起来很忙啊，我不打扰你了"，"你一定很累了吧，休息下吧，我走了"等。客人会边说着这些话，边从椅子上站起来。中国人告别前的暗示短暂而迅速，西方人会觉得非常突然、不知所措。客人边向门口走，边会说些抱歉的话，如"不好意思打搅你了"，"抱歉耽误你时间了"。要注意在英美文化中，中国客人用这些表达方式表达对他人的关心，只有在商务访问中使用才是合适的。

7）劝告和建议

无论是中国人，还是西方人，都喜欢向自己的亲朋好友提一些友好的建议和劝告，以示关心和爱护。但中西方在提劝告和建议的方式上却有很大区别。

中国人向朋友提建议和劝告的时候，往往都非常直接，常用"应该"、"不应该"，"要"、"不要"这些带有命令口气的词。比如，"天气很冷，要多穿点衣服，别感冒了！""路上很滑，走路要小心！""你要多注意身体！""你该刮胡子了！""你该去上班了！"等。西方人在向亲朋好友提劝告和建议的时候，措词非常婉转，比如，"今天天气很冷，我要是你的话，我会加件毛衣"、"你最好还是把胡子刮了吧。"一般来说，双方关系越接近，说话的语气越直接。但即使是最亲密的人之间，也不会使用像中国人那样的命令语气，否则，会被认为不够尊重他人独立的人格。

8）礼尚往来

西方人（除拉美人）不是很重视礼尚往来，尽管他们也常常在节日、生日和拜访时向亲朋好友赠送礼物。他们一般不看重礼品的价值（因而喜欢赠送一些小礼物），认为向朋友赠送礼物不是为了满足朋友的某种需求，而只是为了表达感情。而中国人大多比较看重礼品的价值，礼品的价值一定程度上代表了送礼人的情意。

另外，在送礼的方式上，东西方也存在明显的差异。西方人在收到礼物的时候，一般要当着送礼人的面打开礼物包装，并对礼物表示赞赏。如果不当面打开礼物包装，送礼人会以为对方不喜欢他（她）送的礼物。而我们大多不会当着送礼人的面打开礼物包装，除非送礼人要求这么做。这么做的目的是为了表示自己看重的是相互间的情谊，而不是物质利益，如果当着送礼人的面打开礼物包装，就有重利轻义的嫌疑。

孔子说"君子和而不同"，意思是说，要承认"不同"，在"不同"的基础上形成"和"，即和谐、融合，能使事物得以发展。今天的全球化时代，文化交流日益频繁，用"和而不同"的态度对待中西文化交流，在承认和尊重不同文化差异的基础上，吸收对方优秀的文化成果，更新自己的传统文化，不断推陈出新，使自己的文化跟上时代，臻于先进的水平才是一种积极可取的态度。

# 1 意识唤醒——旅游行业礼仪概述

**典型案例**

**外国人的语言习惯与中国人的"亲不言谢"**

美国人说话、写信、打电报都少不了"请"字:"请坐"、"请转告"、"请您先走"、"请多费心"、"请及早复信"等。打电报时,他们宁可多付电报费,也绝不省掉"请"字。美国电信总局每年从这个"请"字上就可多收 1000 多万美元。

日本人说话离不开"谢谢"。据统计,一个在百货公司工作的日本职员,一天平均要说 571 次"谢谢",一个普通的日本职员平均每天鞠躬 123 次。经验表明,人们都愿意光顾洋溢着"您好"、"谢谢"这种亲切氛围的商店。

英国人最常用的词汇是"对不起"。凡事稍有打扰,便先说一声"对不起";警察对违章司机进行处理时,先要说一声"对不起";两车相撞,相互说声"对不起";这样的氛围使双方的自尊心都得到了满足。

在中国,夫妻间、兄弟姐妹间、父母子女间、祖孙间等一切算得上亲人的人们之间,施恩与受恩、爱与被爱都被视为一种自然天成或说天经地义的事情,因此亲人之间根本用不着一切客套的感激语言,亲不言谢也就因此成为一种传统习惯。

## 1.3 旅游行业礼仪

作为一名旅游服务人员,如果出现以下几种情况,再有能力也会被宾客认为不职业:面对宾客时,声调做作,眼神妩媚;面对询问,缺乏经验,回答不专业;在工作岗位上,忘记宾客的点单,一遇到问题马上就找主管;与宾客发生争执,非要争个到底谁对谁错;工作结束后,不总结不充电,宁愿打游戏、泡酒吧;着装不得要领,带夸张的耳环首饰,还自认为很有个性……

### 1.3.1 旅游行业礼仪与职业素养的关系

职业素养是指职业内在的规范和要求,是在职业过程中表现出来的综合品质。旅游职业素养主要是指旅游服务人员具备旅游职业道德、职业意识和职业态度,能够运用专业技能履行旅游服务行为。没有被客人投诉过,带病坚持上班,这些都是敬业的行为,但是敬业不等于职业。一位在世界多国工作过的培训专家表扬日本、韩国、香港的服务人员随时保持着紧张感,他们会主动为宾客奉上茶点,很少慢条斯理地走路,有时候甚至跑动服务;而我国内地餐厅的很多服务人员在工作时间只是表情呆滞地站在那里或跟人聊天,根本不关注客人的需要。敬业意味着你工作态度端正,职业意味着你富有专业精神;敬业说明你干活肯卖力气,职业才说明你懂得如何干活。如果旅游从业人员被宾客察觉缺乏职业素养,遇到问题时,宾客就会对从业人员的解释产生怀疑,遇到紧急情况时,宾客就会对从业人员的处理能力产生质疑。良好的旅游职业素养是一个人成功的基础,是一个企业发展的关键因素。

旅游行业礼仪是一名优秀旅游从业者职业素养中的重要组成部分,同时是职业素养的外在表现。旅游行业礼仪帮助我们塑造出干净整洁的仪表仪容、优雅得体的言谈举止、与众不同的气质风度,在社会公众面前显示出特有的职业特点。一位具备旅游行业礼仪素养的服务人员可以让冲动的宾客变得理智、让焦虑的宾客变得从容、让疲惫不堪的宾客变得悠闲而轻松,从而有利于展示自身和企业形象,赢得宾客的信任和认可,受到宾客欢迎(图1-8)。

图1-8 职业化的客户服务礼仪

旅游行业礼仪是改善旅游业软环境、促进旅游业持续发展的重要影响因素,被称为旅游业的无声招牌。旅游行业礼仪教育包括从业人员的职业道德提升、职业形象设计、职业仪态塑造、对客关系处理、行业礼貌语言运用、求职礼仪、礼俗知识传播等方面的内容。讲究行业礼仪的得体服务是旅游行业提供个性化服务的前提条件,它充分体现了对客人的尊重。

### 1.3.2 旅游行业礼仪的养成

今天的旅游服务人员面对的是各种各样、见多识广的宾客。我们不否认,服务人员的外表对于宾客的视觉愉悦感来说,永远具有无可替代的作用。但在令人赏心悦目的职业形象外,服务人员还应具备熟练的服务技能、基本的心理学知识、随机应变的能力和机智幽默的谈吐等各种职业素养。国外有很多工作几十年的服务人员，他们对宾客非常体贴，又乐于聆听宾客的意见，因而深受宾客喜爱。这种体贴周到的职业素养是随着服务人员的文化、智慧乃至年龄增长而逐渐养成的。在服务中的一举一动都显示出你是怎样的一个人，仅仅凭借外表和微笑来工作是无法完成的。

旅游行业礼仪其实是一种日积月累培养出来的良好行为习惯。人的行为中95%都是受习惯影响的，旅游从业者要在习惯中积累功夫，培养素质。爱因斯坦曾说过这样一句有意思的话："如果人们已经忘记了他们在学校里所学的一切，那么所留下的就是教育。"礼仪养成就是那些人们忘不掉的真正素养和习惯，通过长期积累和有意识的学习，自然会使自己在所做工作中有大的提高。旅游行业礼仪的养成可以从以下几方面着手：

1. 坚持学习，树立行业礼仪意识

旅游行业礼仪不是悟出来的，而是学出来的。因此首先要通过图书资料、广播电视，系统全面地学习礼仪知识；其次是从社会实践和实习中学习，加强对旅游行业礼仪的了解，强化它的印象，检验其作用，增强文明礼貌意识，提高自己的文明素质。

2. 持之以恒，营造礼仪养成氛围

礼貌修养的养成要从平时点滴做起，并抑制和纠正某些不良习惯，让良好的文明习惯成为自觉的行动。行业礼仪的养成教育体现在生活的每个细节中。台湾高雄餐旅学院的校园内看不见任何垃圾桶，但校园却非常干净整齐，体现出了旅游从业人员应有高标准的清洁意识和审美能力。

3. 陶冶情操，加强职业道德修养

旅游行业礼仪与职业道德相辅相成，相互补充，行业礼仪体现职业道德观念，职业道德制约和调整礼仪规范。加强职业道德修养是提高职业素养的重要组成部分，可使从业人员自觉规范自己的服务行为，通过向宾客提供高效、迅速、彬彬有礼的服务来满足客人受"尊重"的心理需求；而具备了职业道德感的行业礼仪，更能表现出服务人员良好的风度和教养，从而向宾客提供更优质的服务。

4. 立足高远，遵循基本礼仪原则

在日常生活中学习应用旅游行业礼仪，有必要在宏观上掌握一些具有普遍性、共同性和指导性的礼仪规律和原则。

（1）尊重原则：尊重原则表现为在对客服务和交往中，以相互尊重为前提，既要尊重宾客，同时又保持自尊；尤其是在国际交往中，要始终注意维护自己的国格和人格，在外宾面前不卑不亢。

（2）遵守原则：行业礼仪应成为旅游从业者的职业行为规范和处事准则，要自觉遵守社会公德，真诚友善，谦虚随和。

(3) 适度原则：行业礼仪强调待客交往中的交流与沟通一定要把握适度性和分寸感，根据具体情况行使相应的礼仪。既要彬彬有礼，又不能低三下四；既要热情大方，又不能轻浮谄媚；要自尊不要自负；要坦诚但不能粗鲁；要信人但不要轻信；要活泼但不能轻浮。

(4) 自律原则：自律就是自我约束，自我对照，自我反省，自我检点，即在要求对方尊重自己之前，首先应当检查自己的行为是否符合礼仪的规范要求。

(5) 信用原则：信用原则表现为一要守时，与人约定时间的约会、会见、会谈、会议等，决不应拖延迟到；二是要守约，即与人签订的协议、约定和口头答应的事，要说到做到。

## 延伸阅读 1

### 古代宴饮礼俗趣谈

1. 古代宴饮的一般程序

古代宴饮礼仪一般的程序是，主人折柬相邀，到期迎客于门外；客至，至致问候，延入客厅小坐，敬以茶点；导客入席，以左为上，是为首席。席中座次，以左为首座，相对者为二座，首座之下为三座，二座之下为四座。客人坐定，由主人敬酒让菜，客人以礼相谢。宴毕，导客入客厅小坐，上茶，直至辞别。席间斟酒上菜，也有一定的规程。

2. 古代的待客之礼

首先，安排筵席时，肴馔的摆放位置要遵循固定的规则。带骨肉要放在净肉左边，饭食放在用餐者左方，肉羹则放在右方；脍炙等肉食放在稍外处，醯酱调味品则放在靠近面前的位置；酒浆也要放在近旁，葱末之类可放远一点；如有肉脯之类，还要注意摆放的方向，左右不能颠倒。这些规定都是从用餐实际出发的，主要是为了取食方便。其次，菜肴、食器、饮器的摆放，侍从服务的礼仪，也都有陈文规定。例如侍从摆放酒壶酒樽，要将壶嘴面向贵客；端菜上席时，不能面向客人和菜肴大口喘气，如果此时客人正巧有问话，必须将脸侧向一边，避免呼气和唾沫溅到盘中或客人脸上。上整尾鱼肴时，一定要使鱼尾指向客人，因为鲜鱼肉由尾部易与骨刺剥离；上干鱼则正好相反，要将鱼头对着客人，干鱼由头端更易于剥离；冬天的鱼腹部肥美，摆放时鱼腹向右，便于取食；夏天则背鳍部较肥，所以将鱼背朝右。再次，待客宴饮，主人要作引导和陪伴，主客必须共餐。陪伴长者饮酒时，酌酒时须起立，离开座席面向长者拜而受之。长者表示不必如此，少者才返还入座而饮。如果长者举杯一饮未尽，少者不得先干。长者如有酒食赐与少者和僮仆等低贱者，地位差别太大，他们不必辞谢。侍食年长位尊的人，少者还得记住要先吃几口饭，谓之"尝饭"。少者吃饭时还得小口小口地吃，而且要快些咽下去，随时要准备回复长者的问话，谨防发生喷饭的事。

3. 进食之礼

进食礼仪，按《礼记·曲礼》所述，先秦时已有了非常严格的要求：

"虚坐尽后，食坐尽前。"在一般情况下，要坐得比尊者长者靠后一些，以示谦恭；"食坐尽前"，是指进食时要尽量坐得靠前一些，靠近摆放馔品的食案，以免不慎掉落的食物弄脏了座席。

"食至起，上客起，让食不唾。"宴饮开始，馔品端上来时，作客人的要起立；在有贵客到来时，其他客人都要起立，以示恭敬。主人让食，要热情取用，不可置之不理。

"客若降等，执食兴辞。主人兴辞于客，然后客坐。"如果来宾地位低于主人，必须双手端起食物面向主人道身，等主人寒暄完毕之后，客人方可入席落座。

# 1 意识唤醒——旅游行业礼仪概述

"主人延客祭,祭食,祭所先进,肴之序,遍祭之。"进食之前,等馔品摆好之后,主人引导客人行祭。食祭于案,酒祭于地,先吃什么就先用什么行祭,按进食的顺序遍祭。

"三饭,主人延客食胾,然后辨肴,客不虚口。"所谓"三饭",指一般的客人吃三小碗饭后便说饱了,须主人劝让才开始吃肉。

宴饮将近结束,主人不能先吃完而撤下客人,要等客人食毕才停止进食。如果主人进食未毕,"客不虚口",虚口指以酒浆荡口,使清洁安食。主人尚在进食而客自虚口,便是不恭。

"卒食,客自前跪,彻饭齐以授相者。主人兴辞于客,然后客坐。"宴饮完毕,客人自己须跪立在食案前,整理好自己所用的餐具及剩下的食物,交给主人的仆从。待主人说不必客人亲自动手,客人才住手,复又坐下。

"共食不饱。"同别人一起进食,不能吃得过饱,要注意谦让。"共饭不泽手。"当指同器食饭,不可用手,食饭本来一般用匙。

"当食不叹。"吃饭时不要唉声叹气,"唯食忘忧",不可哀叹。

## 延伸阅读 2

### 微笑的力量

20世纪20年代,号称全球旅业之冠的美国希尔顿旅馆创建,其创始人叫康纳·希尔顿。他于1919年以仅有的5000美元作资本,在得克萨斯州办起了美国第一家旅馆。他要求企业的员工不论什么情况下,都必须对顾客保持微笑,持之以恒的微笑收到了出人意料的效果。1930年,世界的经济危机袭击了美国,旅馆倒闭了80%,此时希尔顿"微笑"策略受到严重挑战,他要求员工:"请各位记住,在经济恐慌的年代,万万不可把我们心里的愁云提到脸上,无论旅馆本身遇到多大的困难,我们脸上的微笑都应当成为旅客的阳光。"在经济危机的年代,只有他的旅馆员工始终坚持微笑待客,这给人们留下了深刻而美好的印象。"经济大萧条"过去后,希尔顿旅馆率先进入繁荣时期。目前,它遍布于世界各大城市,成为全球最大规模的旅馆业主之一。

希尔顿旅馆发展到如此规模,足以说明"微笑"所产生的巨大吸引力。"微笑"是不见金钱的资本,它确实是生意兴隆的法宝。世界著名的酒店管理集团,如喜来登、假日等都有一条共同的经验,即"服务金钥匙"中最重要的一把—"微笑"。美国的麦当劳快餐店老板也认为:"笑容是最有价值的商品之一。我们的饭店不但提供高质量的食品、饮料和高水准的优质服务,还免费提供微笑。"

**思考练习**

观看网络视频《汉字讲坛（禮）》，了解"礼"的字源及意义。

**课程任务**

请收集生活、工作中常见的有关礼仪的正面或负面案例、图片和漫画，分析当今社会的礼仪通病。以"身边的礼仪"为主题进行拍照，制作展示板，并组织演讲或讨论活动。

# 2 形象整饰——旅游行业仪容仪表礼仪

**知识概述**

对于旅游从业者来说，仪容仪表代表了一种无声语言，在一定意义上能反映出一个人的修养、性格、审美等特征。容貌整洁、穿着得体、举止优雅不仅能给工作中的你带来自信，更能在与对方交往时给人以鲜明的印象，为自己及公司形象增色。所以旅游从业者的仪容仪表不仅是个人形象问题，更为重要的是，它反映了一个国家或一个民族的道德水准、文明程度、文化修养等。本章内容主要包括：

◎ 旅游行业仪容仪表与个人卫生。掌握发型的设计技巧、打理个人卫生，消除不良气味，使旅游从业人员在工作与生活中提升个人形象。

◎ 旅游行业服务形象塑造。了解正式场合的着装要求，掌握服饰与鞋袜的搭配技巧，掌握面容修饰与化妆技巧，注重饰品的搭配技巧，以符合个人工作环境，提升个人形象魅力，同时赢得别人的尊重。

### 知识导入

#### 中国第一夫人走向世界

国家元首出访，参加活动多携第一夫人参加。第一夫人并非公职。在某种意义上，她首先是一种礼仪和形象的存在。所以，大部分第一夫人们总是让自己尽量切合传统角色。目前最受世界瞩目的要数中国第一夫人彭丽媛女士。她随中华人民共和国主席习近平出访，踏上国际舞台。俄中友协主席、俄科学院远东所所长、著名汉学家季塔连科院士说："我曾在克里姆林宫看过她的演出。她有一副非常美妙的歌喉，也是一位很迷人、很有魅力、很美丽的女性。我想，这样的夫妇将会在国际舞台上展示出更多的文化气质，这将更有利于国际合作的成功。"

资料来源：《中国第一夫人彭丽媛出访服装照片盘点》，http://www.qncye.com/fenxiang/yule/03253744.html。

阅读以上小故事，讨论：如何用你最好的个人形象为你的事业和人生赢得更多的机会？

## 2.1 旅游行业仪容仪表与个人卫生

仪容通常指人的容貌、外貌，包括对五官的修饰及适当的发型衬托。仪表是指人的外表，是对一个人总体形象的统称，它包括言语、姿态、神态、容貌、发型、服饰、身材等各个方面。

在旅游服务接待中，良好的仪容仪表是服务人员内在文化素养的体现，可以通过潜心训练和培养不断提升；良好的仪容仪表是愉快舒适服务环境的重要组成，既满足了宾客审美意识的需求，同时也带给服务人员以自信和愉快的心情。服务人员应当认识到：仪容仪表不仅反映出自身的文明程度、审美情趣和职业道德，也在一定程度上

## 2 形象整饰——旅游行业仪容仪表礼仪

反映了企业的管理水平和服务水准，当恰当修饰的仪容仪表使宾客感到受尊重的愉悦时，这将影响到对方对自己及企业的整体评价。旅游从业人员的仪容仪表，包括发型的选择与打理、个人卫生及个人气味的形象整饰等。

### 2.1.1 发型的选择与打理

光彩照人的发型会使人整天都充满活力。相反，如果头发打理得不尽如人意，如同不合体的穿戴、仓促的举止、不流畅的语言一样，留给人们的印象是一个无能、不受欢迎、让人可怜的形象。

**典型案例**

#### 德国女总理默克尔的形象蜕变

德国女总理默克尔（图2-1）的形象装扮与我们在市集里看到的普通大婶没有多大区别，然而，这一形象若出现在国际媒体的演讲台上，不能不说是一种遗憾。在2005年选举胜利之前，默克尔在德国顶级发型设计师的指导下换了一个新潮有活力的发型（图2-2），默克尔整洁清爽的发型，搭配挺括的、能表现权威的黑西装，衬里选淡紫色彩又稍稍带出了女性亲和的一面，表情与手势更加大气沉稳，这就是经过形象设计的结果，形象比语言更有力量。

图2-1 旧的发型

图2-2 新的发型

对于旅游从业者来说，考虑到工作环境的因素，总体上，旅游从业者的头发应修剪、梳理整齐，发型选择一般要趋于庄重、传统，发际线清晰，刘海不超过眉际，尤其在为客人服务时，落发不能垂挂在脸上；头发必须保持清洁，无头屑；不允许染夸张发色，发色自然统一；不在宾客面前梳理头发、抖落头屑。

1. 发型的选择与修饰

发型的选择影响着职业形象。我们可从脸型、长短、发质等方面着手来选择适合自己的发型。

1）脸型

首先，把头发往后拢，看看镜中自己的脸型：脸部是长还是短、是宽还是窄，腮帮、颧骨、额头是平坦还是高耸。

其次，按"脸型与发型反向互补"法则锁定适合的发型区（图2-3）。匀称的鹅蛋脸梳任何发型都适合。如果自己不是鹅蛋脸，就要想方设法把棱角处修饰得柔和些，以转移别人的注意力，以此来获得视觉上的效果。脸长，发量应在两边。脸短，发量应在上面。下边宽，则上面的量要宽过下边等。方下巴的女性不要把头发剪到腮帮处，适当把头顶处的头发修成多层的，略成一定斜度，使之显得较多较高，而且不宜把头发堆在腮帮附近，应在后面留长一点，这样脸部的轮廓会柔和些。据此，原则上先找到适合发型的大体方向。

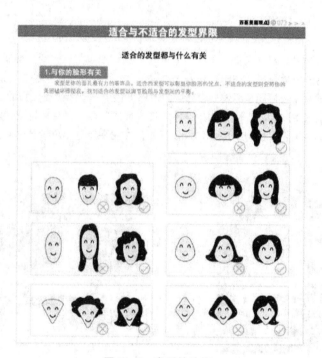

图2-3 发型的选择

2）长短的选择

从事旅游行业的男士发型应朴素大方，修剪考究，前不过眉，后不过领，侧不过耳，脑后及两侧的头发应修剪有型，不会显得过于浓密，两侧鬓发不得短于耳郭顶部，但也不能长过耳垂，穿制服时不能梳理夸张的发型，头发定期修剪，保持发型（图2-4）。

从事旅游行业的女士如留短发需要定期修剪，长度不超过衣领，最短不低于双耳底部；在工作中不宜保持紧贴颈背消瘦的发型、卷曲浓密的湿发或是刘海垂挂于两颊。头发过肩的发式需要将头发盘起，并固定在脑后中部或颈背的稍下方，使用纯一色的黑色或褐色发带。烫发不能蓬乱，刘海不能过双眉。

## 2 形象整饰——旅游行业仪容仪表礼仪

图 2-4 发型长短

3）质感

有些人的发质得天独厚，头发比较润泽。但大多数人得依靠外界的力量，比如利用烫发水、摩丝、啫喱水、发油、发蜡、护发素等使自己的发质得到改善。如果头发过于浓密，就要进行技术高超的修剪，用灵活的修剪技术来创造出动感，如果头发比较稀少，适当剪短头发，会显得健康而丰密。

另外，女士发型的选择还要综合考虑体型、气质和职业等因素。体型越高头发可越长，越矮头发宜短，否则不合比例。偏女人味的人宜烫发，较干练率直中性的人宜直发。从事旅游行业宜选易打理的发型。

2. 发型的美化

1）烫发

在决定烫发之前，首先要考虑自己的职业、年龄是否合适。对于旅游从业者而言，男性不宜烫发，女性即使烫发，在工作场合也不适宜披发，而是扎起来比较合适。

2）染发

对于旅游从业者而言，染发最好是选择自然色，发色须使自己显得健康自然，凡是让人变得苍白，与自己的眉毛颜色冲突，或者让自己的眼睛黯然失色的颜色，无论多时髦都不可取。

### 2.1.2 个人卫生

个人卫生包括心理卫生及躯体卫生两部分。心理卫生即保持健康的心态。经常参加锻炼，合理调整时差、饮食，保持充足睡眠。躯体卫生即勤洗澡、勤换内衣，时刻保持口腔的呼吸清新。旅游从业者在工作期间不吃带有异味食物，及时清理眼角分泌物，胡须、鼻毛要定期修剪，同时保持脸部、手部和指甲的清洁（图2-5）。

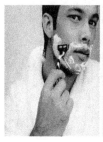

图2-5 个人卫生

1. 胡子

一些长有络腮胡子的男士，无论如何勤于修刮，他们的下颌总没有胡须相对少的同事看上去干净。对于旅游从业者而言，一定要勤于修面，每天刮干净自己的胡子。这样，在工作中才能更为广泛、更容易地被他人接纳。注意，选穿白色或粉红色衬衫可以将络腮胡子的影响减少到最低限度，而蓝色衬衫只会把络腮胡子衬托得更为明显。

2. 脸部的清洁

旅游从业人员每天面对不同的客户群体，维护自身的形象很重要，所以要精心维护自己的皮肤。每天需要进行清洗、着色和湿润两次，以去除积累在脸上的灰尘和污垢。

最好选择温和的泡沫型洗面液，它在温水中会起泡沫，可以帮助洗除尘垢和汗水。特别要注意清洗两颊、鼻子和前额等部位。洗净之后，最好用没有香料的保湿液来湿润皮肤，保湿液在三至五分钟内就会被皮肤吸收。

如果发现自己的脸色不像以往一样正常，就需考虑一下饮食问题。食用更多新鲜蔬果，每日饮用一升苏打水会使皮肤短期内有非常明显的改善。

如果脸上长有湿疹和粉刺，则需要选用优质高效的治疗湿疹和粉刺的药物，最好在出现明显病症前提前使用。

3. 眉毛的修剪

如果眉毛非常浓密，就需要将其浓密程度控制在一定程度以下才会使自身总体形象更佳。如果眉毛延伸得太长，也应该考虑修剪一下。修剪的目的在于既能保持双眉的丰满，又能最大限度地去掉多余的毛，改变不规则的形状。

4. 鼻毛和耳毛的修剪

旅游从业人员对自身的外在形象要求应该更严格一些才适合自己的工作性质。要

## 2 形象整饰——旅游行业仪容仪表礼仪

注意个人卫生，外露的鼻毛千万不可忽视。可以买一把修剪鼻毛的专用剪刀，并学着定期进行修剪。

每个人可能更多注意修饰自己的面容，而不太关注自己的耳朵。耳朵上长出许多绒毛会使自己的形象大打折扣。因为长长的耳毛并不在自己的视线范围内，但对方看到就不太雅观了。定期修剪耳毛也是必不可少的一项工作。

### 5. 牙齿的健康

要保持牙齿和齿龈健康，每天必须刷三次牙。在刷牙后，每天至少一次用木棉清理牙齿，以保证确实清除了所有刷不到地方的食物残渣。同时有助于保持牙龈的牢固，并使牙齿保持健康色。

一些男士尽管每天都在刷牙，然而牙齿也会因为食物、饮料（尤其是茶、咖啡等）以及长期的吸烟而染垢。到专业性的洗牙机构进行牙齿清洗是很有必要的。如果牙齿出现问题，还需要到专业的牙科医院去矫正，或治补牙洞，或刷白牙齿，以增强自信。如果在意外事故中失去牙齿，则可装植义齿。这样能使牙龈得到永久性的修复，使牙齿看上去比较自然。

### 6. 手和指甲的保养

旅游从业者的交际范围比较广，无论是热情的握手还是传递纸条、翻阅报纸或资料，双手总是不可避免地暴露在大家面前。尽管并不是每个人都天生有一双漂亮的手，但至少我们可以将它们修剪得漂亮些。

要注意每天的手部保养。把手浸泡在温热的肥皂水中，洗净所有嵌在指甲下的污垢。如果手指甲较脆，指甲周围的皮肤易于蜕皮、剥落，每天使用护手霜可使指甲周围的皮肤保持湿润和光滑。要注意所留指甲的长度不超过1cm，否则会不卫生。在当今，适当修饰指甲也已经成为个人礼仪的一个方面，旅游从业人员可使用透明或清淡的指甲油，但不宜使用颜色艳丽的指甲油。

### 7. 头皮屑

很多人都会对自己的头皮屑感到烦恼。如果头皮屑特别多，则需要选用对清洗和防止头皮屑有特殊作用的洗发香波。事实证明，长期使用某种洗发香波后又产生头皮屑时，表明头皮屑已对这种香波产生免疫能力，所以需要定期更换洗发香波。

如果发现自己长时间内有大量的头皮屑脱落，可能是饮食紊乱的征兆，可以咨询头发护理专家，以对症下药。要注意每天使用的梳子和发刷是干净的。如果头皮屑过多，可在办公室放一把衣刷，每天用衣刷刷肩一次。要注意深色的服装更能使头皮屑一览无遗。假如暂时还没有更好的办法去除头皮屑，则可多穿灰色、炭灰色的服装以掩盖烦恼的头皮屑。

### 2.1.3 个人气味

汗水是每个人新陈代谢的必然产物,在紧张的情况下,人体的汗水会更多。尤其是炎热的夏天,过多地出汗会使人身体部位散出难闻的体味。某些食品如印度的咖喱、中国的川菜都有刺激汗腺的作用。因此,旅游从业者在工作日如何避免产生这些体味是很有学问的。

1. 工作午餐中要尽量避免进食刺激性食品

在工作日期间,旅游从业者进餐要注意不吃蒜、韭菜、葱等带有刺激性气味的食物,进餐完毕要勤漱口、勤刷牙,以保持口腔卫生,避免让对方闻到这些刺激性气味,保持自身良好的形象。

2. 勤洗澡,保持健康卫生的体魄

每个人每天都需要洗澡或冲凉,早晨和晚上洗澡的好处是不言而喻的。如果发现自己有体味,可以使用除臭剂以去除体味,比如,除臭肥皂对清洗身体上的汗渍大有好处(图 2-6)。

图 2-6 去除体味的用品

3. 衣物保持干爽清洁

旅游从业者每天都要穿干爽的内衣和衬衫。试想,如果身体是洁净的,却穿着隔日的内衣和泛黄的衬衫,则会使已经泛着陈腐气味的汗水染上新的汗酸。因此,一定要保持自身衣物的清洁干爽。经常吹晒有助于衣物的清爽。

4. 适当使用修面液和香水

适当的香味对提高自身形象会有意想不到的效果,但如果使用的香水不恰当,则会给对方留下不好的印象,所以要选择适合自己体味的香水。

## 2 形象整饰——旅游行业仪容仪表礼仪

一般来讲，适合于办公场合用的修面液和香水应该是幽微而淡薄的，有一种清爽的味道。对使用某种香水犹豫不决时，那就不要贸然地使用。当然，没有什么味比刚洗完澡后新鲜、净爽的气味更加无懈可击。另外，一块好的除臭肥皂总能留下足够美好的香味来使你周围的人感到愉快。

**典型案例**

**用餐的感受**

经过一天的游览，游客小郑精疲力竭，打算在某景区餐厅内就餐，迎宾服务员艳丽的妆容和袒胸露背的着装令他心惊肉跳，怀疑自己是否误入"黑店"，其后，传菜员那血红的、长长的指甲让他吃饭时没了胃口，总担心那长长的红指甲会碰到菜上。结账时小郑和服务员核对账单，又闻到对方的口臭，这次用餐小郑觉得很不舒服。

为何小郑这顿饭吃得很不舒服，旅游从业人员着装有哪些要求？旅游从业人员仪容有哪些注意事项？

## 实训项目一 个人仪表与个人卫生的整饰

**实训目的**：熟悉及掌握整饰旅游职业个人仪表及个人卫生的要领及方法。
**实训内容**：旅游服务行业个人仪容仪表整饰规范。
**实训场地**：形体训练室。
**实训步骤**：分组进行（6~8人一组），同学观摩，交换意见。
**实训要领**：

(1) 仪容要干净

要勤洗澡、勤洗脸，脖颈、手都应干净，并经常注意去除眼角、口角及鼻孔的分泌物。要勤换衣服，消除身体异味，有体味要及早治疗。

(2) 仪容应整洁

整洁，即整齐洁净、清爽。要使仪容整洁，重在持之以恒。

(3) 仪容应卫生

讲究卫生，要注意口腔卫生，早晚刷牙，饭后漱口，不能当着客人的面嚼口香糖，指甲勤修剪，头发按时理，不得蓬头垢面，体味熏人。

(4) 仪容应简约

仪容既要修饰，又忌讳标新立异、"一鸣惊人"，以简练、朴素为好。

(5) 仪容应端庄

仪容庄重大方不仅会给人以美感，而且易于使自己赢得他人的信任。

## 2.2 旅游行业服务形象塑造

在如今竞争日益激烈的就业市场上，我们通常在初次见面的几分钟内就会通过形象来评价一个人的素质、背景和能力。仅仅持有职业资格证书，甚至拥有丰富工作经验都是不够的，组织对个人形象的要求越来越高。对于旅游从业者来说，个人的着装、面容、说话的眼神、举止等都会反映出一个人的形象（图2-7）。成功的形象会让别人更多地想了解自己，而个人形象越好，就会越自信，会更加看重自己的价值，从而使工作更加出色，得到别人尊重的程度也就越高。

图2-7　旅游服务形象细节

图片来源：http://www.ivsky.com

## 2.2.1 正式场合的着装与服饰

现代社会中个人穿着与服饰是一个人文化修养的重要表现，它能够反映一个人的个性、习惯、爱好、审美情趣，也反映着社会的风尚、民族习俗、个人的内在情感世界，甚至表现出社会的经济生活水平和科学技术发展水平。总之，它向人们传递着一种"非语言信息"。懂得如何穿着打扮，有助于我们树立完善的个人形象以及集体形象，而集体形象是通过每个个体的形象来建立的。

**1. 着装基本原则**

(1) 着装首要原则：首先就是要学会扬长避短。例如，魁梧的人用一条宽一点的领带，穿双排扣西装；体型矮胖的人可以选单排扣的西装，看起来比较瘦长。

(2) 着装第二原则：遵守着装"T.O.P"原则。T 代表 Time，即时间，O 代表 Occasion，即场合，P 代表 Place，即地点。

Time：人们选配和穿着服装时必须考虑每天的早上、日间和晚上三段时间的着装变化。其次，指每年的春、夏、秋、冬四季之变化，夏日制服太厚会因闷热而破坏妆色。冬天穿少会使面色发青，嘴唇发乌，会无意识缩肩弓背。另外，着装还要考虑时代的差异。

Occasion：服饰要与穿着场合的气氛相和谐，办公场合应庄重保守，社交场合宜时髦个性，休闲场合应舒适自然，一般来说，当事人应事先有针对性地对要去的场合做了解，以使自己的服饰与场合气氛融洽和谐。

Place：着装讲究地点、环境，不同的环境需要与之相协调的服饰，最好的办法是"入乡随俗"。

(3) 着装第三原则：遵守常规原则。正式场合着装（图 2-8）应遵守着装中国际上认可的一般原则，例如穿着西装时全身上下颜色不超过 3 种。

图 2-8 正式场合的着装与服饰

## 2. 男士正式场合着装技巧

男性旅游从业者在工作期间需始终保持干练而绅士、清洁而有品位的个人形象，其个人着装应显得有风度而庄重、文雅而有朝气。西装是举世公认的合乎美观大方、又穿着舒适的服装，男女皆宜。因为它既正统又简练，且不失气派风度，所以已经发展成为当今国际上标准通用的礼服，在各种礼仪场合被广泛穿着。西装的穿着有相当统一的模式和要求，只有符合这种模式和要求的穿着才能被认为是合乎礼仪的。

### 1) 西装的标准穿法

一是新西装穿着之前，务必要将位于上衣左袖袖口上的商标、纯羊毛标志等拆除。二是要熨烫平整，使西装线条笔直，显得平整而挺括、美观而大方。三是要扣好纽扣。穿西装时，双排扣应当全部系上；单排三粒扣则系上边的两粒衣扣，或单系中间的衣扣；单排两粒扣只系上边的那粒衣扣。四是穿着西装要做到不卷不挽。一定要注意保持其原状，不能随意将衣袖、裤管卷起。五是要慎穿羊毛衫。在西装上衣之内，除了衬衫与背心之外，最好不要再穿其他任何衣物；万一非穿不可时，最好穿一件单色薄型的"V"领羊毛衫。六是要巧配内衣。西装的标准穿法，是衬衫之内不穿棉纺或毛织的背心或内衣，衬衫必须为单一色彩。七是要少装东西。在西装上衣上，左侧的外胸袋除可以插入一块用以装饰的真丝手帕外，不应该放钢笔、眼镜等任何物品，外侧下方口袋除临时放单张名片外也不宜放置其他物品。八是西裤长度在脚背为宜，裤腰以合扣后可插入一掌为宜。

### 2) 衬衫

与西服配套的衬衫必须挺括整洁无皱折，尤其是领口和袖口处。穿着西服时，衬衫外露的部位只有领子、袖口和西服开领处的可见部位。

衬衫的领口一般要露出西服领口 1~2cm。袖口的外露分两种情况：站立时，双臂自然伸直，放于裤子的边襟处，衬衫袖口要外露于西服袖口 1~2cm；坐姿时，双臂自然前伸，双手放于膝盖上，衬衫 3/4 袖口要外露于西服袖口。

在穿着套装时，要把衬衫下摆塞在西裤内，衬衫的袖扣要扣上。如果要系领带，衬衫开襟上所有扣子都要扣上，如果不系领带，就要把领口处的扣子解开。

### 3) 领带

领带是男士衣着品味和绅士风度的象征，在正式场合穿西装须系领带。从色彩上讲，领带有单色、多色之分。单色领带适用于公务活动和隆重的社交场合，并以蓝色、灰色、黑色、紫红色为佳。多色领带一般不应超过 3 种色彩，可用于各类场合。选择领带的款式时，应注意最好使领带的宽度与自己身体的宽度成正比，而不要反差过大。

领带的系法主要有温莎结、半温莎结和四手结（普通结）（图 2-9），长度应到皮带扣中间为佳。穿西装上衣系好衣扣后，领带应处于西装上衣与内穿的衬衫之间，穿西装背心、羊毛衫、羊毛背心时，领带应处于它们与衬衫之间。为了减少领带在行动时任意飘动带来的不便，或为了不使其妨碍本人工作、行动，可酌情使用领带夹、领带针和领带棒等领带佩饰。

图 2-9 领带的打法

4）鞋袜

穿西装须穿皮鞋，并应保持鞋子的光亮整洁。与之搭配的袜子应是深色棉毛袜，忌穿浅色或白色袜子，袜口长度在脚踝以上。

5）色彩搭配"三一律"

在国外，人们在评价一位男士的服饰品位时，往往要看其是否遵守"三一律"，这是选择正装色彩的基本原则。所谓"三一律"，就是要求男士在正式场合露面时，应当注重色彩的合理搭配，遵守"三色原则"。它的含义是要求正装的色彩在总体上应当以简洁为宜，最好将其控制在 3 种色彩之内。这样有助于保持正装庄重、保持总体风格，并使正装在色彩上显得规范与和谐（图 2-10）。正装的色彩若超出 3 种色彩，一般都会给人以繁杂之感。

图 2-10　西装的色彩搭配

正装的色彩，一般应为单色、深色为主，并且最好无图案。标准的套装色彩主要是蓝色、灰色、棕色与黑色。衬衫的色彩最好为白色；皮鞋、袜子、公文包的色彩也最好为深色，以黑色最为常见。

## 实训项目二　练习打领带

### 情景练习

请几位同学穿着不同款式的衬衫，配合领型及西装颜色尝试各种领带的扎法和搭配，其他学生进行观摩评议。

**实训目的**：掌握系扎领带的方法和搭配技巧。

**实训内容**：配合领型及西装颜色尝试各种领带的扎法和搭配。

**实训场地**：形体训练室。

**实训步骤**：分组进行（6~8 人一组），每组分配不同款式的衬衫和领带，交换练习。

**实训要领**：

（1）领带的扎法很有讲究，一般是扣好衬衣领后，将领带套在衣领外，然后将宽的一片稍稍压在领角下，抽拉另一端，领带就自然夹在衣领中间，而不必把领子翻立起来。

## 2 形象整饰——旅游行业仪容仪表礼仪

(2) 系领带最重要的部位是领结,各种不同的系法可以得到不同大小形状的领结。可视衬衫领子的角度选择自己所喜欢的领带系扎方法,通常领子角度较小的宜选用小领结的扎法,而领子角度较大的宜选用大领结的扎法。

(3) 领带系好后,两端应自然下垂,上面宽的一片必须略长于底下窄的一片,而不能相反。上片不宜长出过多,否则会使领带尖压住裤腰甚至垂至裤腰之下而不雅。

(4) 如有西装马夹相配,领带必须置于马夹之内,领带尖亦不可露于马夹之外。

(5) 领带的宽度不宜过窄,过窄会显得小气,宽度应与人的脸型及西装领、衬衫硬领的宽度相协调。

(6) 西装、衬衫、领带搭配的常见方法有:黑色西装,配白色或淡色衬衫,系银灰色、蓝色或黑红细条纹领带;中灰色西装,配白色或淡蓝色衬衫,系砖红色、绿色及黄色调领带;暗蓝色调西装,配白色或淡蓝色衬衫,系蓝色、深玫瑰色、褐色、橙黄色调领带。

> **现在我知道了……**
>
> 注意场合:打领带意味着郑重其事。
> 注意与之配套的服装:西装、套装非打领带不可,夹克则不能打领带。
> 注意性别:领带为男士专用饰品,女性则一般不用,除非是制服要求或做装饰用。

**3. 女士正式场合着装技巧**

女士正式场合着装应考虑着装的"色、型、材"原则。

1) 认清自身体色特点,体色与服装要搭配

色是指肤色、眼色、发色、唇色、齿色、妆色、衣物色、饰物色和它们之间的搭配状态。选择着装的色彩,关键要弄清楚自己的肤色、身材和个性以及工作环境等,然后再选择合适的服饰。例如体色关系强烈,长得浓眉重目,身上就需要同样强烈对比的色关系;体色关系柔和,长得云淡风轻,身上就需要柔和的色关系。服饰的色彩有冷暖、轻重之分。暖色使人产生温暖、热烈、兴奋感,冷色使人产生寒冷、稳重之感;色彩越浅、明度越强的着色易使人产生上升感。色彩越深、明度越弱的着色易使人产生下垂感。在着装时最好是上浅下深。

在色彩的搭配上有很多种方法。最常见的有统一法(图2-11(a))、对比法(图2-11(b))、点缀法(图2-11(c))。统一法是说采用统一色系中明暗不同的色彩,按照深浅不同的程度进行搭配,适合在工作场合或较正规场合的服饰配色。对比法是说在配色时运用冷暖、深浅、明暗两种相反的色彩进行组合,使服饰在色彩上反差强烈,突出个性。点缀法即采用统一法配色时,在某个局部的小范围内选用不同色彩加以点缀美化,适用于工作场合的着装配色。

(a)        (b)        (c)

图 2-11　女士着装的统一法、对比法、点缀法色彩搭配

2) 认清自身形体特点，身材与服装要搭配

形，指形状，指自己身体本身和身体上穿用的所有东西的轮廓、量感和比例应与身材相协调。建立优秀着装方式，最基础方法是首先认清自身的条件，牵强附会的追随流行时尚中的某一款式，只能得到事与愿违的效果。身形壮硕的女士，浑身上下选用的都是些曲线感的、纤纤弱弱的、女人味儿十足的服饰，只能更反衬出她的钢性，那些直线裁剪、简洁帅气的服饰，反而显得她很柔和，有女人味儿。身材较高的女

**Tips　职场穿衣 10个地方要注意**

1. 避免过于暴露的服饰
2. 谨慎对待大面积卡通图案
3. 运动鞋不会增加你的职业感
4. 穿整身套装会显得土气
5. 不要出现调色板一样夸张的配色
6. 黑色虽为基础色但也不要一身黑
7. 棕色系妆容和小烟熏都OK
8. 香水切勿浓重
9. 美甲切勿夸张出位
9. 衬衫西装外套一定要多备几件

## 2 形象整饰——旅游行业仪容仪表礼仪

性，上衣要适当加长，配以低圆领，能给人以身材适中的感觉。身材较矮的女性，应穿着小巧款型，不宜穿宽格条纹服装，可以选择浅色套装，上衣稍短些，使腿部显得修长。体型较胖的女性在款式上力求简洁，配以"V"型衣领最佳。体型较瘦的女性选择色彩鲜明、大花图案或横格衣服，给人以宽阔的视觉效果。

3）认清自身肤质特点，肤质与服装要搭配

材，指材质，或叫质地，指肤质、发质及装饰元素的质地应相互统一。当一个女人生来皮肤质地粗糙，却硬要她去驾驭丝般柔顺光滑的秀发和绢般细腻的面料时，只能放大她的粗糙。很多肤质细腻的女人，发现自己不易穿过于粗糙的衣服，也是同理。因此，先学会分析自己身体的质感，再学会认识各种面料、饰物的质感，然后慢慢修正、调整和完善、平衡它们之间的关系。

### 2.2.2 面容的修饰与化妆

#### 1. 男士面容的修饰

男士在旅游服务工作中要塑造一个理想的形象，除了要深入探究业务知识外，对自己的外形特征也要认真分析，恰当修饰，这样，才能设计出自己的最佳形象。

1）头发

男士头发要常剪，注意发迹线的整齐；要常洗，每天洗发最好；注意不能有头屑，短发比较专业。

2）唇部

要保持滋润。整年都可以用润唇膏以防裂，牙齿要清洁，口腔不能有异味。

3）手指甲

指甲要经常修剪，保持清洁，指甲内不能有污垢，用小刷子擦洗干净。手部冬季要经常滋润，使双手保持洁净滋润。

4）皮肤

男士面部要注意清洁。经常在户外工作的人，如导游、门童等，不妨用防晒品，可以保护皮肤；在干燥寒冷的时候使用护肤产品，可使皮肤长久保持年轻状态。

5）身体

经常运动可使胸肌和手臂得到锻炼，这不单使人健康，还会使男士更有魅力。

6）味道

男士在刮完胡子后，可使用味道清淡的香水或须后水。在很多国家，男士和女士一样使用香水，在旅游行业更加普遍。

#### 2. 女士皮肤的保养及化妆

俗话说，"三分长相，七分打扮"。化妆（图2-12）是一门艺术，研究表明，化妆的职业女性比起不化妆的职业女性来讲，更容易升职和成功。美容化妆是女士修饰自身的重点，通过化妆，可以使女性容光焕发、朝气蓬勃、增强自信；同时，在旅游行业，通过化妆美化自己更是对别人的一种尊重，也是工作场合、正式场合的重要礼仪要求。

图2-12 女士化妆

1）皮肤的保养及护理

旅游从业者在各种环境中工作，如果在露天场合工作的时间长，就更要注重保养自己的皮肤。皮肤的保养和护理是通过内养和外护来完成的。内养是指身体内部的调养。通过皮肤的状况可以看出身体的状况，身体状况好的人，可以表现出好的气色，以及良好的皮肤质感。外护是指了解自身皮肤的性质，选择合适自身使用的护肤品。

（1）皮肤的内养。女士皮肤的内养要注意合理的饮食结构、适当的有氧运动、保证充足的睡眠、保持愉快的心情（图2-13）。

图2-13 皮肤的内养

① 拥有良好的饮食结构，可以给肌肤提供丰富的营养，使皮肤营养均衡，达到细腻、有光泽、富有弹性并呈现出健康的肤色。大量的水、丰富的维生素、适量的高蛋白和粗纤维，是身体中必需摄取的营养，因此，在饮食中不能偏食，不能暴饮暴食，长期不良的饮食习惯，对身体和皮肤会造成一定的伤害。

② 长期保持适量的运动，不仅可以锻炼体魄、保持体形，同时，也有利于皮肤通过汗液排出毒素，通过毛孔的扩张来充足地吸收养分。

③ 充足的睡眠可以使皮肤得到充分的休息，缓解疲劳，也是补充营养的好机会。

④ 人的心情不好时，会感到气色很差，或看起来很憔悴。所以，只有当心情好时，才能使人感受到美丽。要想保持良好的心情，就要学会调整心态。

(2)皮肤的外护。首先要了解自身皮肤的性质。皮肤的性质分为干性、油性、中性、混合型。依据皮肤的性质来选择适合自己的护肤品（图2-14）。正确的选择方法是选择适合自己的品牌，而不是选择最好的名牌。

图2-14 选择合适的护肤品

要想使皮肤呼吸畅通，易于吸收护肤营养品，就要及时并彻底清洁皮肤。人在睡眠状态中，是皮肤充分吸收养分的良好时机，因此，睡觉前要彻底清洁皮肤并使用营养液，但不宜使用太多，使皮肤无法吸收。

护肤所使用的营养品一般包括化妆水、美容液、乳液、面霜等。

化妆水包括收敛化妆水和保湿化妆水。收敛化妆水含有酒精，可抑制油脂分泌，保持皮肤清爽。保湿化妆水可以补充因洗脸而失去的水分，达到滋润皮肤的效果。

美容液不含油分，能够保持营养及水分平衡。

乳液一般由水分和油分组成，形成使水分不易蒸发的保护膜。

面霜是在搽了美容液、乳液后，如果还感觉干燥时使用的，可以涂在较干燥的局部。

长期在露天工作的旅游从业者，有干燥、紫外线照射强的特征，对皮肤会造成一定的损伤，在这种情况下，要注意对皮肤的内外补水、保湿、防晒护理，以及及时卸妆和养护。当然还需注意饮食营养均衡，补充睡眠，加强锻炼及保持良好心态等事宜。

2）妆面的设计

化妆总体上要做到先整体观察，再局部设计，最后整体和谐。妆面的设计与服装的选择一样，都要考虑T.O.P原则。因此，当旅游从业者出现在不同时间、不同地点、不同场合时，应为自己设计出不同的妆面。设计妆面要先观型，再调色，最后通过色与型的和谐搭配体现出韵味。

（1）确定脸型。人的脸型为3维立体图形，可分为内轮廓和外轮廓，从眉峰处下拉两条垂直的平行线，平行线以内的面积称为内轮廓，平行线以外的面积称为外轮廓。内轮廓有突出感，外轮廓有后退感。

脸型大体分为由字形（三角形）、申字型（棱形）、甲字型（倒三角形）、国字型（宽大型）、目字型（窄长型）等，对于女士来讲，甲字型脸为现代女性普遍钟爱的标准脸型。

(2) 协调比例。容貌的美，主要表现在面部比例的和谐。美的标准就在于体积大小和秩序，"秩序"就是部分与整体以及各部分彼此之间比例关系的和谐。和谐的面部比例为（图 2-15）。

① 三庭相等：从上发髻线至眉线为一庭，眉线至鼻翼底线为二庭，鼻翼底线至下颌为三庭。

② 五眼：用一只眼做衡量标准，面部的横向宽度应为五只眼的宽度。

③ 三点一线：眉头、内眼角、鼻翼三点应为一直线或小斜线。

④ 眉长：眉毛的长度最长不超过鼻翼至外眼角的延长线。

⑤ 唇长：从角膜平视内侧下拉两条垂直的平行线为唇长。

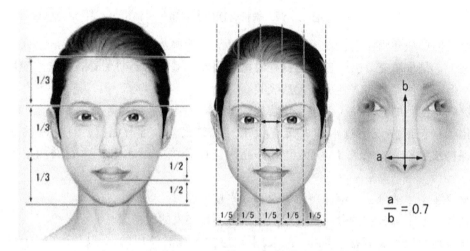

图 2-15　塑造三庭五眼的协调比例

(3) 搭配色彩。选择色调的原则是让自己看上去健康美丽，注意妆色与肤色、眼睛、发色的协调。

旅游从业者在人们心目中的形象是：自然、热情、精神饱满。因此，女性旅游从业者所选择的化妆品颜色不仅要考虑与肤色和制服和谐，还应考虑与工作性质相吻合。时尚、大方的橙色系与粉色系是符合旅游工作者形象的首选颜色（图 2-16）。含有珠光粉的化妆品缺乏稳重感，不适宜在工作场合中选用。

3）化妆程序

(1) 洁面与护肤。根据肤色的特征选择洗面奶或清洁霜，使皮肤彻底清洁。根据肤色的特征选用营养液，用手掌由里向外，从下至上均匀抹开。

(2) 底色、高光色与定妆。用粉底液给面部做底色，可起到从视觉上改善皮肤质感及肤色明度。做好底色使化妆成功一半，底色一定要与皮肤服帖。选用接近自己肤色明度或高一度的粉底做内轮廓，选用比肤色低一度或两度的粉底做外轮廓，这样，不仅使皮肤看起来更明亮、更富有弹性，而且，面部轮廓更有立体感。选用比基础底色更高度数的粉底或专业高光色为面部突出部位提亮，如鼻梁及眼袋阴影处。选用少量细干粉深浅两色分别为内外轮廓定妆，使妆面保持持久。

2 形象整饰——旅游行业仪容仪表礼仪

图 2-16 暖色与冷色的妆容对比

（3）眉眼部化妆。眉毛的修饰应根据眉毛的自然特征，眉毛的最高点应在眉峰处，最浓处应为眉腰，而眉头和眉梢渐淡。眉毛有透隙感，因此画眉应用毛刷笔沾眉粉或眉笔，从眉腰向外向内轻刷。眉粉或眉笔的颜色要与发色相同。

眼影是用来强调眼部结构和神韵的，眼影颜色可根据性格特征或与服装搭配来进行选择，但在职场中亚洲人适合选择稳重、大方的咖啡色系。画眼影分两步完成，首先用结构色眼影从睫毛处开始由下至上在眼球处蕴染开，表现出眼部结构；然后用提亮色或与服装呼应的颜色，从睫毛线向上蕴染开，也可用眼影在下眼线处呼应一下。

眼线也称睫毛线，由外向内贴睫毛根部画，尽量画的细致，并由外向内渐弱。

（4）睫毛。刷睫毛膏时先用睫毛夹将睫毛卷起，再用睫毛膏将睫毛均匀刷开，注意不要刷到睫毛根部。

（5）腮红。腮红可迅速改变一个人的气色，使人看起来精神焕发。应根据肤色、年龄、职业、性格来选择腮红颜色，橘色和粉色腮红是工作场所经常使用的两种颜色。从颧下弓处至颧骨处逐渐过渡，宽脸纵向刷，窄脸横向刷。

（6）唇妆。先用唇膏打底，再用唇线笔由外向里沟出唇形，最后用唇彩在唇部均匀涂开。

（7）脖颈与面部衔接。面部化妆结束后，面部的底色要自然与颈部衔接，可用与面部底色一致的粉底或细干粉做颈部衔接。

化妆时根据自身特点可简略化妆程序，如：自己的眉毛很完美，就可省去眉毛修饰的步骤（图 2-17）。

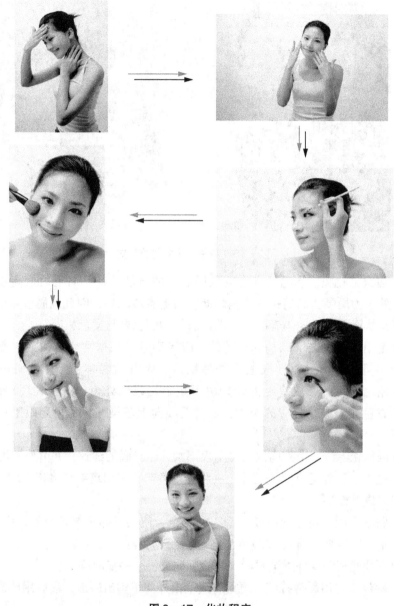

图 2-17 化妆程序

## 实训项目三 化妆的练习

**情景练习**

求职面试、晚间聚会、日常工作时面部的化妆

**实训目的：**掌握正式场合化妆技巧。

**实训内容：**面部、眼部、唇部的化妆训练。

**实训场地**：化妆实训室。

**实训步骤**：分组进行（6~8人一组）。按照求职面试、礼宾接待的场合要求化出妆容，学生互相评价。

**实训要领**：

（1）化妆前的场合要求：分清在面试场合、聚会场合、日常工作时化妆的区别，面试妆容要清洁淡雅，晚间聚会妆容宜光彩夺目，日常工作妆容应干练、精神，妆容与着装的色调保持一致。

（2）化妆前洁净肌肤：化妆要以尽可能好的肌肤状况为基础，皮肤要清洁干净，保持良好的光洁度和湿润度，否则妆面飘浮在不洁净或粗糙的皮肤表层，就不可能产生良好的妆容美感。

（3）使用高品质的化妆工具：好的妆容要用好的化妆工具来完成，要有一套简便和质量讲究的化妆工具，并学会使用和养护它们。

（4）突出你的优势部位：化好妆，要把握一个基本要点，即化妆的重点应该是你比较有优势的部位，不要去过多地涂抹不足或有缺陷的部位。比如：你的嘴部条件不好，化妆调整有限度，则不宜强调，这样会突出缺陷，一定要学会扬长避短。

> **现在我知道了……**
>
> 化妆是要反复练习的，对平日化妆不多并且没有经过专门训练的人来说，应急性的化妆练习，不但对付不了"燃眉之急"，往往还因效果不佳而败了化妆的兴致。化妆练习，既可以在脸上，也可以在纸上或身体其他部位，比如眉毛和唇形，仅仅靠脸上的练习是不够的。化妆就如同在脸上绘画，一个普通的圆，绘画时不经过反复的练习，不练习数百次，就不能达到随心所欲、出神入化的境界。女士面部的线条和色块是非常敏感的，化妆时细微的处置当否，不仅影响观瞻，还会造成性格、气质等的嬗变，一定要多加练习并小心对待。

### 2.2.3 饰品的佩戴

饰品是指能够起到装饰点缀作用的物件，包括帽子、领带、戒指、项链、胸花等（图2-18）。为了充分展示人体的美，展示人的个性，人们会用以上饰物来装饰自己，这在很大程度上丰富了服饰文化。同时，饰品的佩戴往往显示出个人的知识、阅历、审美品位等，但各种饰品的佩戴必须符合一定的规范与佩戴原则，才能达到展示修养、合理渲染的效果，否则就有可能弄巧成拙，事与愿违。

图2-18 首饰

1. 饰品的佩戴原则

1）数量原则

选择搭配饰品可以起到锦上添花的效果，而不是过分炫耀自己。对与旅游从业者来说，我们提倡不佩戴首饰，如果在特定的场合需要佩戴，则数量不超过三件。除耳环外，同类首饰的佩戴不宜超过一件。

2）质色原则

戴首饰时，色彩上力求同色。若同时佩戴两件或三件首饰，应使其色彩一致。戴镶嵌首饰时，应使其主色调保持一致。质地上应该同质。若同时佩戴两件或三件首饰，应使其质地相同。戴镶嵌首饰时，应使其与被镶嵌物质地一致，以给人以协调感。

3）季节原则

季节不同，佩戴饰品的方式也不同。春秋季可选择耳环、别针等。夏季可选择项链和手链，冬季由于衣服穿着较多，过多的首饰反而使修饰效果不佳。

4）搭配原则

饰品的搭配要讲究整体效果，要和服装相协调，兼顾服装的色彩、款式等。穿正装和运动服时不宜佩戴首饰。

5）习俗原则

不同地区、不同民族佩戴饰品的习惯和做法多有不同，它包含着特定的社会文化信息。各民族着衣习惯世代相传，鲜有改变。但社会的发展变化会随之发生较大变化，出现一些新的着衣方式，甚至流行开来而形成新的着衣习惯。因此，佩戴饰品要考虑当地习俗及文化等因素。

2. 饰品的佩戴方法

饰品的佩戴方法受环境、服饰、脸型等的影响，这里我们来谈谈旅游从业人员在工作场合饰佩戴饰品的方法。

1）手表

手表的设计应是保守简单的，要庄重、保守，避免怪异、新潮。其色彩要清晰、高贵、典雅。金色表、银色表、黑色表，即表盘、表壳、表带均有金色、银色、黑色的手表，是最理想的选择。金色表壳、表带、乳白色表盘的手表，也能经得住时间的考验，在任何年代佩戴都不会落伍。除数字、商标、厂名、品牌外，手表上没有必要出现其他没有任何作用的图案。

2）戒指

戴戒指时，一般讲究戴在左手上，最好只戴一枚，如想多戴，最多可佩戴两枚，设计要简单，体现古朴和庄重。

3）项链

项链是佩戴时间长、范围广泛的重要首饰。戴项链时，要注意与颈部和肤色相配合。脖子较粗的人应选择较细的项链，脖子较细的人，项链要宽一些，尺寸要小些。

男士所戴项链一般不外露。通常,所戴项链不应多于一条。

4)耳环

耳环又叫耳饰,可以分为耳环、耳链、耳钉、耳坠等。一般情况下仅为女性使用,并且要成对使用,每只耳朵上佩戴一枚,不得在一只耳朵上佩戴多只耳环。男性一般不佩戴耳环。旅游从业人员一般只允许佩戴耳针,并且只允许佩戴一副,式样和形式是保守的,镶嵌物直径不宜过大。

5)手镯和手链

手镯,也就是佩戴于手腕上的环形装饰物,男士一般不佩戴手镯。手链是一种佩戴于手腕上的链状饰物。在一般情况下,手链仅戴一条,并且戴在左手上,而手镯可以戴两只。但旅游从业人员在工作场合一般不佩戴手镯和手链。

6)胸针

胸针可别在胸前,也可别在领口、襟头等位置。胸针的选择要以质地、造型、做工的精良为最高标准。穿西装时,应别在左侧衣领上;穿无领上衣时,应别在左侧胸前。

### 2.2.4 鞋袜能顶半边天

鞋袜搭配虽是细枝末节,却要考虑与西装、套裙的协调,若能在这个细节上穿出品质,穿出风格,则是提升自身品位的制胜要素。每位旅游从业者都需要拥有与自己西装、套裙相配套的经典鞋款,以体现端庄大方的职业形象。

1. 男士皮鞋和袜子

1)皮鞋

穿整套西装一定要穿皮鞋,不能穿旅游鞋、便鞋、布鞋或凉鞋,否则会贻笑大方,显得不伦不类。在正式场合穿西装,一般穿黑色或咖啡色皮鞋较为正规(图2-19)。白色、米黄色等其他颜色的皮鞋均为休闲皮鞋,只能在休闲场合穿着。

图2-19 男士皮鞋

2）袜子

穿整套西装时一定要穿与西裤、皮鞋颜色相同或较深的袜子，不能穿花色或白色尼龙袜子。

2. 女士皮鞋和袜子

1）皮鞋

女士应配备休闲鞋、正装低跟鞋和高跟鞋三种鞋子（图2-20），以用于不同场合。女士穿套裙或套装时，黑色船型低跟皮鞋为首选，或选用与服装颜色相一致的皮鞋。

图2-20　女士鞋

2）袜子

袜子选单色为宜。最好是选择肉色丝袜，还可选黑色、灰色、浅棕色。女士穿套裙时，需要穿连体长筒袜，不能穿半截分体袜，否则会出现"三截腿"的恶性分割现象。

## 实训项目四　服饰穿着与配饰

**情景练习1**

**旅游礼宾接待任务：** 男士需要完成西装与鞋袜、皮带、皮包、手表的选择与搭配任务，演示正装服饰的穿戴和搭配，请其他同学找出不合规范之处。

**实训目的：** 掌握男士西服与鞋袜、饰品的搭配技巧。

**实训内容：** 西装与鞋袜、皮带、皮包、手表的选择与搭配。

**实训场地：** 形体训练室。

**实训步骤：** 分组进行（4~6位男士为一组），穿好既定的西装，准备不同颜色、不同款式的皮鞋、袜子、皮带、皮包、手表若干，请各组同学自行选择，进行合理的搭配，互相点评并选出最佳搭配效果的男同学。

**实训要领：**

(1) 皮鞋、皮带、皮包的搭配：男士穿西装、套装时，皮鞋、皮带、皮包的色彩必须统一，最理想的选择是皮鞋、皮带、皮包均为黑色，有助于提升自身形象。

(2) 袜子的选择：穿袜子讲究与西装颜色统一，尼龙丝袜和白色袜子在正式场合不能穿。因此，选择黑色或深色的棉袜是最佳搭配。

(3) 手表的选择：在正式场合，注意以下手表不能佩戴：失效表、劣质表、广告表、卡通表和世界表等。

## 情景练习2

**拜访客户：** 女士完成套裙与鞋袜、戒指、项链等饰物的选择与搭配任务，演示服饰的穿戴和搭配，请其他同学找出不合规范之处。

**实训目的：** 掌握女士套裙与鞋袜、饰品的搭配技巧。

**实训内容：** 套裙与鞋袜、饰品的选择与搭配。

**实训场地：** 形体训练室。

**实训步骤：** 分组进行（4~6位同学为一组），穿好既定的套裙，准备不同颜色、不同款式的皮鞋、袜子、戒指、项链、耳环、胸针等若干，请各组同学自行选择，进行合理的搭配，互相点评并选出最佳搭配效果的女同学。

**实训要领：**

(1) 裙、鞋、袜的搭配：女士皮鞋质地最好是牛皮的，黑色最为正统。袜子最好是尼龙丝袜或羊毛连裤袜。颜色最好为单色，肉色、黑色、浅灰色为宜，袜口要没入裙内，不可暴露于外。袜子要穿连裤袜，否则会导致裙子一截、袜子一截、腿肚一截的三截腿。

(2) 饰品的选择：套裙为正式场合服装，戒指、手表选择要简单、古朴、庄重。耳环选择简单的耳钉为宜，颜色与套裙颜色一致。项链如果要佩戴的话，以白金项链为宜。

## 情景练习3

**颁奖典礼：** 某酒店年终总结大会，为年终考核优秀者颁奖，综合考察礼仪服务人员、颁奖者、获奖者基本仪容仪表与着装搭配。

**实训目的：** 熟悉礼仪服务中的仪容仪表规范。

**实训内容：** 礼仪服务中规范的仪容仪表礼仪。

**实训场地：** 形体训练室。

**实训步骤：** 3~8人一组，自由组合。礼仪服务人员着装符合礼仪小姐身份，旗袍或晚装等，淡妆与服装色彩协调，走姿优雅，引领仪态、手势得体。颁奖者与获奖者着装符合身份，饰品搭配协调；男西服、领带等；女晚装。男士仪容整洁、大方；女士化妆适当、与服装色彩协调的淡妆。

**所需道具：** 形体实训室、相应服装、证书、若干配合同学等。

## 延伸阅读

### 从"AIDMA"法则看第一印象

第一印象，在心理学上叫"首因效应"。过去我们说它会在7~8s内形成，并影响7年之久。现在，心理学界的探讨显示，它好像会在0.38s内形成。

"AIDMA"法则，源于商品学和购物心理学，描述的是人在购物过程中的心理规律。假设你进百货商场去买衣服，你会发现自己先东瞧西看，然后被某一件衣服（Attention/引起注意）吸引（Interest/产生兴趣）；走进了其中的一家商店，看看颜色款式，摸摸质地，发现很想试一试（Desire/产生欲望），便招呼店员协助；边试衣，边琢磨能不能和家里的衣服配呀、今儿钱包里带的钱够不够呀等细节问题（Memory/搜索记忆）；所有细节一旦确认通过，你就会对店员下指令，"买了！"（Action/付款行动），心仪的衣服就被拎回了家。

你会发现，如果没有当初吸引你眼球的那一瞬间，你不可能完成对那件特定商品的购买。那些被你无情地错过的店里未必没有适合你的衣服，只是因为那些商品没有引起你的注意，便永远地失去了机会。

在"吸引眼球"这一关键点上，"AIDMA"法则与形象在别人心理上的接受过程惊人的一致。无论是在机场还是在商务聚餐这样的公共或社交场合，你一定会发现一些能"引起注意"的人，并发现他们有更多的机会表现自己。而那些没有引起你注意的人，虽然同在那个场合出现，却白白损失了机会。

从"AIDMA"法则看到印象：

这个人真漂亮（印象中心）——让人留意——Attention（注意）
他是谁呀（品味中心）——值得回头看看——Interest（兴趣）
想认识他（欲望中心）——目不转睛地看，想认识——Desire（欲望）
他真漂亮（记忆中心）——记住了印象——Memory（记忆）
给他打电话（行动中心）——下决心结交——Action（行动）

## 思考练习

### 一、知识问答

1. 依据个人脸型，设计出适合自身条件的发型，并请同学给你做点评。
2. 为提升个人形象，旅游从业人员在工作与生活中如何做到消除个人不良的气味？
3. 个人卫生的打理，关键点有哪些？
4. 谈谈女士面容修饰与化妆的技巧。
5. 谈谈服饰与鞋袜的搭配技巧。
6. 正式场合，服装与饰品搭配技巧有哪些？

### 二、能力测试

依据仪容仪表要求及服装搭配技巧，假设自己将来的工作环境，设计出提升个人形象魅力的具体方案。

## 2　形象整饰——旅游行业仪容仪表礼仪

**课程任务**

1. 组织演讲与讨论，谈谈学习仪容仪表美在工作及生活中的重要性。

2. 依据岗位职业要求，训练学生在真实工作环境中职业着装及配饰的整饰能力，培养学生良好的职业意识。

3. 将旅游专业学生的仪容仪表标准以文字与照片的形式制作成班级仪容仪表标准与规范展板。

# 3 举止气质——旅游行业仪态礼仪

**知识概述**

人的仪态,每时每刻都在传递信息,传达人的思想和感情,它所包含的信息是十分可观的。美国心理学家艾德华·霍尔曼十分肯定地说:"无声语言所显示的意义要比有声语言多得多。"从人际沟通的角度来说,体态语言因其独特的有形性、可视性和直接性,在旅游服务行业具有不可低估的特殊价值。本章内容主要包括:

● 对仪态的基本认识。了解旅游行业服务仪态对工作的重要作用及关于仪态的基本知识,明确仪态的构成要素。

● 旅游行业服务仪态的美化与塑造。重点掌握站、坐、行、蹲、服务手势等优雅仪态的特点与养成方法,学会克服不良仪态习惯。

● 旅游行业服务手势。掌握服务中的导引、引领、物品递接等主要服务手势,了解不同跨文化手势的意义。

● 旅游行业服务表情与神态。掌握得体服务眼神与面部表情的训练方法。

# 3 举止气质——旅游行业仪态礼仪

> **知识导入**

清廷派驻台湾的总督刘铭传是建设台湾的大功臣，台湾的第一条铁路便是他督促修的。刘铭传的被任用，有一则发人深省的小故事：

当李鸿章将刘铭传推荐给曾国藩时，还一起推荐了另外两个书生。曾国藩为了测验他们三人中谁的品格最好，便故意约他们在某个时间到曾府去面谈。可是到了约定的时刻，曾国藩却故意不出面，让他们在客厅中等候，暗中却仔细观察他们的态度。其他两位都显得很不耐烦似的，不停地抱怨，在厅中踱来踱去，显得心浮气躁；只有刘铭传一个人端端正正地稳坐不动，两手置于膝上，心平气和地目视前方，姿态娴雅地欣赏墙上的字画。后来曾国藩考问他们客厅中的字画，只有刘铭传一人答得出来。结果刘铭传被推荐为台湾总督。

阅读以上小故事，讨论：即便无人关注的时候，种种不良仪态举止会给自己和他人造成什么印象或后果，应该怎样注意自己在公共场合的一言一行？

## 3.1 优雅仪态美化与塑造

仪态，包括人的举止行为、姿势、态度表情等。古人在仪态规范方面要求坐如钟，站如松，行如风。每个人的举止、动作、表情等均与其教养、风度有关。从一个人的仪态可以看出他（她）的品格、学识、能力、文明修养程度以及他（她）的内心世界。用良好的体态礼仪表情达意，往往比语言更让人感到真实、生动。

优雅的仪态不仅能给旅游从业者的外在形象增光添彩，给旅游者带来心理上的愉悦和美的体态视觉，同时，也是旅游服务行业的职业要求。此处，我们从宾客的各种具体体姿、仪态中可以了解他人的真实想法，从而准确地判断出客人的潜在需求。在旅游服务场合，要求我们遵守举止有度的原则，言行举止需要合乎约定俗成的行业行为规范。具体说来，即是要求我们的行为举止要文明、优雅、敬人。

(1) 文明，要求举止自然、大方、高雅，体现出良好的教养。

(2) 优雅，要求举止规范美观、得体适度、赏心悦目、风度翩翩、颇具魅力。

(3) 敬人，要求仪态举止礼敬他人，从体态上体现出对对方的尊重、友好与善意。

旅游服务人员的优雅仪态，包括站姿、蹲姿、坐姿、走姿，优雅的手势，以及一切由此衍生出的服务礼节和举止（图 3-1）。

图 3-1 优雅仪态

### 3.1.1 优雅站姿训练

站姿指人的双腿在直立静止状态下呈现出的姿势，是一切姿态的基础。一个人想要表现出得体雅致的姿态，首先要从规范站姿开始。优美、典雅的站姿是一种静态美，也是一个人良好气质和风度的展现。

"站如松"是说人的站立姿势要像青松一般端正挺拔，正确健美的站姿会给人以挺拔劲秀、舒展俊美、庄重大方、精力充沛、信心十足、积极向上的印象。男女立姿亦应形成不同风格，男子应显得风度洒脱、挺拔向上、舒展俊美、精力充沛；女子应显得庄重大方、亲切有礼、秀雅优美、亭亭玉立。

1. 基本站姿

基本站姿的要领是：头正，颈直，下颌微收，双目平视前方。脚跟靠拢，脚尖分开 45°~60°，呈小八字开立，身体重心落在两脚间的中心位置上。两腿用力，双膝并拢；收腹提臀，挺胸立腰；双肩打开，放松下沉；双臂自然下垂，虎口向前，手指自然弯曲，中指贴裤缝。基本站姿男女通用，显得端正、自然、亲切、稳重，在一些庄严隆重的场合适用（图 3-2）。

2. 腹前握指式站姿

在基本站姿的基础上，两手握于腹前。右手在上，握住左手手指部位，两手交叉放在小腹肚脐上下 1cm 左右位置。这种站姿适用于服务场合，男女略有不同。

女性的双手在腹前交叠会显得亲和稳重，在胸下交叠会让下半身的视觉比例拉长，更显得优雅（图 3-3）。男性在基本站姿的基础上，左脚向左横跨一步，两脚之间距离不得超过肩宽，两脚分开平行站立，两手握指于腹前，身体重心放在两脚上，身体直立，注意不要挺腹或后仰。

3 举止气质——旅游行业仪态礼仪

图3-2 基本站姿

图3-3 腹前握指式站姿

3. 手臂后背式站姿

旅游服务人员在站立时也常采用双臂后背式和单臂后背式站姿。男子宜采用双臂后背式,在基本站姿的基础上,双手在背后交叉,左手轻握右手手指。两脚可分可并。分开时(图3-4),不超过肩宽,挺胸立腰,收颌收腹,双目平视。这种站姿,两脚分开站时,优美中略带威严,易产生距离感;如果两脚改为并立,则突出了尊重的意味。

女子宜采用单臂后背式,即一手背在后面,贴在臀部,另一手自然下垂,中指对准裤缝,两脚既可以并拢也可以成小丁字步,显得大方、典雅(图3-5)。

图3-4 手臂后背式站姿

图3-5 单臂后背式站姿

57

> **知识拓展**
>
> **不良站姿的危害**
>
> 　　常见不良站姿包括扣肩含胸、站立时腿膝无力、臀部下塌等。这些不良姿势不仅影响美观，还会导致虎背熊腰、两条腿粗细不一、臀部松弛下垂等体形问题。很多服务人员最容易犯的错误，就是两手抱胸，腿打开成三七步，身体放得太轻松，无意识之下就把小腹给挺了出来，而且使人的身高萎缩 3~5cm。
>
>
>
> 　　后仰的站立使大腿突出，前倾的站立使臀部突出，腰部受力太大，向右侧或左侧倾斜的站立易使脊椎侧弯。这些站立的方法都是错误的，会造成身体的不对称和伤害，不良的站姿日积月累下来，对于上半身的脊椎和下半身的子宫、骨盆都会有影响。

## 实训项目一　优雅站姿训练

　　站是坐和行的基础，也是最基本的姿势，所以显得非常重要，应坚持练习。站姿注意事项：

（1）双脚并拢，双脚脚跟和大脚趾相互碰触，伸展所有脚趾平放于地面；
（2）膝部绷直，膝盖向上提升，收紧臀部，提拉大腿后部肌肉；
（3）收腹，挺胸，脊椎骨向上伸展，颈部挺直；
（4）把身体重量均匀分布在双脚上，进而均匀分布在两脚脚跟和脚趾上。

　　练习重点在于，身体各个部分的打开和伸展，以及在打开伸展过程中的完美对称性，比如：脊椎的对称，双肩的对称，腿和脚的对称，腹部和背部的对称，手臂的对称等，实际上人体是一个非常完美的对称，在对称中达到一个美好的平衡（图 3-6）。

3 举止气质——旅游行业仪态礼仪

图3-6 站姿训练

**情景练习**

求职面试、礼宾接待、酒店迎宾、导游地陪接站

**实训目的：**掌握旅游服务行业所需的端庄站姿。

**实训内容：**男士与女士站姿规范。

**实训场地：**形体训练室，配背景音乐。

**实训步骤：**分组进行（6~8人一组），每组分配不同场景，分角色扮演，交换练习。

**实训要领：**练习站姿应掌握的要领是平、直、高。

（1）平。头和两个肩膀摆平正，两眼平视。最好经常通过镜子来观察、纠正和掌握。

（2）直。腰直、腿直；后脑勺、背、臀、脚后跟成一条直线。可以靠墙壁站立，后脑勺靠墙，下巴会自然微收；腿膝尽可能绷直，往墙壁贴靠；脚跟顶住墙，把手塞到腰、墙之间，如果刚好能塞进去就可以了，如果空间太大，可把手一直放在背后，弯下腿，慢慢蹲下去，蹲到一半时，多余的空间就会消失，然后再站直，体会正确直立的感觉。

（3）重心上拔，尽可能使人显高。练习方法是挺胸收腹，脖子向上拉直。在墙上吊一个物体，每当挺直上拔时，头顶刚好能碰到。

> **现在我知道了……**
>
> 不同站姿具有不同的含义：
> 胸挺背直、双目平视、表现出充分的自信，并给人以气宇轩昂、乐观开放的感觉。相反弯腰弓背的人，精神上有处于劣势、表现出自我防卫消沉、封闭的倾向。

双手叉腰，挺立而站，也是精神上处于优势的表现。他对面临的事物有着充分的心理准备，采取的是有助于迎接挑战的姿态。

双手插入口袋，具有不袒露心迹，甚至暗中思索的倾向。如果是同时出现弯腰弓背的姿势，可能是心情沮丧或苦恼的表现。

两臂交叉，表明对别人的谈话采取的是审视或排斥的态度。此视为习惯性防范动作。

踝关节交叉的站姿，表示态度上保留意见或轻微拒绝。

两人呈"八"字形站立，表明允许第三人加入他们的势力范围，从而构成一个3个人的封闭圈；3个人呈"门"字形站立，表明可容纳第4人，并形成拒绝别人再进入的"栅栏"。

### 3.1.2 优雅坐姿

正确的坐姿可以给人以端庄、稳重的印象，使人产生信任感，同时也可以给双方的交谈带来方便。为了促进交谈，坐椅子时可往前一点，身体稍前倾。采取这样的坐法，显得谦恭有礼。其次，交谈时可以采取稍微侧身的姿势，这样面向对方的侧身坐姿会让人感觉你易于接近（图3-7）。

图3-7 正确坐姿

## 3 举止气质——旅游行业仪态礼仪

1. 入座

当你与他人一起入座,要讲究先后顺序,礼让尊长,不能抢先就座。正式场合遵循以右为尊的国际礼仪原则,通常应从左侧一方走向自己的座位,从左侧一方离开自己的座位。男士主动为身边的女士拉椅让座,照顾身边的女士(图3-8)。

2. 就座

走到座位前,转身背对座位,右脚后移半步,待腿部接触座位边缘后,上身尽量保持挺直,再轻轻坐下。入座和调整坐姿时,应不慌不忙,轻稳无声,以坐满椅面的三分之二为宜(图3-9)。女士入座时尤要娴雅、文静、柔美,若穿裙子则应将裙子向前拢一下。

图3-8 入座

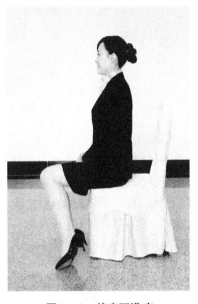

图3-9 就座不满座

3. 离座

离开座椅时身边如果有人在座,应该用语言或动作向对方先示意,随后再站起身来。和别人同时离座,要注意起身的先后次序。地位低于对方的,应该稍后离座,地位高于对方时,可首先离座,双方身份相似时,可以同时起身离座。起身离座时,最好动作轻缓,不要"拖泥带水",弄响座椅,或将椅垫、椅罩弄掉在地,尽量站好再走。起身后,应该从左侧离座。

4. 坐姿的常见种类

1)标准式坐姿

这是正式场合最基本的一种坐姿,给人以诚恳认真的感觉,男女均可用这种坐姿。要求是：在基本坐姿的基础上，女士双腿并拢，男士双腿可分开与肩宽，小腿与地面垂直，双膝和双脚跟并拢；双肩放松下沉，双臂自然弯曲内收，双手呈握指式，右手在上，手指自然弯曲，放于腹前双腿上。须注意这种坐姿脊背一定要挺直，头部摆正，目视前方（图3－10）。

图3－10 标准式坐姿

男士标准坐姿要求"坐如钟"，即体态稳重，不摆动身体，不抖动腿。坐正，上身挺直，双腿略分开，双肩平正放松，两臂自然弯曲。双手分别放在双膝上，也可放在椅子或是沙发扶手上，注意掌心应向下。两膝间可分开一拳左右的距离，脚态可取小八字步或稍分开以显自然洒脱之美（图3－11）。与女士坐姿不同，男士可采取双腿翘放式坐姿，但不可尽情打开腿脚，那样会显得粗俗和傲慢。正确的做法是将脚尽量收拢，以免干扰他人（图3－12）。

图3－11 男士分膝式坐姿　　　　图3－12 男士跷腿式坐姿

2）双腿斜放式坐姿，亦称侧点式

它适合穿裙子的女性在低处就座时使用。坐在较低的椅子上时，双脚垂直放置，膝盖可能会高过腰，较不雅观。这时最好采用双腿斜放式，即双腿并拢之后，双脚同时向右侧或左侧斜放，并且与地面形成45°左右的夹角，这样的话，就座者的身体就会呈现优美的"S"形。坐沙发时，这种姿势最实用。须注意两膝不宜分开，小腿间也不要有缝隙（图3-13）。

3）双腿叠放式坐姿

它适合穿短裙的女性，造型极为优雅，有一种大方高贵之感。这种坐姿要求在基本坐姿的基础上，将双腿上下叠放，交叠后的两腿之间不留缝隙。两腿交叠呈直线，才会造成纤细的感觉。双脚置放的方法可视座椅的高矮而定，既可以垂直，也可与地面呈45°夹角斜放。叠放在上的脚尖下压，垂向地面，不应翘起，更不宜指向他人。采用这种坐姿时，切勿双手抱膝，更不能将两膝分开（图3-14）。

图3-13 双腿斜放式坐姿

图3-14 双腿斜叠式坐姿

## 实训项目二　优雅坐姿训练

**情景练习1**

求职面试、正式宴会、酒店商务中心

**实训目的：** 掌握端庄稳重、自然优美的坐姿。

**实训内容：** 男士与女士坐姿规范。

**实训场地：** 形体训练室，配背景音乐。

**实训步骤：** 分组进行（6~8人一组），每组分配不同场景，分角色扮演，交换练习在不同场合和不同座椅上应分别采用哪些坐姿。

实训工具：准备无扶手椅、扶手椅、沙发等不同的坐具。

**情景练习2**

如果是在工作场合，图3-15、图3-16所示的坐姿给人以什么样的印象？应如何改正？

图3-15 坐姿纠正示例1

图3-16 坐姿纠正示例2

**现在我知道了……**

坐下后身体上半身稍微向前倾。如果背部靠在沙发或椅子上，则会给人以傲慢的印象，同时身体后仰，会使下巴突出，这样很容易暴露自己的想法，让对方掌握主动权。

有的女性喜欢将腿跷得过高，这样会露出衬裙，有损美观和风度。双膝也不要并得太紧，这会使人产生一种紧张、缺乏安全感的感觉。还有一点要谨记，那就是再紧张、再心烦，也不要抖动双腿。

> 任何座位都不能坐得太深或太浅。坐得太深时，由于臀部及上身的重量与小腿的支撑点离得太远，坐下去时会引起小腿肌肉紧张，时间长了会很累，不过这种姿势可以体现出你的沉稳大方。坐得太浅的话，又会使大腿的大部分露在椅子面之外，使腿显得又短又粗。另外，千万不要坐在椅子的1/3处，这种坐姿会让人觉得你心情紧张、胆小怯懦。

### 3.1.3 优雅蹲姿

在服务过程中，如遇到客人不小心将东西掉在地上，或是需要下蹲拿取物品时，大部分人会习惯性地弯腰撅臀。这样的蹲姿在客人面前显得极不规范，又不雅观。蹲姿不像站姿、坐姿那样使用频繁，因而往往被人忽视。那么，怎样的蹲姿才是符合旅游服务礼仪规范的呢？

1. 蹲姿规范

蹲姿的基本要领是：站在所取物品的旁边，蹲下屈膝去拿，尽量保持脊背的挺直，并慢慢地把重心向下移；臀部向下，两腿合力支撑身体，掌握好身体的重心（图3-17）。

图3-17 优雅蹲姿流程图

图片来源：http://blog.sina.com.cn/smczhou

2. 两种优雅蹲姿

1）交叉式蹲姿

通常适用于女士，特别是穿短裙的女士采用。优点在于造型优美典雅，基本要求是：下蹲时，右脚在前，左脚在后，右小腿垂直于地面，全脚着地。左腿在后与右腿交叉重叠，左膝由后面伸向右侧，左脚跟提起，左前脚掌着地。两腿前后紧靠，合力支撑身体。臀部向下，上身稍前倾。

2）高低式蹲姿

下蹲时，左脚在前，右脚稍后，不重叠，两腿紧靠向下蹲。左脚全脚掌着地，小腿垂直于地面，右脚跟提起，右前脚掌着地。右膝低于左膝，女性两膝内侧紧靠，男性可适度分开。臀部向下，基本是以右腿支撑身体。身体形成两个重心：一是腰部，二是右大腿。手放于膝盖上方，手指与膝平齐（图3-18）。

图3-18　高低式蹲姿

## 实训项目三　优雅蹲姿训练

**情景练习**

工作场合捡拾地上或取低处物品。

**实训目的：**掌握恰当蹲姿。

**实训内容：**交叉式蹲姿；高低式蹲姿。

**实训场地：**形体训练室。

**实训步骤：**分组进行（6~8人一组），每组分配不同场景，分角色扮演，交换练习。

**实训要领：**

(1) 捡东西时，我们可以假想人较多的那个方向是观众方，所以要用自己的侧面而不是正面或是背面对着人多的一边。

(2) 双腿和膝盖应该并在一起。

(3) 左手轻挡胸前，避免走光，右手稍捋裙摆；静静地蹲下去，上身保持直立。

> **现在我知道了……**
>
> 优雅的蹲姿需要注意不要：
> 突然下蹲。蹲下来的时候，不要速度过快。行进中需要下蹲时，尤其要注意这一点。

> 离人太近。下蹲时，应和身边的人保持一定距离。和他人同时下蹲时，更不能忽略双方的距离，以防彼此"迎头相撞"或发生其他误会。
>
> **方位失当。** 在他人身边下蹲时，最好是和他人侧身相向，正面面对他人，或者背对他人下蹲，通常都是不礼貌的。
>
> **毫无遮掩。** 身着裙装的女士在大庭广众面前，一定要避免"走光"。

### 3.1.4 优雅走姿

走姿以人的站姿为基础，是站姿的延续动作。与其他姿势所不同的是，它自始至终都处于动态之中，体现的是人的动态美。无论是日常生活中还是在社交场合，走路往往是最引人注意的身体语言，也最能表现一个人的风度和活力。

**1. 走姿的基本要领**

走的时候，双目向前平视，面带微笑，微收下颌，上身挺直，头放正，挺胸收腹，重心稍向前倾。手臂伸直放松，手指自然弯曲，双臂自然下垂，手掌心向内，手臂以身体为中心前后摆动，手臂与身体的夹角一般在10°~15°。手臂摆动时要以肩关节为轴，大臂带动小臂向前，手臂要摆直线，肘关节略弯曲，小臂不要向上甩动；向后摆动时，手臂外开不超过30°，前后摆动的幅度为30~40cm（图3-19）。

图3-19 走姿

**2. 走姿训练三要素**

走路时姿势美不美，是由步度、步位和步速决定的。

（1）步度，也称步幅，是指行走时两腿之间的距离。步度一般标准是一脚踩出落地后，脚跟离未踩出一脚脚尖的距离恰好等于自己的脚长。身高超过1.75米以上的人步度约是一脚半长。男士的步幅可以稍大一点。

（2）步位是指脚落到地面上时的位置。走路时最好的步位是：两只脚所踩的是一条直线而不是两条平行线。

（3）步速是指行走的速度，男子每分钟 108~110 步，女子每分钟 118~120 步。遇有紧急事情，可以加快步速，但尽量不要奔跑，否则有失优雅。走路用腰力，有韵律感。走路的美感产生于下肢的频繁运动与上体稳定之间所形成的对比和谐，以及身体的平衡对称，要做到出步和落地时脚尖都正对前方，抬头挺胸，迈步向前。

## 实训项目四　优雅走姿训练

**情景练习 1**

求职面试、商务会谈、酒店楼层大堂和走廊中、带领游客导游途中

**实训目的**：掌握端庄稳重、自然优美的走姿。

**实训内容**：男士与女士走姿训练。

**实训场地**：形体训练室，配节奏感强的背景音乐。

**实训步骤**：分组进行（6~8 人一组）。首先在地上画一长线进行走姿训练；头顶书本进行步态平衡训练。然后每组分配不同场景，分角色扮演，交换练习。

**实训要领**：

（1）前行步。向前行步时，要保持身体直立挺拔。行进中与来宾或同事相问候时，要伴随着头和上体向左或向右的转动，并微笑点头致意。

（2）后退步。当与他人告别时，扭头就走是不礼貌的，应该是先向后退步，再转体离去。步幅不宜大。转体时要身先转，头稍后一些转。

（3）侧行步。当走在左前方引导来宾时，髋部朝着前行的方向，上身稍向右转体，左肩稍前，右肩稍后，侧身向着来宾，保持两三步的距离。可边走边向来宾介绍环境，并配以手势的运用。侧身转向来宾不仅是礼貌的，同时还可观察留心宾客的意愿，及时为来宾提供满意的服务。

**情景练习 2**

不同着装的走姿

**实训目的**：掌握端庄稳重、自然优美的走姿。

**实训内容**：身着不同服装进行走姿训练。

**实训场地**：形体训练室，配节奏感不同的背景音乐。

**实训准备**：男士自备西装、职业装及皮鞋，女士自备套裙、旗袍、礼服及不同高度高跟鞋。

**实训步骤**：分组进行（6~8 人一组），每组分配不同场景，分角色扮演，交换练习。

**实训要领**：所穿服饰不同，步态应有所区别。一般地讲，直线条服装具有舒展、庄重、大方、矫健的特点；而以曲线条为主的服装则显得妩媚、柔美、优雅、飘逸。

总之，走姿应展现服装的特点。

（1）穿西装的走姿。西装以直线条为主，应当走出挺拔、优雅的风度。穿西装时，后背保持平正，走路的步幅可略大些，手臂伸直摆动。行走时，男士不要晃动，女士不要扭腰摆臀。

（2）穿旗袍的走姿。行走时，要求女士身体挺拔，胸微含，下颌微收，不要塌腰撅臀。走路时，步幅不宜过大，以免旗袍开衩过大导致"走光"。两脚跟前后要走在一条线上，脚尖略微外开，两手臂在体侧自然摆动，幅度也不宜过大。

（3）穿裙装的走姿。穿着长裙可显出女性身材的修长和飘逸美。行走时要平稳，步幅可稍大些。转动时，要注意头和身体相协调，调整头、胸、髋三轴的角度。

（4）穿短裙的走姿。穿着短裙，要表现轻盈、敏捷、活泼、洒脱的风度，步幅不宜过大，但脚步频率可以稍快些，保持轻快灵巧的风格。

（5）穿高跟鞋的走姿。女士在正式社交场合经常需穿着高跟鞋，行走时，要保持身体平衡。做法是：直膝立腰，收腹收臀，挺胸抬头，膝关节不要前曲，臀部不要向后撅，要把踝关节、膝关节、髋关节挺直，行走时步幅不宜过大（图3-20）。

图3-20 不同着装的优雅走姿

---

**现在我知道了……**

优雅的走姿需要注意不要：

（1）横冲直撞。行进时，专拣人多的地方行走，在人群之中乱冲乱闯，甚至碰撞到他人的身体。

（2）抢道先行。行进时，要注意方便和照顾他人，通过人多路窄之处务必要讲究"先来后到"，对他人"礼让三分"，让人先行。在道路狭窄之处，悠然自得地缓步而行，甚至走走停停，或者多人并排而行，显然都是不妥的。旅游职业人员还须切记，一旦发现自己阻挡了他人的道路，务必要闪身让开，请对方先行。

（3）方向不定。在行走时，方向不明确，忽左忽右。

（4）声响过大。在行走时，用力过猛，脚步声太响，会影响别人。

（5）拖泥带水，脚不离地。脚不抬起来，摩擦着地面，发出拖拉的声音。

(6) 步态不雅。在行走时，内八字、外八字、低头驼背、摇头晃脑、肩部晃动、扭腰摆臂、左顾右盼、瞻前顾后等现象在行走中都不应该出现，否则要么使行进者显得老态龙钟、有气无力，要么给人以嚣张放肆、矫揉造作之感。

## 3.2 优雅手势

手势在传递信息、表情达意方面发挥着重要的作用。在日常生活中，我们往往可以从他人手的动作来猜测和判断对方的心理，很多手势都可以反映人的修养、性格。同时，在旅游服务中大方、恰当的指示、引领、递接手势可以给人以积极的印象和优美文雅的美感，为职业形象增辉。

### 3.2.1 旅游行业服务手势

旅游服务人员应注意手势使用的幅度、次数、力度等，手势的上界一般不应超过对方的视线，下界不低于自己的胸区，左右摆的范围不要太宽，应在人的胸前或右方进行。与人交往时，多用柔和曲线的手势，少用生硬的直线条手势（图3-21），以求拉近心理距离。服务人员使用手势时应注意以下几点。

图3-21 服务手势

(1) 谈到别人时，不可用手指别人，更忌讳背后对人指点等不礼貌的手势。
(2) 与人交谈时，讲到自己不要用手指自己的鼻尖，而应用手掌按在胸口上。
(3) 在客人面前，避免抓头发、玩饰物、掏鼻孔、剔牙齿、抬腕看表、高兴时拉袖子等粗鲁的手势动作。
(4) 避免交谈时指手画脚、手势动作过多过大。

### 3.2.2 旅游服务中常用的手势

旅游服务中常用的手势主要包括迎接、引领、示坐等，主要方式有以下几种。

(1) 直臂式。需要给宾客指方向时或做"请往前走"手势时，采用直臂式。其动作要领是：将右手由前抬到与肩同高的位置，前臂伸直，用手指向来宾要去的方向。一般男士使用这个动作较多。注意指引方向，不可用一根手指指出，显得不礼貌（图3-22）。

(2) 横摆式。迎接来宾做"请进"、"请"时常用横摆式。其动作要领是：一手从腹前抬起向右横摆到身体的右前方，腕关节要低于肘关节，双腿并拢，另一手放在小腹处自然下垂或背在后面。头部和上身微向伸出手的一侧倾斜，目视宾客，面带微笑，表现出对宾客的尊重、欢迎，同时加上礼貌用语，如"请跟我来"、"里边请"、"这边请"等（图3-23）。

(3) 斜摆式（斜臂式）。请来宾入座做"请坐"手势时，手势应摆向座位的地方。其动作要领是：一只手先从身体的一侧抬起，到高于腰部后，从上向下摆动到距身体45°处，手臂向下形成一斜线（图3-24）。

图3-22 直臂式手势　　图3-23 横摆式手势　　图3-24 斜臂式手势

(4) 双臂侧摆式。当举行重大庆典活动，来宾较多，接待较多来宾做"诸位请"或指示方向的手势时采用。其动作要领是：将双手由前抬起到腹部再向两侧摆到身体的侧前方，这是面向来宾。指向前进方向一侧的臂应抬高一些，伸直一些，另一手稍低一些，曲一些（图3-25）。

(5) 双臂横摆式。当示意"请起立""大家请"时，双臂从身体两侧抬起，大臂与身体夹角45°左右（图3-26）。运用手势时还要注意与眼神、步伐、礼节相配合，才能使宾客感觉到这是一种"感情投入"的热诚服务。除此以外，为客人指示方向还可采用曲臂式手势（图3-27），为客人提醒安全事项时可采用提醒手势（图3-28），向宗教人士介绍自己时宜采用用右手按在自己左胸部的自谦手势（图3-29）。

图3-25 双臂侧摆式手势　　图3-26 横摆式手势　　图3-27 曲臂式手势

图3-28 提醒手势　　图3-29 面对宗教人士自谦手势

（6）递接物品。递送物品时，若双方相距过远，递物者当主动走近接物者；双手递物于人最佳，不方便双手并用时，也要采用右手，以左手递物被视为失礼之举；在递物于人时，应当为对方留出便于接取物品的地方，不要让其感到接物时无从下手，比如餐具；将带有文字的物品递交他人时，还须使之正面面对对方；将带尖、带刃或其他易伤人的物品递于他人时，切勿将尖、刃直接指向对方，合乎礼仪的做法是应当使其朝向自己，或是朝向他处；递现金最妥善的方法是将现金放信封里（图3-30）。

接取物品时，应注意的主要几点是：应当目视对方，而不要只顾注视物品；一定要用双手或右手，绝不能单用左手；必要之时，应当起身而立，并主动走近对

# 3 举止气质——旅游行业仪态礼仪

方；当对方递过物品时，再以手前去接取，切勿急不可待地直接从对方手中抢取物品。

图3-30 递交现金

## 实训项目五　优雅手势训练

**情景练习**

酒店迎宾、引领客人、指引方向

**实训目的**：掌握得体优雅的手势（图3-31）。

图3-31 手势训练

**实训内容：** 练习使用常用社交手势及服务手势。

**实训场地：** 形体训练室，配背景音乐。

**实训步骤：** 分组进行（6~8人一组），练习正确地使用各种手势，首先自己对着镜子练习，然后分组练习观摩。每组分配不同场景，分角色扮演，交换练习。

**实训要领：**

（1）手势训练注重标准手势要求。五指伸直并拢，注意将拇指并严，腕关节伸直，手与前臂形成直线。在做动作时，肘关节既不要成90°直角，也不要完全伸直，弯曲140°为宜。掌心向斜上方，手掌与地面形成45°角。

（2）手的位置。别把手绕放在胸前；别玩弄手指；手不要碰脸；别玩转笔；坐着拍照时，实在手找不到地方放，可以将右手放在左手上，双手放在膝盖上。

（3）手势运用中容易出现的问题。手指不伸直并拢，呈弯曲状；手臂僵直，缺乏弧度显得生硬；手臂过于弯曲，动作不舒展；动作的速度太快，缺乏过渡，不能引起注意；手势与全身配合不协调；运用手势不自信、不明确、简单含混缺乏热情。

### 现在我知道了……

触摸眼部表示刚说过的话与心相违

摸耳朵的意思是"我不相信你的话"

玩衣角说明很紧张

双手的下压动作表明在极力地掩饰着什么

双臂抱在胸前表示自我防卫和自我保护

## 3.3 表情与神态

表情是内心情感在面部上的表现。表情是人际交往中，相互交流的重要形式之一。它可谓是体态语言中最为丰富的内容，因为它可以更直观地表达出一个人的内心感情。美国心理学家艾伯特·梅拉比安把人的感情表达效果总结为了一个公式：感情的表达＝语言（7%）+声音（38%）+表情（55%），它说明了表情在人际间沟通感情的过程中占有相当重要的位置。

这里主要探讨的是面部表情，人类的面部表情变化多端，大多具有共性，它超越了地域文化的界限，成为一种世界性"语言"，这与举止有着很大的不同；面部表情在世界上几乎可以通用，而举止则做不到这一点。面部表情主要包括眼神、微笑两方面的内容。

### 3.3.1 眼神

面部表情中起主导作用的是眼睛，眼睛对内心情感的传达主要是靠眼神。眼神是富有表现力的一种"体态语"，适当地运用能给交往带来好的作用，否则会带来不必要的误解。

既然眼神在人际沟通中有如此重要的作用，那么我们就要学会善于运用眼神。

（1）注意视线接触对方的时间。与人交谈时，视线接触对方脸部的时间应占全部谈话时间的30%~60%，超过这一平均值时，可被视为对谈话者本人比谈话内容更感兴趣，是对私人占有空间或势力范围的侵犯，是不礼貌或挑衅性的行为；低于此平均值时，则表示对谈话内容和谈话者本人都不怎么感兴趣，可认为是自高自大、傲慢无礼的表现，或者企图掩饰什么，诸如空虚、慌张等。故在谈话过程中，应掌握好这一时间度。

（2）注意视线停留的部位。在人际沟通中，运用眼神要注意根据关系亲密程度来确定视线停留部位，也可以依据语境、场合来确定。从视线停留的部位可反映出人际关系状态有3种：

① 视线停留在两眼与胸部之间的三角形区域，这被称为亲密注视。

② 视线停留在双眼与嘴部之间的三角形区域，这被称为社交注视，是社交场合常见的视线交流位置。

③ 视线停留在对方前额一个假定的三角形区域，为严肃注视。这种注视方式能造成严肃气氛，使对方感觉到你有正经事要谈，这样你本人就保持了主动。

（3）注意眼神变化。眼神的变化能准确传递某种信息。不同的视觉方向表达不同的含义（图3-32），仰视表示服从，俯视表示傲慢，正视表示庄重，斜视表示蔑视等，不可随便使用。眼神的变化要与其他表情动作协调一致，成为一个有机的整体。

图 3-32　不同眼神的变化

### 3.3.2　微笑

微笑，即人的面部呈现出愉快、欢乐的神情。为什么微笑很重要？它是一种国际语言，可以传递感情，是社交场合中最富有吸引力、最有价值的面部表情；它可能创造能量，展现友善、诚信、谦恭、和蔼、融洽等最为美好的感情因素。所以请记住：

当我们关注宾客的时候，请真心诚意地确保其他身体语言与脸上的笑容相统一；每天走上工作岗位的时候，请把微笑变成工装的一部分。

微笑的功能是巨大的，但要笑得恰到好处，也是不容易的，所以微笑是一门学问，又是一门艺术。微笑的要求是，发自内心、自然大方、亲切；要有眼睛、眉毛、嘴巴等方面协调动作来完成；只有嘴巴和眼神配合的由衷微笑才能真正让人如沐春风，要防止生硬、虚伪、笑不由衷的微笑。敷衍或虚假的笑容只是导致双唇四周肌肉的收缩，而发自内心的开心不仅会使双唇后扯，嘴角上提，还会带动眼轮匝肌的运动（图 3-33）。

图 3-33　微笑

# 3 举止气质——旅游行业仪态礼仪

## 实训项目六　注视与微笑训练

**情景练习1**

酒店迎宾、引领客人、指引方向。

**实训目的：** 经过训练，在服务中能够自如得体地微笑，掌握注视的礼仪规范。

**实训内容：** 微笑的基本训练方法；将微笑与行为和表情自然融合。

**实训场地：** 形体训练室，配背景音乐。

**实训步骤：**

(1) 表情基本功训练。课堂上，每个人准备一面小镜子，做面部运动；配合眼部运动；做各种表情训练，活跃面部肌肉，使肌肉充满弹性；丰富自己的表情仓库；充分表达思想感情。观察、比较哪一种微笑最美、最真、最善、最让人喜欢、接近、回味。

(2) 创设环境训练。分组进行（6~8人一组），首先自己对着镜子练习，然后分组练习观摩。每组分配不同场景，分角色扮演，交换练习。

(3) 课前微笑训练。每一次礼仪课前早到一会儿，与老师、同学微笑示意、寒暄。

(4) 微笑服务训练。课外或校外，参加礼仪迎宾活动和招待工作。

(5) 具体社交环境训练。

**实训要领：**

(1) 对镜训练法。端坐镜前，衣装整洁，以轻松愉快的心情，调整呼吸自然顺畅；静心3秒钟，开始微笑，双唇轻闭，使嘴角微微翘起，面部肌肉舒展开来；同时注意眼神的配合，使之达到眉目舒展的微笑面容。如此反复多次。自我对镜微笑训练时间长度随意。为了使效果明显，放背景音乐。

(2) 模拟微笑训练法。轻合双唇；两手食指伸出（其余四指自然并拢），指尖对接，放在嘴前15~20cm处；让两食指尖以缓慢匀速分别向左右移动，使之拉开5~10cm的距离；同时嘴唇随两食指移动速度而同步加大唇角的展开度，在意念中形成美丽的微笑；并让微笑停留数秒钟。两食指再以缓慢匀速向中间靠拢，直至两食指相接；同时，微笑的唇角开始以两指移动的速度，同步缓缓收回。需要提示的是，训练微笑缓缓收住，这很重要。切忌不能让微笑突然停止（如此反复开合训练20~30次）。

(3) 情绪诱导法。情绪诱导法就是设法寻求外界物的诱导、刺激，以求引起情绪的愉悦和兴奋，从而唤起微笑的方法。诸如，打开你喜欢的书页，翻看使你高兴的照片、画册，回想过去幸福生活的片断，放送你喜欢的、容易使自己快乐的乐曲等，以期在欣赏和回忆中引发快乐和微笑。有条件，最好用摄像机摄录下来。

(4) 含箸法。这是日式训练法，道具是选用一根洁净、光滑的圆柱形筷子，横放在嘴中，用牙轻轻咬住（含住），以观察微笑状态（图3-34）。

图 3-34 微笑训练

（5）口型对照法。通过一些相似性的发音口型，找到适合自己的最美的微笑状态。如"一""茄子""呵""哈"等。

（6）牙齿暴露法。笑不露齿是微笑；露上排牙齿是轻笑；露上下八颗牙齿是中笑；牙齿张开看到舌头是大笑。

## 情景练习 2

请模拟处理下列情况，练习恰当运用眼神和微笑，并通过谦恭得体的身体语言表现出对客人的关爱和尊重。

1. 当你正忙于接待一位客人时，另一位客人要求你提供服务。

_____
_____

2. 当你正在楼层走廊里推着行李车，一位客人在十几米外向你走来。

_____
_____

## 延伸阅读 1

### 服务工作中的手势

在服务工作中，要注意手势的大小幅度。手势的上界一般不要超过对方的视线，下界不低于自己的腰所在的水平线，左右摆动的范围不要太宽，应在人的胸前或右方进行。一般场合，手势动作幅度不宜过大，次数不宜过多，不宜重复，总之：手势宜少不宜多。多余的手势，会给人留下装腔作势、缺乏涵养的感觉。服务场合要多用柔和曲线手势，少用生硬的直线条手势以求拉近心理距离。在服务中要避免哪些不良手势呢？

（1）和客人交谈，讲到自己的时候不要用手指自己的鼻尖，而应用手掌按在自己的胸口部位。谈到别人的时候，不要用手指着别人，更忌讳背后对人指指点点等很不礼貌的手势。

（2）接待客人的时候，避免抓头发、玩饰物、掏鼻孔、剔牙齿、抬腕看表，高兴时拉衣服袖子等粗鲁的手势动作。

（3）做指引指示时，最忌"一指功"（用食指指人），这是对客户的大不敬。就像查点人数的

## 3 举止气质——旅游行业仪态礼仪

时候，如果用最忌"一指功"来点数："一，二，三，……"这是对其他人极端不尊重的表现。这个动作完全可以用手掌，即拇指弯曲，其他四指伸直并拢，指向对方。

（4）服务工作中不能双手抱头，很多人喜欢用单手或双手抱在脑后，这一体态的本意也是放松。在别人面前特别是给人服务的时候这么做的话，就给人一种目中无人的感觉。

（5）服务中要避免摆弄手指，要么活动关节，要么捻啊，要么拳头，或是手指动来动去，给人以一种无聊的感觉，让人难以接受。

（6）一只手或双手插放在自己口袋里的表现，会使客人觉得你在工作上不尽力，忙里偷闲。

在不同国家、不同地区、不同民族，由于文化习俗的不同，手势的表意也有很多差别，甚至同一手势表达的涵义也不相同。

（1）掌心向下的招手动作，在中国主要是招呼别人，在美国是叫狗过来。在服务过程中要极力避免使用这个手势。

（2）跷起大拇指，一般都表示顺利或夸奖别人。但也有很多例外，在美国和欧洲部分地区表示要搭车，在德国表示数字"1"，在日本表示"S"，在澳大利亚就表示骂人。和别人谈话时将拇指翘起来反向指向第三者，即以拇指指腹的反面指向除交谈对象外的另一人，这是对第三者的嘲讽。

（3）OK手势，通常用拇指、食指相接，连成环状，余下三指伸直，掌心向外来表示。OK手势源于美国，在美国表示"同意"、"顺利"、"很好"的意思；而法国表示"零"或"毫无价值"；在日本是表示"钱"；在泰国它表示"没问题"；在巴西是表示粗俗下流。

（4）V形手势。这种手势是二战时的英国首相丘吉尔首先使用的，后来传遍全世界，是表示"胜利"；但如果手心向内，就是一种骂人的手势了。

### 延伸阅读2

微 笑

［法］哈诺·麦卡锡

西班牙内战时，我参加了国际纵队，到西班牙参战。在一次激烈的战斗中，我不幸被俘，被投进了单间监牢。

对方那轻蔑的眼神和恶劣的待遇，使我感到自己像是一只将被宰杀的羔羊。我从狱卒口中得知，明天我将被处死。我的精神立刻垮了下来，恐惧占据了全身。我双手不住的颤抖，伸向上衣口袋，想摸出一支香烟来。这个衣袋被搜查过，但竟然还留下了一支绉巴巴的香烟。因为手抖不止，我试了几次才把它送到几乎没有知觉的嘴唇上。接着，我又去摸火柴，但是没有，都被搜走了。

透过牢房的铁窗，借着昏暗的光线，我看见一个士兵，一个像木偶一样一动不动的士兵。他没有看见我，当然，他用不着看我，我不过是一件无足轻重的破东西，而且马上就会成为一具让人恶心的尸体。但我已顾不得他会怎么想我了，我用尽量平静的、沙哑的嗓音一字一顿地对他说："对不起，有火柴吗？"

他慢慢扭过头来，用他那冷冰冰的、不屑一顾的眼神扫了我一眼，接着又闭了一下眼，深吸了一口气，慢吞吞的踱了过来。他脸上毫无表情，但还是掏出火柴，划着火，送到我嘴边。

在这一刻，在黑暗的牢房中，在那微小但又明亮的火柴光下，他的双目和我的双目撞到了一起，我不由自主的咧开嘴，对他送上了微笑。我不知道我为什么会对他笑，也许是因为两个人离得太近了，一般在这样面对面的情况下，人不大可能不微笑。不管怎么说，我是对他笑了。我知道他一定不会有什么反应，他一定不会对一个敌人微笑。但是，如同在两个冰冷的心中，在两个人类的灵魂间撞出了火花，我的微笑对他产生了影响，在几秒钟的发愣后，他的嘴角也开始不大自然地往上翘。点着烟后，他并不走开，他直直地看着我的眼睛，露出了微笑。

我一直保持着微笑，此时我意识到他不是一个士兵，一个敌人，而是一个人！这时他也好像完全变成了另一个人，从另一个角度来审视我。他的眼中露出人的光彩，探过头来轻声问："你有孩子吧?"

"有，有，在这儿呢!"我用颤抖的双手从衣袋里掏出票夹，拿出我与妻子和孩子的合影给他看，他也赶紧掏出他和家人的合影给我看，并告诉我说：出来当兵一年多了，想孩子想得要命，再熬几个月，才能回家一趟。

我的眼泪止不住地往外涌，对他说："你的命可真好，愿上帝保佑你平安回家。可我再不能见到我的家人了，再也不能亲吻我的孩子了……"我边说边用脏兮兮的衣袖擦眼泪、擦鼻子。他的眼中也充满了同情的泪水。

突然，他的眼睛亮了起来，用食指贴在嘴唇上，示意我不要出声。他机警地、轻轻地在过道巡视了一圈，又踮着脚尖小跑过来。他掏出钥匙打开了我的牢门。我的心情万分紧张，紧紧地跟着他贴着墙走，他带我走出监狱的后门，一直走出城。之后，他一句话也没说，转身往回走了。我的生命被一个微笑挽救了……

**思考练习**

1. 谈谈个人仪态中存在哪些需要改进的地方?
2. 站姿、坐姿、走姿、蹲姿训练中的要领分别是什么?
3. 分析不同站姿分别适合哪些场合?
4. 服务手势的使用有哪些需要注意的地方?
5. 与客人交流时，如何恰当注视客人?
6. 对客服务中，真诚微笑的意义是什么?

**课程任务**

1. 组织演讲与讨论，谈谈仪态训练的重要性。
2. 将旅游专业学生的仪态训练标准以文字与照片的形式制作成仪态标准与规范展板，小组进行评议与展示。

# 4 待人接物——旅游行业交际礼仪

*知识概述*

旅游行业交际礼仪是旅游服务人员以尊重、友好的方式待人接物的习惯做法,是接待宾客时需要遵守的行为规范和准则,也是一种与宾客交往的交际艺术。服务人员在为宾客创造优美服务环境的同时,还应在对客接待过程中乐于表现、欣赏和发展自己,从而赢得宾客尊重,使交际礼仪成为个人生活和事业成功的基础。本章内容主要包括:

● 会见与拜访礼节。了解现代旅游交际过程中的握手礼、介绍礼、鞠躬礼、拥抱与亲吻礼、名片礼、拜访礼和馈赠礼等各种会见与拜访礼节,给宾客创造良好的第一印象。

● 电话礼仪。掌握接听、拨打电话的基本电话礼仪,了解转接电话、电话留言、礼貌用语等。

● 用餐礼仪。了解中西餐、自助餐、工作餐的常规程序和礼仪,掌握不同环境下的用餐方式,学会品酒礼仪。

## 知识导入

### 社交的空间距离

人与人之间有着看不见但实际存在的界限，这就是个人领域意识。因此根据空间距离，也可以推断出人们之间的交往关系。在交际活动中，根据活动的对象和目的，选择和保持合适的距离是极为重要的。常见的社交距离分为4种：亲密距离、社交距离、礼仪距离和公共距离。

（1）亲密距离：0~0.5m为亲密距离。这是恋人之间、夫妻之间、父母子女之间以及至爱亲朋之间的交往距离。在这个空间内，人们可以尽情地表现爱抚、安慰、保护等多种亲密情感，也可以肩并肩、手挽手地谈论私事，说悄悄话。在公众场合，除了客观上十分拥挤的场合以外，一般异性之间是绝不应进入这一空间的，否则就是对对方的不尊重。即使因拥挤而被迫进入这一空间，也应尽量避免身体的任何部位触及对方，更不能将目光死盯在对方的身上。

（2）社交距离：0.5~1.5m为社交距离。在这一距离，双方都把手伸直，还有可能相互触及。由于这一距离有较大开放性，亲密朋友、熟人可随意进入这一区域。

（3）礼仪距离：1.5~3m为礼仪距离。人们在这一距离时可以打招呼，如"刘总，好久不见"。这是商业活动、国事活动等正式社交场合所采用的距离。采用这一距离主要在于体现交往的正式性和庄重性。在一些领导人、企业老板的办公室里，其办公桌的宽度在2m以上，设计这一宽度目的之一就在于领导者与下属谈话时可显示出距离与威严。

（4）公共距离：3m之外为公共距离。处于这一距离的双方只需要点头致意即可，如果大声喊话，是有失礼仪的。

## 4.1 会见与拜访礼节

现代生活中，会见与拜访是最常见的一种交际形式，是人们联络感情、交流信息、增进友谊的一种有效方法。就内容而言，会见有礼节性的、政治性的和事务性的，或兼而有之；拜访，包括家庭拜访和工作场所拜访。不管是会见还是拜访，人与人之间的第一印象对以后双方交往的深度和广度起着至关重要的作用。初次见面待人举止文明大方，有礼有节，有助于双方交往的深入发展，会产生积极的作用。旅游行业交际礼仪中的会见和拜访主要包括握手礼、介绍礼、鞠躬礼、拥抱与亲吻礼、名片礼、拜访礼和送礼的礼仪。

# 4 待人接物——旅游行业交际礼仪

### 4.1.1 握手礼

在交际应酬之中，相识者之间与不相识者之间往往需要在适当的时刻向交往对象行礼，以示自己对于对方的尊重、友好、关心与敬意。其中正式而距离适中的行礼方式为握手，握手是现在最为普遍的世界性"见面礼"。通常为了表示欢迎、欢送、见面、告辞、祝贺、感谢、慰问、合作等。

> **■ 知识拓展**
>
> **握手礼的起源**
>
> 世界上何人何时最先采用握手这种礼节已经无法考证。握手据说最早发生在人类"刀耕火种"的年代。那时，在狩猎和战争时，人们手上经常拿着石块或棍棒等武器。他们遇见陌生人时，如果大家都无恶意就要放下手中的东西，并伸出手掌，让对方抚摸手掌心，表示手中没有藏着什么武器。这种习惯逐渐演变成在分别、会晤或有所嘱托时，用握手以示亲近。如今握手礼仪非常普及，表示的是对别人的友好与接纳。

**1. 握手的姿势**

伸出右手（在阿拉伯国家及少数西方国家，认为左手是"不洁之手"），双腿立正，上身略向前倾；双目注视对方，面带笑容，头要微低；伸出右手，四指并拢，拇指张开与对方相握，以手指稍用力握住对方的手掌持续1~3秒（图4-1）。握手时应用力适度，不要毫无气力，也不可用力过度，上下稍许晃动三四次，随后松开手来，恢复原状。当然，过紧地握手，或是只用手指部分漫不经心地接触对方的手都是不礼貌的。

图4-1 握手礼

握手时,年轻者对年长者、职务低者对职务高者都应稍稍欠身相握。有时为表示特别尊敬,可用双手迎握。男士与女士握手时,一般只宜轻轻握女士手指部位。握手时,如戴有手套、墨镜,需摘掉才可握手。男士握手时应脱帽。

2. 握手的顺序

根据礼仪规范,握手时双方伸手的先后次序,应当在遵守"尊者决定"的原则前提下,具体情况具体对待。"尊者决定"原则的含义是,在两人握手时,各自首先应确定握手双方彼此身份的尊卑,然后以此而决定伸手的先后。先由位尊者伸出手来,即尊者先行。位卑者只能在此后予以响应,而决不可贸然抢先伸手,不然就是违反礼仪的举动。一般说来,应由主人、年长者、身份高者、女士先伸手。客人、年轻者、身份低者见面或被介绍时,可先问候,根据年长者、职务高者的反应行事,待对方伸手再握;当年长者、职务高者或女士用点头致意代替握手时,年轻者、职务低者或男士也应随之点头致意。

参加大型活动因人数众多,可与主人握手后同其他人点头致意,不一一握手。多数人同时握手时,不要交叉,待别人握完再伸手。

### 4.1.2 介绍礼

介绍是交际中与他人进行沟通、增进了解、建立联系的一种最基本、常规方式。在社交场合,如能正确地利用介绍,不仅可以扩大自己的交际圈,广交朋友,而且有助于自我展示、自我宣传,在交往中消除误会,减少麻烦。

1. 自我介绍

在社交活动中,欲结识某些人或某个人,而又无人引见,如有可能,即可向对方自报家门,将自己介绍给对方。自我介绍是一门艺术,恰当的自我介绍可以给对方和他人留下深刻的印象,如果有介绍人在场,自我介绍则被视为不礼貌的。一般自我介绍应面带微笑,创造温暖真诚的印象,介绍时需说清自己的姓名、供职单位以及与正在进行的活动之间的关系,尽可能把名字讲清楚,还可以简单说明是哪几个字。自我介绍时应注意:

(1) 抓住时机。在适当的场合进行自我介绍,对方有空闲,而且情绪较好,又有兴趣时,这样就不会打扰对方。自我介绍时还要简洁,尽可能地节省时间,以半分钟左右为佳。为了节省时间,作自我介绍时,还可利用名片、介绍信加以辅助。

(2) 讲究态度。进行自我介绍,态度一定要自然、友善、亲切、随和。应落落大方,彬彬有礼。既不能唯唯诺诺,也不能虚张声势,轻浮夸张。语气要自然,语速要正常,语音要清晰。

(3) 真实诚恳。进行自我介绍要实事求是,真实可信,不可自吹自擂,夸大其辞。

自我介绍的具体形式:

（1）应酬式。适用于某些公共场合和一般性的社交场合，这种自我介绍最为简洁，往往只包括姓名一项即可。如："你好，我是李波。"

（2）工作式。适用于工作场合，它包括本人姓名、供职单位及其部门、职务或从事的具体工作等。如："你好，我叫张强，是海天饭店的销售经理。"

（3）交流式。适用于社交活动中，希望与交往对象进一步交流与沟通。它大体应包括介绍者的姓名、工作、籍贯、学历、兴趣及与交往对象的某些熟人的关系。如："你好，我叫张强，我在海天饭店上班。我是李波的老乡，都是北京人。""我叫王朝，是李波的同事，也在北京大学中文系，我教中国古代汉语。"

（4）礼仪式。适用于讲座、报告、演出、庆典、仪式等一些正规而隆重的场合。包括姓名、单位、职务等，同时还应加入一些适当的谦辞、敬辞。如："各位来宾，大家好！我叫张强，我是海天饭店的销售经理。我代表饭店热烈欢迎大家光临我们的产品促销会，希望大家……"

2. 为他人介绍

由第三方介绍，称为他人介绍（图4-2）。他人介绍通常是双向的，即将被介绍者双方各自均作一番介绍。为他人作介绍时最好先说："请让我来介绍一下……"或"请允许我介绍……"之类的介绍词。同时必须遵守"尊者优先享有知情权"的规则，目前国际公认的介绍顺序是：把年轻者介绍给年长者；把职务低者介绍给职务高者；如果双方年龄、职务相当，则把男士介绍给女士；把家人介绍给同事、朋友；把未婚者介绍给已婚者；把客人介绍给主人；把后来者介绍给先到者。上述顺序中，应根据实际情况进行变化。如年轻女性拜访年长男士时，应将这位女士先介绍给男士。

图4-2 介绍礼

如果人数较多，要一一介绍，而不知对方身份地位的高低，应按顺时针方向、由近及远进行介绍；在会议、比赛、会见、演讲、报告时，也可将主角介绍给大家而不一一介绍。

### 4.1.3 鞠躬礼

鞠躬即弯身行礼，起源于中国，由敛身演变而来。鞠躬礼一般是下级对上级或晚辈对长辈以及初次见面的朋友之间的礼节，表达自己对受礼人的尊重之意。鞠躬礼除了向客人表示欢迎、问候之外，还用于下级向上级、学生向老师、晚辈向长辈表示由衷的敬意，有时也用于向他人表示深深的感激之情，如服务人员向宾客致意，演员向观众致谢等。

**1. 鞠躬礼姿势**

鞠躬时一般只行一鞠躬。大礼行三鞠躬，"三鞠躬"称为最敬礼。不过，在现代中国，这种礼节在日常生活中已不多见，只是在学校或在喜庆、纪念、丧葬活动中使用。

行鞠躬礼时，施礼者通常距离受礼者2m左右，脱帽，呈立正姿势，面带笑容，目视前方，身体前部向前弯腰一定程度，然后恢复原状。鞠躬礼注意目光应向下看，表示一种谦恭的态度，不可以在弯腰的同时抬起眼睛望着对方。鞠躬礼毕起身时，目光应有礼貌地注视对方，如果目光旁视，会让人感到行礼不是诚心诚意的（图4-3）。鞠躬时，如果戴着帽子必须脱帽，脱帽所用的手应与行礼之边相反，比如向左边的人行礼，要用右手脱帽；反之亦然。

图4-3　鞠躬礼

**2. 鞠躬礼行礼角度**

15°的鞠躬行礼用于服务人员迎宾或向宾客致意时，表示寒暄、欢迎；30°的鞠躬行礼是敬礼，用于送客离开；45°的鞠躬行礼是高规格的敬礼，表达深切的歉意、感激或敬意；90°的鞠躬礼表示忏悔、改过和谢罪，一般只在某些特殊场合使用。

## 4 待人接物——旅游行业交际礼仪

> **知识拓展**
>
> ### 鞠躬礼的起源
>
> 商代有一种祭天仪式"鞠祭":祭品牛、羊等不切成块,而将整体弯卷成圆的鞠形,再摆到祭处奉祭,以此来表达祭祀者的恭敬与虔诚。这种习俗在一些地方一直保持到现在。在先秦时期,两人相见,以身体向前弯曲相待,表示一个人谦逊恭谨的态度。后来,人们逐步沿用这种形式来表达自己对地位崇高者或长辈的崇敬。

### 4.1.4 拥抱与亲吻礼

1. 拥抱礼

在西方,拥抱是与握手一样重要的见面礼仪,多用于官方或民间的迎送宾朋或祝贺致谢等场合。熟人之间、生人之间、男士之间、女士之间、异性之间,都可以热烈地拥抱。拥抱礼不仅是人们日常交际中的重要礼仪,也是各国政府首脑外交场合中见面时的礼节。

拥抱时两人相距约20cm,双方均右臂偏上,左臂偏下,右手扶着对方的左后肩,左手扶着对方的右后腰,各自按自己的方位,两人头部及上身都向左拥抱(图4-4)。礼节性的拥抱可到此完毕。如果是为了表达更为真挚、亲密的感情,在保持原手位不变的情况下,双方还应接着向右拥抱,再次向左拥抱,才算礼毕。当代,许多国家的涉外迎送仪式中,多行此礼。

图4-4 拥抱礼

行拥抱礼要注意场合，如果出席的是商务活动，就不要和对方拥抱。在我国，除了外事活动以外，在普通的社交场合中，一般情况下不拥抱。如果是涉外交往，我们更应注意所交往者的民族习惯，有些国家和地区的人，见面时不大喜欢拥抱，比如印度人，见面不拥抱，也不握手，日本、英国、东南亚等国也没有见面拥抱的习惯。即使是欧洲人，也不习惯与陌生人或初次交往的人行拥抱礼、亲吻礼、贴面礼等，所以初次与他们见面，还是以握手礼为宜。

2. 点头致意礼

致意，又被称作"袖珍招呼"，人们见面之后相互点头，微笑，挥手既传达了问候，又向对方表示了友好和尊重。致意的形式多种多样。据说毛利人见面问候的方式是互相碰碰鼻子，而芒萨人在互相问候之前，要先向手上唾一口唾沫。这些致意方式当然不适用于其他任何地方。一般来说，致意的规矩是：男性首先向女性致意；年轻人首先向年长者致意；年轻女性首先向年长女性和比自己年纪大得多的男性致意；下级首先向上级致意。当然，有时候会出现例外，如果墨守成规，反而会影响人们之间的相互关系。

致意这种形式主要用于人们日常接触当中。如果你首先向一个也许他一时还没有注意你的熟人打招呼，这对自己也毫无损失。在街上打招呼，男性应欠身、脱帽子置于大约与肩平行的位置，表情应尽量显得和蔼可亲。对女性的要求则简单得多。她们无须考虑头上是否戴有帽子，无论什么场合，微笑着点头示意就可以了，友好的程度完全取决于与对方关系是否亲密。对于服务人员来说，一般距离宾客十几米远时，就应以点头致意的方式微笑注视对方，表示你已经关注到对方，从而让宾客感到一种得体恰当的关怀。

3. 吻手礼

吻手礼是流行于欧美上层社会的一种礼节，是男士向女士致敬的一种极为有礼的方式。

男子同上层社会贵族妇女相见时，如果女方先伸出手作下垂式，男方则可将指尖轻轻提起吻之；但如果女方不伸手表示，则不吻。如女方地位较高，男士要屈一膝作半跪式，再提手吻之。受礼之女士应为已婚。一般男士身着礼服，立正垂首致意，然后用右手轻抬起女士右手的手背或手指（不可以吻女士的手臂），俯身弯腰用嘴唇靠近女士的右手，双唇微闭，象征性地轻触女士的手背或手指，如果啧啧作响或把唾液留在女士的手背上，是十分无礼的。

吻手礼仅限于在室内进行，在街道、影剧院等公共场所，男士不能向女士行吻手礼。如果男士在室内社交场合，来到女士面前垂首致意时，女士若将手臂向上微微抬起，则是准许男士行吻手礼的表示。吻手礼仅限于男士对自己特别敬重和爱戴的已婚女士表示敬意。未婚女士不应享受这种礼遇，所以，如果你是一位女士，不要轻易抬起右手，这种男士向女士表示崇高敬意的礼节，一般适用于对祖母、母亲、有较高地位的夫人、上司夫人等表示敬意。

4. 亲吻礼

多见于西方、东欧、阿拉伯国家，是亲人以及亲密的朋友间表示亲昵、慰问、爱抚的一种礼。一般而言，夫妻、恋人或情人之间，宜吻唇；长辈与晚辈之间，宜吻脸或额；平辈之间，宜贴面。在公开场合，关系亲密的女子之间可吻脸，男女之间可贴面，晚辈对尊长可吻额。非洲某些部族的居民，常以亲吻酋长的脚或酋长走过的地方为荣。在当代，许多国家的迎宾场合，宾主往往以握手、拥抱、左右吻面或贴面的联动性礼节，以示敬意。

### 4.1.5 名片礼

名片，是人们用作交际或送给他人作为纪念的一种介绍性媒介物。由于交换名片常在见面之时，所以也被视为一种见面的致意礼仪。一般与介绍礼、握手礼同一场合使用。

1. 名片的准备

平时应多留意自己的名片是否够用，重要场合应随身携带一定数量的名片。名片的质量非常重要，名片要保持干净整洁，切不可出现折皱、破烂、肮脏、污损、涂改的情况。名片最好应该准备专用的名片夹来放置名片，也可以放在公文包内，仅少数名片可放在上衣内侧口袋内，切不可随便放置在钱包、裤子口袋内，以免在找名片的时候手忙脚乱，显得做事情没有条理。

2. 名片的呈递

呈递给对方名片时，应注意以下几点。

（1）观察意愿。除非自己想主动与人结识，否则名片务必要在交往双方均有结识对方并欲建立联系的意愿的前提下发送。这种愿望往往会通过"幸会"、"认识你很高兴"等一类谦语以及表情、体姿等非语言符号体现出来。

（2）把握时机。发送名片要掌握适宜时机，只有在确有必要时发送名片，才会令名片发挥功效。发送名片一般应选择初识之际或分别之时，不宜过早或过迟。不要在用餐、戏剧、跳舞之时发送名片，也不要在大庭广众之下向多位陌生人发送名片。

（3）讲究顺序。在多人交换名片时，要注意讲究先后顺序，最佳方法是由近而远、按顺时针或逆时针方向依次发送。在圆桌上就餐，则从自己左侧以顺时针方向依次递上。

（4）先打招呼。递上名片前，应当先向接受名片者打个招呼，令对方有所准备。既可先作一下自我介绍，也可以说声"对不起，请稍候"、"可否交换一下名片"之类的提示语。

（5）表现谦恭。对于递交名片这一过程，应当表现得郑重其事。递名片之前，作简单的自我介绍。在递交名片的同时，伴随着语言："请多多指教"、"请多联系"之类的以表自谦、友好的话。要起身站立主动走向对方，面含微笑，上体前倾15°左右，以双手或右手持握名片举至胸前，将名片放置手中，用拇指夹住名片两个角，其余四指托住名片背面，手不要压住字。将名片的文字正向对方，以便对方观看，切勿将名片的背面面对对方或颠倒着递向对方。切勿以左手持握名片。递交名片的整个过程应当谦逊有礼，郑重大方（图4-5）。

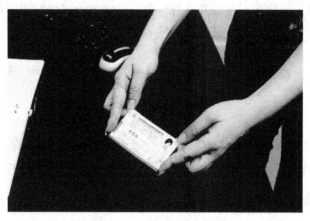

图4-5　名片的呈递礼

3. 名片的接受

（1）恭敬相接。接受他人名片时，不论有多忙，都要暂停手中一切事情，并起身站立相迎，面含微笑，双手接过名片。至少也要用右手，而不得使用左手（图4-6）。

图4-6　名片的接受礼

（2）认真阅读。接过名片后，先向对方致谢，然后要迅速将其从头至尾默读一遍，遇有显示对方荣耀的职务、头衔不妨轻读出声，以示尊重和敬佩。若对方名片上的内容有所不明，可当场请教对方。

（3）精心存放。接到他人名片后，切勿将其随意乱丢乱放、乱揉乱折，而应将其谨慎地置于名片夹、公文包、办公桌或上衣口袋之内，且应与本人名片区别放置。不可边交谈边摆弄名片或随意搁在桌上。

(4) 有来有往。接受了他人的名片后，一般应当即刻回给对方一枚自己的名片。没有名片，名片用完了或者忘了带名片时，应向对方作出合理解释并致以歉意，切莫毫无反应。

### 4.1.6 拜访礼

拜访是指亲自或派人到朋友家或与业务有关系的单位去拜见访问某人的活动。从拜访性质来区分，有事务性拜访、礼节性拜访和私人拜访3种，而事务性拜访又有商务洽谈性拜访和专题交涉性拜访之分。从拜访目的来区分，有家庭拜访和工作拜访。

1. 家庭拜访

(1) 事先预约。当要去拜访某位亲朋好友时，事先最好与对方通个电话，相互约定一个双方都合适的时间，再行前往。如有变动或特殊情况不能前去，应尽可能提前通知对方，并表示歉意，随便失约是很不礼貌的。拜访时间的选择，最好是考虑到双方的便利。一般应尽量避开被访者可能不便的时间，根据双方的关系亲密程度来选择合适的时间。一般选在下午或晚饭后较好，这个时间主人一般都有接待来访者的思想准备。

(2) 仪表修饰。拜访做客时，要注意对自己仪表的修饰。整洁的仪表服饰反映来访者对主人的尊重程度。

(3) 礼品选择。节日上门拜访或初次做客，最好选择一些礼品，以增进感情。所带的礼品应尽量适合主人家的需要。如中秋节时带月饼、水果等。

(4) 按时到达。准时赴约是拜访的最高礼节，它表现了对主人的尊重。不能早到，以免主人未做好准备，不能迟到，以免主人久等。如果因为意外而迟到，电话致歉告知主人，见面后再次向对方道歉，并说明原因。进门按门铃或轻轻叩门，待主人有回应或开门后，方可进门。随身带来的外衣、雨具要放到主人指定的地方，不能随意乱扔。按主人要求换鞋后方可进门。进门后先向主人及家属、其他客人打招呼，按主人指定的位置入座，并注意坐姿。主人端茶递烟时要起身道谢，双手相接。端上的点心、水果，要等年长的先动手后，自己再取。拜访中，不经主人同意，不可私自翻看主人物件，不可参观主人的卧室。

(5) 适时告辞。拜访的时间不宜过长，当宾主双方都已谈完该谈的事情，叙完该叙的情谊之后，就应及时起身告辞。此外，当你遇到以下几种情况时也应及时告辞：一是双方话不投机；二是主人虽显"认真"，但肢体语言已显示出不耐，如反复看他的手表或墙上的挂钟等。作为客人，你在口头提出告别后即应起身辞别。走之前，你应对主人的热情款待表示感谢，尤其要向女主人道谢。分手时，你要主动与主人握手道别，并使用"再见"、"请回"、"请留步"等礼貌用语。主人站起相送，应及时请主人留步，并再次表示感谢。

2. 工作拜访

工作场所的拜访，一般是在对方上班时间进行拜访，目的是加强工作联系、购销商品等。事前必须要有充分准备和计划，更应重视礼仪礼貌。工作拜访的流程为：联系拜访——确认拜访——准备——赴约——结束拜访（图4-7）。

图4-7　工作拜访礼仪

（1）约定时间和地点。不论因公还是因私而访，都要事前与被访者进行电话联系。说明拜访的目的，提出访问的内容，使对方有所准备，询问是否有时间或何时有时间。在对方同意的情况下确定具体的时间、地点。不要在客户刚上班、快下班、异常繁忙、正在开重要会议时去拜访，不要在客户休息和用餐时间去拜访。

（2）工作拜访准备。阅读拜访对象的个人和公司资料；准备拜访时可能用到的资料；检查各项携带物是否齐备（名片、笔和记录本、电话本、磁卡或现金、计算器、公司和产品介绍、合同）；明确谈话主题、思路和话语；整理好穿着与仪容。

（3）赴约时。出发前，最好与客户通电话确认一下，以防临时发生变化；选好交通路线，算好时间出发；确保提前5~10分钟到。到了客户办公大楼或预约地点门前，再整装一次；如提前到达，不要在被访公司溜达。进入室内时，面带微笑，向前台接待说明身份、拜访对象和目的；从容地等待接待员将自己引到会客室或受访者的办公室；如果是雨天，不要将雨具带入办公室；在会客室等候时，不要看无关的资料或在纸上图画；接待员奉茶时，要表示谢意；等候超过一刻钟，可向接待员询问有关情况；如受访者实在脱不开身，则留下自己的名片和相关资料，请接待人员转交。如拜访对象的办公室关着门，应先敲门，听到"请进"后再进入；问候、握手、交换名片；客户请人奉上茶水或咖啡时，应表示谢意；主人不让座不能随便坐下。会谈中，注意使用恰当称呼，遣词用字、语速、语气、语调都应得体恰当，会谈过程中，如无急事，不打电话或接电话。

（4）告辞。根据对方的反应和态度来确定告辞的时间和时机；说完告辞就应起身离开座位，不要久说久坐不走；感谢对方的接待，握手告辞；如办公室门原来是关闭的，出门后应轻轻把门关上；客户如要相送，应礼貌地请客户留步。

#### 4.1.7 馈赠礼仪

人们相互馈赠礼物，是人类社会生活中不可缺少的交往内容。馈赠作为一种非语言的重要交际方式，是以物的形式出现，以物表情，礼载于物，起到寄情言意的、"无声胜有声"的作用。得体的馈赠，恰似无声的使者，给交际活动锦上添花，给人们之间的感情和友谊注入新的活力。送之前要弄清几个问题，送给谁，为什么送，如何送，送什么，何时送，在什么场合送。因此，我们只有在明确馈赠目的和遵循馈赠基本原则的前提下，才能真正发挥馈赠在交际中的重要作用（图4-8）。

图4-8　馈赠礼仪

**1. 馈赠的基本原则**

（1）轻重原则。轻重得当，以轻礼寓重情。通常情况下，礼品的贵贱厚薄，往往是衡量交往人的诚意和情感浓烈程度的重要标志。然而礼品的贵贱厚薄与其物质的价值含量并不总成正比。因为礼物是言情寄意表礼的，它仅仅是人们情感的寄托物，人情无价而物有价，有价的物只能寓情于其身，而无法等同于情。也就是说，就礼品的价值含量而言，礼品既有其物质的价值含量，也有其精神的价值含量。当我们因种种原因陷入"人情债务链"时，则不妨既要注意以轻礼寓重情，又要入乡随俗地根据馈赠目的和自己的经济实力，择定不同轻重的礼物。总之，除非是有特殊目的的馈赠，其他馈赠礼物的贵贱厚薄都应以对方能愉快接受为尺度。

（2）时机原则。选时择机，雪中送炭。就馈赠的时机而言，及时适宜是最重要的。中国人很讲究"雨中送伞"、"雪中送炭"，即十分注重送礼的时效性，因为只有在最需要时得到的才是最珍贵的，才是最难忘的。因此，要注意把握好馈赠的时机，包括时间的选择和机会的择定。一般说来，送礼贵在及时，超前滞后都达不到馈赠的目的；机会贵在事由和情感及其他需要的程度，"门可罗雀"时和"门庭若市"时，人们对馈赠的感受会有天壤之别。所以，对于处境困难者的馈赠，其所表达的情感就更显真挚和高尚。

（3）效用原则。就礼品本身的实用价值而言，人们经济状况不同，文化程度不同，追求不同，对于礼品的实用性要求也就不同。一般说来，物质生活水平的高低，决定了人们精神追求的不同，在物质生活较为贫寒时，人们多倾向选择实用性的礼品，如食品、水果、衣料、现金等；在生活水平较高时，人们则倾向于选择艺术欣赏价值较高、趣味性较强和具有思想性纪念性的物品为礼品。因此，应视受礼者的物质生活水平，有针对性地选择礼品。美国作家欧·亨利在其著名的小说《麦琪的礼物》里讲述的故事中，夫妻献给对方的礼物已毫无实用效用，但因为爱而成了无价之宝。

（4）投好避忌的原则。由于民族、生活习惯、生活经历、宗教信仰以及性格、爱好的不同，不同的人对同一礼品的态度是不同的。馈赠前一定要了解受礼者的喜好，尤其是禁忌。例如，中国人普遍有"好事成双"的说法，因而凡是大贺大喜之事，所送之礼均好双忌单，但广东人则忌讳"4"这个偶数，因为在广东话中，"4"听起来就像是"死"，是不吉利的。再如，白色虽有纯洁无瑕之意，但中国人比较忌讳，因为在中国，白色常是悲哀之色和贫穷之色；同样，黑色也被视为不吉利，是凶灾之色、哀丧之色；而红色，则是喜庆、祥和、欢庆的象征，受到人们的普遍喜爱。另外，我国人民还常常讲究给老人不能送"钟"，给夫妻或情人不能送"梨"，因为"送钟"与"送终"，"梨"与"离"谐音，是不吉利的。这类禁忌，还有许多需要我们去遵循，这里就不一一列举了。

2. 赠礼礼仪

要使交往对象愉快地接受馈赠，并不是件容易的事情。因为即便是你在馈赠原则指导之下选择了礼品，如果不讲究赠礼的艺术和礼仪，也很难使馈赠成为社会交往的手段，甚至会适得其反。那么，馈赠时应注意哪些艺术和礼仪呢？

（1）注意礼品的包装。精美的包装不仅使礼品的外观更具艺术性和高雅的情调，并显现出赠礼人的文化和艺术品位，而且还可以使礼品产生和保持一种神秘感，既有利于交往，又能引起受礼人的兴趣和探究心理及好奇心理，从而令双方愉快。好的礼品若没有讲究包装，不仅会使礼品逊色，使其内在价值大打折扣，使人产生"人参变萝卜"的缺憾感，而且还易使受礼人轻视礼品的内在价值，而无谓地折损了由礼品所寄托的情谊。

（2）注意赠礼的场合。赠礼场合的选择，是十分重要的。尤其那些出于酬谢、应酬或有特殊目的的馈赠，更应注意赠礼场合的选择：通常情况下，当众只给一群人中的某一个人赠礼是不合适的。给关系密切的人送礼应避开公众而在私下进行，以免给公众留下你们关系密切完全是靠物质的东西支撑的感觉。只有那些能表达特殊情感的特殊礼品，方才在公众面前赠与，如一本特别的书、一份特别的纪念品等。当面赠礼便于观察受礼人对礼品的感受，并适时解答和说明礼品的功能、特性等，还可有意识地向受礼人传递你选择礼品时独具匠心的考虑，从而激发受礼人对你一片真情的感激和喜悦之情。

（3）注意赠礼时的态度、动作和言语表达。平和友善的态度、落落大方的动作并伴有礼节性的语言表达，才能令赠受礼双方共同接受。那种做贼似的悄悄将礼品置于桌下或房中某个角落的做法，不仅达不到馈赠的目的，甚至会适得其反。

（4）注意赠礼的具体时间。一般说来，应在相见或道别时赠礼。

3. 受礼礼仪

受礼时，受礼者应在赞美和夸奖声中收下礼品，双手接过礼品，并表示感谢。一般应赞美礼品的精致、优雅或实用，夸奖赠礼者的周到和细致，并伴有感谢之辞（按中国传统习惯，是伴有谦恭态度的感谢之辞）。视具体情况或拆看或只看外包装，还可伴有请赠礼人介绍礼品功能、特性、使用方法等的邀请，以示对礼品的喜爱。不是贿赂性礼品，一般最好不要拒收，那会很驳赠礼人面子的。可以找机会回礼。

4. 礼品的选择

因人因事因地施礼，是社交礼仪的规范之一，对于礼品的选择，也应符合这一规范要求。礼品的选择，要针对不同的受礼对象区别对待。一般说来：对家贫者，以实惠为佳；对富裕者，以精巧为佳；对恋人、爱人、情人，以纪念性为佳；对朋友，以趣味性为佳；对老人，以实用为佳；对孩子，以启智新颖为佳；对外宾，以特色为佳。

## 实训项目一　握手、鞠躬与致意的训练

**实训目的**：熟悉及掌握各种场合与人初次见面的礼仪，体会礼仪交往中礼节的重要作用。

**实训内容**：练习掌握握手、鞠躬与致意的要领。

**实训场地**：形体训练室。

**实训步骤**：分组进行（2人一组），分别扮演客人与服务人员，同学观摩，交换意见。

1. 一位宾客从酒店正门进来，离客人十步时，注视客人并微笑致意。
2. 一位你认识并熟悉的客人逐渐走近，请与久别重逢的客人握手寒暄。

## 实训项目二　介绍及名片礼仪的训练

**实训目的**：熟悉及掌握各种场合的自我介绍和他人介绍、正确互换名片要领及方法。

**实训内容**：练习掌握介绍、使用名片。

**实训场地**：形体训练室。

**实训步骤**：按照提供场景，分组进行以下练习（4人一组），同学观摩，交换意见。

1. 向宾客做服务人员的自我介绍。
2. 为两位异性或身份不同的朋友做介绍。
3. 与一位宾客结识,并互换名片。

**实训要领:**

(1) 自我介绍要准确、简明、大方。
(2) 他人介绍顺序要正确。
(3) 递、接名片要规范。

## 实训项目三　工作拜访礼仪的训练

**实训目的:** 熟悉及掌握工作拜访、送礼的要领及方法。

**实训内容:** 练习工作拜访。

**实训场地:** 形体训练室。

**实训步骤:** 分别扮演拜访者和受访者,模拟服务人员拜访一位客户,推销酒店的产品或旅行社线路。分组进行(4人一组),同学观摩,交换意见。

**实训要领:**

(1) 工作拜访,精心的事先准备和礼貌的现场会面。
(2) 选择适当的时机送上适当的纪念品。

## 4.2　电 话 礼 仪

随着科学技术的发展和人们生活水平的提高,电话的普及率越来越高,电话被现代人公认为便利的通信工具。电话不仅仅是一种传递信息、获取信息、保持联络的寻常工具,而且也是所在单位或个人的形象载体。打电话可以说是一门学问、一门艺术。在现代旅游行业中,电话商谈、询问、通知、解决问题是与宾客沟通的必要手段,电话形象是企业形象的外在表现,人们通过接打电话可以有效地判断出企业的服务水平。服务人员的电话礼仪很关键,它直接影响着企业或单位留给人的第一印象,并进而影响到企业或单位的服务水平和声誉。人们通过电话也能粗略判断拨打电话对方的人品、性格。因而,在旅游行业,掌握正确的、礼貌待人的打电话方法是非常必要的。

### 4.2.1　接听电话的礼仪

**1. 接听电话前**

(1) 电话机旁应备记事本和铅笔。即使是人们用心去记住的事,经过9小时,遗忘率也会高达70%,日常琐事遗忘得更快。所以不可太相信自己的记忆,重要事项可采取做记录的措施予以弥补。若在电话机旁放置好记录本、铅笔,当他人打来电话时，就可立刻记录主要事项。如不预先备妥纸笔，到时候措手不及、东抓西找，不仅耽误时间，而且会搞得自己狼狈不堪（图4-9）。

**图4-9 接听电话准备**

（2）先整理电话内容，后拨电话。给别人打电话时，如果想到什么就讲什么，往往会丢三落四，忘却了主要事项还毫无觉察，等对方挂断了电话才恍然大悟。因此，应事先把想讲的事逐条逐项地整理记录下来，然后再拨电话，边讲边看记录，随时检查是否有遗漏。另外，还要尽可能在3分钟之内结束。实际上，3分钟可讲1000个字，相当于两页半稿纸上的内容，按理是完全能行的。如果一次电话用了5分钟甚至10分钟，那么一定是措辞不当，未抓住纲领、突出重点。

2. 接听电话时

（1）迅速准确的接听。听到电话铃声，应准确迅速地拿起听筒，电话铃声响一声大约3秒，最好在三声之内接听。若长时间无人接电话，或让对方久等，对方在等待时心里会十分急躁。接听多部电话时，以长途电话为优先。即便电话离自己很远，听到电话铃声后，附近没有其他人，我们应该用最快的速度拿起听筒，这样的态度是每个人都应该拥有的，这样的习惯是每个旅游服务人员都应该养成的。如果电话铃响了很久才拿起话筒，应该先向对方道歉。

（2）重要的第一声。亲切、优美的招呼声，会令打或接电话的对方感到身心愉快，从而放心地讲话，故电话中的第一声印象十分重要，切莫忽视。接电话时，第一声应主动问候，报单位及部门，并介绍自己；如果想知道对方是谁，不要唐突地问"你是谁"，可以说"请问您哪位"或者可以礼貌地问，"对不起，可以知道应如何称呼您吗？"；须搁置电话时或让宾客等待时，应给予说明，并致歉。每过20秒留意一下对方，向对方了解是否愿意等下去。在电话中只要稍微注意一下自己的行为就会给对方留下完全不同的印象。接电话时，应有"我代表单位形象"的意识。

（3）要有喜悦的心情。有人认为，电波只是传播声音，打电话时完全可以不注意姿势、表情，这种看法真是大错特错。由于面部表情会影响声音的变化，双方的诚实恳切，都饱含于说话声中。人在微笑时的声音是更加悦耳、亲切的。打电话时保持良好的心情，即使对方看不见你，但是从欢快的语调中也会被你感染。所以即使在电话中，也要抱着"对方看着我"的心态去应对（图4-10）。

图4-10　电话表情

（4）端正的姿态。讲话时必须抬头挺胸，伸直脊背。"言为心声"，态度的好坏，会表现在语言之中。如果道歉时不低下头，歉意便不能伴随言语传达给对方。同理，表情亦包含在声音中。打电话表情麻木时，其声音也冷冰冰，因此，打电话也应微笑着讲话。打电话过程中绝对不能吸烟、喝茶、吃零食，即使是懒散的姿势对方也能够"听"得出来。如果打电话的时候，弯着腰躺在椅子上，对方听到的声音就是懒散的，无精打采的；若坐姿端正，身体挺直，所发出的声音也会亲切悦耳，充满活力。因此打电话时，即使看不见对方，也要当做对方就在眼前，尽可能注意自己的姿势。

（5）清晰明朗的声音。声音要温雅有礼，以恳切之话语表达。口与话筒间，应保持适当距离，适度控制音量，以免听不清楚、滋生误会，或因声音粗大，让人误解为盛气凌人。

（6）恰当的语速和语调。急性子的人听慢话，会觉得断断续续，有气无力，颇为难受；慢吞吞的人听快语，会感到焦躁心烦；年龄高的长者，听快言快语，难以充分理解其意。因此，讲话速度并无定论，应视对方情况，灵活掌握语速，随机应变。打电话时，适当地提高声调显得富有朝气、明快清脆。人们在看不到对方的情况下，大多凭第一听觉形成初步印象。因此，讲话时有意识地提高声调，会格外悦耳优美，就像乐谱中5（梭）的音域。

（7）认真清楚的电话留言。记录一个电话留言时，随时牢记5W1H技巧，所谓5W1H是指①When 何时；②Who 何人；③Where 何地；④What 何事；⑤Why 为什么；⑥HOW 如何进行。在工作中这些资料都是十分重要的。电话记录既要简洁又要完备，有赖于5W1H技巧。

## 4 待人接物——旅游行业交际礼仪

（8）有效电话沟通。上班时间打来的电话几乎都与工作有关，首先应确认对方身份、了解对方来电的目的，如自己无法处理，也应认真记录下来，委婉地探求对方来电目的，就可不误事而且赢得对方的好感。

即使对方要找的人不在，切忌粗率答复："他不在！"即将电话挂断。接电话时也要尽可能问清事由，避免误事。对方查询本部门其他单位电话号码时，应迅即查告，不能说不知道。

电话交谈事项，应注意正确性，将事项完整地交代清楚，以增加对方认同，不可敷衍了事。对宾客提出的问题应耐心倾听；表示意见时，应让宾客能适度地畅所欲言，可以通过提问来探究对方的需求与问题；接到来自宾客责难或批评性的电话时，应委婉解说，并向其表示歉意或谢意，不与发话人争辩。注重倾听与理解、抱有同理心、建立亲和力是有效电话沟通的关键。

（9）不要使用简略语、专用语。单位和企业内部习惯的简略用语，第三者往往无法理解。同样，专用语也仅限于行业内使用，普通宾客不一定知道。有的人不以为然，得意洋洋地乱用简称、术语、外语，给对方留下了不友善的印象。

（10）友善对待打错的电话。如果接到对方打错的电话，应当及时告之，口气要和善，不要讽刺挖苦，更不要表示出恼怒之意。正确处理好打错的电话，有助于提升组织形象，也有可能会开拓潜在客户。

3. 来电结束前

（1）养成复述习惯。为了防止听错电话内容，一定要当场复述。特别是同音不同义的词语及日期、时间、电话号码等数字内容，务必养成听后立刻复述、予以确认的良好习惯。文字不同，一看便知，但读音相同或极其相近的词语，通电话时却常常容易搞错，因此，对容易混淆、难于分辨的这些词语要加倍注意，放慢速度，逐字清晰地发音。如1和7、11和17等，为了避免发生音同字不同或义不同的错误，听到与数字有关的内容后，请务必马上复述，予以确认。当说到日期时，不妨加上星期几，以保证准确无误。

（2）礼貌道别。要结束电话交谈时，一般应当由打电话的一方提出，然后彼此客气地道别，应有明确的结束语，在电话结束时，应用积极的态度，同时要使用对方的名字来感谢对方，如说一声"谢谢来电"、"再见"，再轻轻挂上电话，不可只管自己讲完就挂断电话。待对方说完"再见！"后，等待2~3秒才轻轻挂断电话。无论通话多么完美得体，如果最后毛毛躁躁"咔嚓"一声挂断电话，则会功亏一篑，令对方很不愉快。因此，结束通话时，应慢慢地、轻轻地挂断电话。

### 4.2.2 拨打电话的礼仪

1. 事先准备

打电话前，最好先做好准备。调整好自己的情绪，不要把烦恼和不高兴带给对方。并准备好通话提纲,特别是重要电话通话之前,这样既可节约时间,又可以抓住重点,有条有理,不遗漏内容(图4-11)。

图4-11 拨打电话礼仪

**2. 慎选通话时间**

拨打电话,首先要考虑在什么时间最合适。通话的最佳时间是在双方事先约定的时间或对方方便的时间。如果不是特别熟悉或者有特殊情况,一般不要在上午7点以前、晚10点以后及周末、节假日、对方私人时间拨打电话,也不要在用餐时间和午休时打电话。国际长途更要考虑到时差问题,否则,有失礼貌,也影响通话效果。

**3. 勿一直重拨**

寻呼对方,而对方将电话挂了,有可能是不方便接听电话,应给对方先发短信,写明寻呼原因,并询问何时方便接听电话或请对方方便的时候回电话,按对方的时间要求打电话寻呼客户。如对方很长时间未回呼,再打电话与对方联系。如一直未打通对方的电话,也可先给对方发短信,过几十分钟再与对方联系。

### 4.2.3 电话的转接和等候

需要电话转接时,应主动告知来电者分机号码,不要等人家询问。若不知分机号码,则应提供受话人的部门和姓名。替他人接电话时,要询问清楚对方姓名、电话、单位名称,以便在接转电话时为受话人提供便利。在不了解对方的动机、目的时,请不要随便说出指定受话人(尤其是办理了免打扰服务的宾客)的行踪和其他个人信息,比如手机号等。

### 4.2.4 如何做好电话记录

在电话中应重复要点,对于号码、数字、日期、时间等,应再次确认,以免出

## 4 待人接物——旅游行业交际礼仪

错。随时牢记"5W1H"技巧,所谓"5W1H"是指:When(何时)、Who(何人)、Where(何地)、What(何事)、Why(为什么)、How(如何进行)。尤其应注意在记录结尾注明记录者姓名,方便时候查询。电话记录要简洁、完备、清晰。

### 4.2.5 电话礼貌用语

**1. 用声调传达感情**

通话时语言流利、吐字清晰、声调平和,能使人感到悦耳舒适。再加上语速适中、声调清朗、富于感情、热情洋溢,使对方能够感觉到你在对他微笑,这样富于感染力的电话,一定能打动对方,并使其乐于与你对话。

**2. 使用礼貌用语**

通话过程中,对话双方都应该使用常规礼貌用语,忌出言粗鲁或通话过程中夹带不文明的口头禅。常用电话礼貌用语包括:谢谢您的信息;谢谢您的电话;请再打电话过来;对不起,此刻正占线;对不起,让您久等了!请稍等,我现在就为您转接;对不起,李先生此刻不在,请问需要我为您留言吗?

> **典型案例**
>
> **如何打出完美电话**
>
> 德国贝尔上海公司,对员工的培训也包括接电话的方式一项,他们发现很多新员工接电话的方式很直接,习惯简单地回答客户的问题。用户打电话来咨询,往往只得到两个字的回答"没有"。注意接电话艺术的人的回话永远不是只有一句,尤其是对时间、地点、数量都量化得非常精确。
>
>

旅游行业礼仪实训教程（第2版）

> "对不起，S3104的材料昨天刚好用完，现在还有两个替代品：S3101和S3102，可以吗？""不行，我只需要3104。""噢，这样呀？那么最近的库存在南京还有3500只，我们正在调拨，大概下个礼拜二可以拿到。""我很着急，这个礼拜能不能拿到？""那这样，今天下午4点钟我给你回话，紧急调拨南京1500只，这个礼拜六早上先让你拿到，必要的时候我们看看能不能够在礼拜五的下班前让你拿到，你看怎么样？"听到这样的回答，相信对方一定会很高兴地说声"谢谢"。
>
> 资料来源：有效沟通：管理者的沟通艺术，余世维，机械工业出版社，2006.7

## 实训项目四　练习礼貌地拨打电话

**情景练习**

张旭是小王的上司，他让小王打电话通知客户李涛先生，让李涛周五下午到公关公司开会。小王从来没有见过李涛先生，他是这样打电话给客户的："喂，你好！李涛先生么？我是小王，张旭让我通知你，周五下午来我们公司开会。可以么？"分析这种打电话的方式有哪些问题，如何改进这个电话沟通过程？

**实训目的**：掌握礼貌拨打电话的方法和技巧。
**实训内容**：通过模拟拨打电话掌握基本的电话礼仪。
**实训场地**：教室。
**实训步骤**：分组进行（2人一组），每组分角色练习。
**实训要领**：

(1) "你好，请问是××公司的李涛先生么？"（等对方回答，如果回答"是"）。

(2) "李先生现在方便接听电话么？"（确认对方是否在开会或者开车，如果方便接听，继续说）。

(3) "李先生，我是××公司张旭的下属，我叫小王。"（自报家门，让对方知道是谁在给他电话）。

(4) "张旭请我问下您，您本周五下午3点是否有时间来我们公司开个会？这次会议主要讨论××产品的推广问题，大概需要1个小时的时间，我们公司的老板、策划、活动部门的同事都会参加。如果您觉得需要，也请邀请您的产品经理以及渠道经理等同事一起参会可以么？"（告诉对方会议的时间长短，参会人员，主要事项，让对方对会议有个清晰的了解）。

(5) "我稍后会把我们公司的详细地址发短信给您，如果您临时有什么安排无法参会，也可以通过我短信里的联系方式通知我。"（把开会的地址以及联系人方式告诉对方，以防万一）。

(6) "谢谢李先生，我们周五见。"（一定要等对方先挂电话，以示礼貌）。

## 实训项目五　练习礼貌地接听电话

**实训目的**：熟悉及掌握接听电话礼仪的技巧及方法。

## 4 待人接物——旅游行业交际礼仪

**实训内容**：模拟游客向旅行社工作人员电话咨询新马泰旅游线路情况，模拟接听游客电话、系统介绍线路并推销线路。

**实训场地**：导游实验室。

**实训步骤**：分组进行（2人一组），分别模拟接听电话、拨打电话、转达电话和突发事件4类情况。根据以下自检表按照双方的情况进行对比、记录和纠偏。

**电话礼仪自检表1**

| 需要注意的要点 | 要点 | 具体改进计划 |
| --- | --- | --- |
| 要点1　电话机旁应备有笔记本和铅笔 | ◇ 是否把记事本和铅笔放在触手可及的地方<br>◇ 是否养成随时记录的习惯 | |
| 要点2　先整理电话内容，后拨电话 | ◇ 时间是否恰当<br>◇ 情绪是否稳定<br>◇ 条理是否清楚<br>◇ 语言是否简练 | |
| 要点3　态度友好 | ◇ 是否微笑着说话<br>◇ 是否真诚面对通话者<br>◇ 是否使用平实的语言 | |
| 要点4　注意自己的语速和语调 | ◇ 谁是你的信息接收对象<br>◇ 先获得接收者的注意<br>◇ 发出清晰悦耳"梭"音 | |
| 要点5　不要使用简略语、专用语 | ◇ 用语是否规范准确<br>◇ 对方是否熟悉公司的内部情况<br>◇ 是否对专业术语加以必要的解释 | |
| 要点6　养成复述习惯 | ◇ 是否及时对关键性字句加以确认<br>◇ 关于分辨关键性字句 | |

**电话礼仪自检表2**

| 问题情境 | 不良表现 | 本人实际表现 |
| --- | --- | --- |
| 接听电话时 | 1. 电话铃响得令人不耐烦了才拿起听筒 | |
| | 2. 对着话筒大声地说："喂，找谁啊？" | |
| | 3. 一边接电话一边嚼口香糖 | |
| | 4. 一边和同事说话一边接电话 | |
| | 5. 遇到需要记录某些重要数据时，总是在手忙脚乱地找纸和笔 | |
| 拨打电话时 | 1. 抓起话筒却不知从何说起，语无伦次 | |
| | 2. 使用"超级简略语"，如"我是三院的××" | |
| | 3. 挂完电话才发现还有问题没说到 | |
| | 4. 抓起电话粗声粗气地对对方说："喂，找一下刘经理。" | |

续表

| 问题情境 | 不良表现 | 本人实际表现 |
| --- | --- | --- |
| 转达电话时 | 1. 抓起话筒向着整个办公室吆喝："小王，你的电话！" | |
| | 2. 态度冷淡地说："陈科长不在！"就顺手挂断电话 | |
| | 3. 让对方稍等，就自此不再过问他（她） | |
| | 4. 答应替对方转达某事却未告诉对方你的姓名 | |
| 遇到突发事件时 | 1. 对对方说："这事儿不归我管。"就挂断电话 | |
| | 2. 接到客户索赔电话，态度冷淡或千方百计为公司产品辩解 | |
| | 3. 接到打错了的电话很不高兴地说："打错了！"然后就粗暴地挂断电话 | |
| | 4. 电话受噪声干扰时，大声地说："喂，喂，喂……"然后挂断电话 | |

## 4.3 用餐礼仪

餐桌是一个绝佳的沟通平台，因为有菜肴餐食作媒介，还有酒水的助兴，能够帮助人们扩大交友圈子，缩短人与人之间的距离，消除误解和摩擦。尤其美食佳肴在口中散发出的美妙感觉，会使人们的情绪愉快、放松。在这种愉悦的气氛下，很容易让陌生人变成知己，让不熟悉的人变得熟悉起来。因此有人说，餐桌是人际关系的润滑剂和调节器。不仅如此，餐桌还是一个人展现个人素质、品位与才华的最佳舞台，一个具有良好餐饮礼仪、懂得应对进退、表现大方得体的人，很容易在一餐饭后，就结交了许多朋友，架设起友谊的桥梁，营造出和谐友好的人际关系与社交氛围。反之，如果一个人不讲究餐饮礼仪，又没有良好的言谈举止，表现出小家子气、不拘小节的行为，一餐饭虽然只是细节的不注意，但可能使聚餐吃饭的好事变坏事，甚至有可能造成让别人瞧不起、朋友丢失、上司不满、客户流失、应聘失败、职位不保等问题，花钱请客吃饭不但没达到预期效果，反而招致反效果，得不偿失。

聚餐的时候，无论是宴请他人，还是应邀赴宴，每个人除了代表自身外，有时还可能同时代表家族、公司、团体、民族，甚至国家出席，如果表现不得体，不但使自己丢脸，还让所代表的整个组织没面子，因此，讲求用餐时的礼仪，尤为重要。

### 4.3.1 出席中餐宴会礼仪

宴会是举办者为了表达敬意或谢意，为了联络感情扩大影响而专门举行的招待活动。宴会为正餐，坐下进食，有招待员依次上菜。宴会在层次上可分为国宴、正式宴会、便宴和家宴；按举行的时间可分为早宴、午宴和晚宴；一般来说晚上举行的宴会较白天举行的宴会更为隆重。

中餐是指中国式的餐饮，是一切具有中国特色的、依照传统方法制作的餐食和饮品。中餐品种繁多、琳琅满目，单就菜肴而言，就有鲁、川、粤、闽、苏、浙、湘、徽"八大菜系"；以食物的形状、大小、样式来讲，也是最复杂的。中华文化有五千多年的历史，菜肴烹调也极尽讲究之能事，虽然用餐工具比西餐要简单许多，用餐仪节比西餐要简约一些，但仍有许多需要注意的地方。习惯成自然的用餐举止，不一定就合乎礼节；懂得礼节却不实行，那就跟不知道一样。身为礼仪之邦的一分子，在用餐的时候，我们不仅要讲究好吃，也要注意吃的礼貌、吃的态度、吃的卫生习惯，这样才能体现出我们的教养与气度（图4-12）。

图4-12 中餐宴会

1. 上菜的顺序

中餐上菜的顺序是冷菜、热菜、汤、点心等，一般应按先冷后热、先清淡后浓味、先名贵后一般、先咸后甜、先零后整、先菜后点、先干后汤的顺序进行，如遇特殊情况需进行特殊处理（图4-13）。

图4-13 中餐宴会上菜

## 2. 进餐礼仪

先请客人和长者等依次入座，最后自己坐在适当的座位上。入座时，要从椅子左边进入，坐下以后要坐端正身子，不要低头，使餐桌与身体的距离保持在 10~20cm（图 4-14）。

图 4-14 中餐宴会进餐礼仪

用餐时要由尊者先动碗筷。不要吃得摇头摆脑，宽衣解带，满脸油汗，汁汤横流，响声大作。可以劝别人多吃一些，或是建议品尝某道菜肴，但不要擅自做主，主动为别人夹菜、添饭。这样做不仅不卫生，而且还会让对方勉为其难。如果要给客人或长辈布菜，最好用公用筷子。如果同桌有客人、领导的话，每当上来一个新菜时，就请他们先动筷子，或者轮流请他们先动筷子，以表示对他们的尊敬和重视。

取菜的时候，应从盘子靠近或面对自己的盘边夹起，不要从盘子中间或靠近别人的一边夹起，更不要左顾右盼，翻来覆去，在公用的菜盘内挑挑拣拣，夹起来又放回去，会显得缺乏教养。多人一桌用餐，取菜要注意相互礼让，依次而行，一次夹菜也不宜太多，取用适量。

进餐时要闭嘴咀嚼，细嚼慢咽，嘴里不要发出声音，口含食物时最好不要与别人交谈。不能在夹起饭菜时，伸长脯子，张开大嘴，伸着舌头用嘴去接菜。一次不要放入太多的食物进口，不然会给人留下一副馋相和贪婪的印象。吐出的骨头、鱼刺、菜渣，要用筷子或手取接出来，不能直接吐到桌面或地面上。如果要咳嗽、打喷嚏，要用手或手帕捂住嘴，并把头向后方转。吃饭嚼到沙粒或嗓子里有痰时，要离开餐桌去吐掉。如果宴会没有结束，但自己已用好餐，不要随意离席，要等主人和主宾餐毕先起身离席，其他客人才能依次离席。

## 3. 餐具使用

（1）公用餐具。公用的筷子和汤匙最好放在专用的座子上。用餐前，服务员为每人送上的第一道湿毛巾是擦手用的，最好不要用它去擦脸。在宴席上，上鸡、龙虾、水果时，有时送上一小水盂，水上漂有玫瑰花瓣或柠檬片，供洗手用。洗时两手轮流沾湿指头，轻轻涮洗，然后用餐巾或小毛巾擦干。

(2) 筷子。筷子是中餐中最主要的进餐用具（图 4-15）。握筷姿势应规范，进餐需要使用其他餐具时，应先将筷子放下。筷子一定要放在筷子架上，不能放在杯子或盘子上，否则容易碰掉。如果不小心把筷子碰掉在地上，可请服务员换一双。在用餐过程中，已经举起筷子，但不知道该吃哪道菜，这时不可将筷子在各碟菜中来回移动或在空中游弋。不要用筷子叉取食物放进嘴里，或用舌头舔食筷子上的附着物，更不要用筷子去推动碗、盘和杯子。有事暂时离席，不能把筷子插在碗里，应把它轻放在筷子架上。在席间说话的时候，不要把筷子当道具，随意乱舞；或是用筷子敲打碗碟桌面，用筷子指点他人。每次用完筷子要轻轻地放下，尽量不要发出响声。

**图 4-15 中餐宴会餐具**

(3) 勺子。它的主要作用是舀取菜肴、食物。有时，用筷子取食时，也可以用勺子来辅助（图 4-16）。尽量不要单用勺子去取菜。用勺子取食物时，不要过满，免得溢出来弄脏餐桌或自己的衣服。在舀取食物后，可以在原处"暂停"片刻，汤汁不会再往下流时，再移回来享用。暂时不用勺子时，应放在自己的碟子上，不要把它直接放在餐桌上，或是让它在食物中"立正"。用勺子取食物后，要立即食用或放在自己碟子里，不要再把它倒回原处。而如果取用的食物太烫，不可用勺子舀来舀去，也不要用嘴对着吹，可以先放到自己的碗里等凉了再吃。不要把勺子塞到嘴里，或者反复吮吸、舔食。

**图 4-16 中餐宴会餐具**

(4) 食碟。食碟的主要作用是用来暂放从公用的菜盘里取来享用的菜肴。用食碟时，一次不要取放过多的菜肴，看起来繁乱不堪。不吃的残渣、骨、刺不要吐在地上、桌上，而应轻轻取放在食碟前端，放的时候不能直接从嘴里吐在食碟上，要用筷子夹放到碟子旁边。如果食碟放满了，可以让服务员换。

(5) 水杯。水杯主要用来盛放清水、汽水、果汁、可乐等软饮料。不要用它来盛酒，也不要倒扣水杯（图4-17）。另外，喝进嘴里的东西不能再吐回水杯。

图4-17　中餐宴会餐具

(6) 香巾。比较讲究的话，会为每位用餐者上一块湿毛巾。它只能用来擦手。擦手后，应该放回盘子里，由服务员拿走。有时候，在正式宴会结束前，会再上一块湿毛巾。和前者不同的是，它只能用来擦嘴，却不能擦脸、抹汗。

(7) 牙签。尽量不要当众剔牙。非剔不行时，用另一只手掩住口部，剔出来的东西，不要当众观赏或再次入口，也不要随手乱弹，随口乱吐。剔牙后，不要长时间叼着牙签，更不要用来扎取食物。

### 4.3.2　出席西餐宴会礼仪

西餐这个词是由于它特定的地理位置所决定的。我们通常所说的西餐主要包括西欧国家的饮食菜肴，当然同时还包括东欧各国，地中海沿岸等国和一些拉丁美洲如墨西哥等国的菜肴。西餐一般以刀叉为餐具，以面包为主食，多以长形桌台为台形（图4-18）。西餐的主要特点是主料突出，形色美观，口味鲜美，营养丰富，供应方便等。西餐大致可分为法式、英式、意式、俄式、美式、地中海等多种不同风格。按照每天用餐的不同时段，分有正餐（午餐、晚餐）、早餐、早午餐、下午茶、小点。

**1. 喝汤的礼仪**

喝汤用汤匙，不能直接端起来用嘴喝。右手持汤匙，由内向外舀汤，注意第一勺宜少，先试温度浅尝，不能用嘴吹热汤，也不能拿汤匙去搅拌降温。喝汤时不出声，一勺汤不要分几次喝。盘中汤见底时，应用左手由内侧托起盘子将其倾斜，以便舀取。喝汤完毕，汤匙应搁在餐盘上（图4-19）。

4 待人接物——旅游行业交际礼仪

图 4-18 西餐厅

汤匙要由内往外舀食，使用完后把汤匙放在碗内，汤匙的柄放在右边为原则，而汤匙凹陷的部分必须向上。

不用汤匙，而直接拿起来喝。

图 4-19 西餐喝汤的方法

2. 享用面包的礼仪

通常主菜未上桌前，服务生会先提供餐包，放的位置一定是在主菜左侧，所以餐具左侧的面包是属于你的，不要拿错。吃面包时，直接在面包盘上拨开、涂抹奶油，否则离开面包盘，面包屑容易掉得满桌都是，不易收拾。

吃鲜面包时，用左手拿大小适当刚好一口的一小块，涂上黄油、果酱、蜂蜜、橄榄油，甚至主餐的酱汁，送入口中；涂抹时要使用个人的奶油刀，如无附奶油刀，可使用料理用刀（图 4-20）。吃未烤的切片面包，可以撕一片吃一口，切不可直接用口咬着吃或用餐刀切割。撕面包时，注意用餐盘接碎屑。小的三明治和烤面包是用手拿着吃的，否则会使面包屑乱飞。在吃的时候可慢慢咬着吃，可以配黄油、鱼子酱等。不能用面包蘸汤或擦盘子。

图4-20　吃面包的方法

3. 吃肉类的礼仪

西方人吃肉（指的是羊排、牛排、猪排等）一般都是大块的。吃的时候，用刀、叉把肉切成一小块，大小刚好是一口。吃一块，切一块，不要一下子全切了，也千万不要用叉子把整块肉夹到嘴边，边咬、边咀嚼、边吞咽。

吃有骨头的肉，比如吃鸡的时候，不要直接"动手"，要用叉子把整片肉固定（可以把叉子朝上，用叉子背部压住肉），再用刀沿骨头插入，把肉切开，边切边吃。如果是骨头很小时，可以用叉子把它放进嘴里，在嘴里把肉和骨头分开后，再用餐巾盖住嘴，把它吐到叉子上然后放到碟子里。需要直接"动手"的肉，洗手水往往会和肉同时端上来，不过一定要时常用餐巾擦手和嘴（图4-21）。

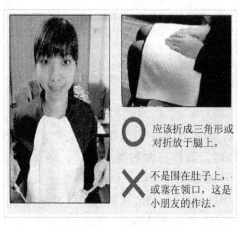
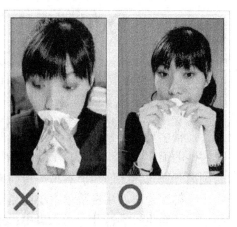

图4-21　西餐口布的使用

吃鱼时不要把鱼翻身，吃完上层后用刀叉剔掉鱼骨后再吃下层。

吃牛肉（牛排）的场合，由于可以按自己爱好决定生熟的程度，预定时，服务员或主人会问你生熟的程度。西餐中对牛排的老嫩程度很讲究，一般有5种火候。一成熟，肉表面焦黄，中间为红色生肉，装盘后血水渗出；三成熟，肉表面焦黄，外层呈粉红色，中心为红色，装盘不见血，但切开后断面有血；五成熟，肉表面褐色，中间呈粉红色，切开不见血；七成熟，肉表深褐色，中间呈茶色，略见粉红色；全熟，肉表面焦煳，中间全部为茶色。左手拿叉按住牛排左侧的一小块，右手执刀将其锯切下，然后用左手持叉子送入口中（图4-22），边切边吃。

✗ 吃完后用刀直接叉菜来吃。　○ 用叉将食物送到口中。

图4-22　西餐刀叉使用的方法

4. 吃沙拉的礼仪

西餐中，沙拉往往出现在这样的场合里：作为主菜的配菜，比如说蔬菜沙拉，这是常见的；作为间隔菜，比如在主菜和甜点之间；作为第一道菜，比如说鸡肉沙拉。

如果沙拉是一大盘端上来就使用沙拉叉，如果和主菜放在一起则要使用主菜叉来吃。

如果沙拉是间隔菜，通常要和奶酪、炸玉米片等一起食用。先取一两片面包放在你的沙拉盘上，再取两三片玉米片。奶酪和沙拉要用叉子吃，而玉米片可以用手拿着吃。

如果是没有浇过汁的主菜沙拉，一般配有沙拉酱。往往单把沙拉汁或沙拉酱放在另外的容器里，有时仅有一种，有时是准备多种沙拉汁（酱）供客人自己选择。这里需注意的是，食用时一盘沙拉一般以放一种汁为宜，不可多种混杂，否则味道不伦不类。可以先把沙拉酱浇在一部分沙拉上，吃完这部分后再加酱。直到加到碗底的生菜叶部分，这样浇汁就容易了。

盛沙拉一般用沙拉盘，平盘深盘都可以，进食工具是刀叉。沙拉习惯的吃法应该是：将大片的生菜叶用叉子切成小块，如果不好切可以刀叉并用。一次只切一块，吃完再切。遇见比较大叶的蔬菜时，要先用刀和叉合起来，然后再用叉子入口。

### 5. 吃水果和甜品的礼仪

吃多汁的水果如西瓜、带调味汁的水果，应用匙取食；颗粒状的水果如葡萄、草莓，可直接用手取食，单粒的水果也可用叉取食。果皮和果核应先吐在手掌中再放入餐盘中，不可直接吐在餐盘中；汁少较脆的水果如苹果、梨等，可切成4片，再削皮用刀叉取食。

吃冰淇淋一般使用小勺，当和蛋糕或馅饼一起吃或作为主餐的一部分时，要使用一把甜点叉和一把甜点勺。

吃水果馅饼是要用叉子的，除非馅饼是带冰淇淋的，这种情况下，叉、勺都要使用。如果吃的是奶油馅饼，最好用叉而不要用手，以防止馅料从另一头漏出。

果汁冰糕，如果作为肉食的配餐食用可以用叉，如果是作为甜点食用，使用勺子。

### 6. 其他

吃蚝和文蛤用左手捏着壳，右手用蚝叉取出蚝肉，蘸调味料用蚝叉吃。小虾和螃蟹的混合物也可以单独蘸调味料，用蚝叉吃。

吃意大利面，要用叉子慢慢地卷起面条，每次卷四五根最方便。也可以用调羹和叉子一起吃，调羹可以帮助叉子控制滑溜溜的面条。不能直接用嘴吸，不然容易把汁溅得到处都是。

汉堡包和热狗是用手拿着吃，但一定要用餐巾纸垫住，让酱汁流到餐巾上，而不是流到手或衣服上。以防万一，可以一只手拿餐巾垫住，另一只手准备一两张餐巾备用。

比萨饼可以用手拿着饼块，把外边转向里，防止上面的馅掉出来。但一般晚宴的餐桌上看不到比萨饼的。

玉米薄饼是一种普遍的用手拿着吃的食物，可以蘸上如甜豆或番茄酱等混合酱后吃。

油煎食品和薯片，可以用手拿着吃，也可以用叉子吃。如果在户外，当然可以用手拿着吃了。

女士还要注意，吃东西的时候，每次都要少放一些到嘴里。小口嚼，避免制造噪音和弄坏唇膏。吃一般的菜时，如果把手指弄脏了，可以请服务员端洗手水来。

### 7. 认识西餐餐具

如图4-23所示：1. 餐巾 2. 餐盘 3. 主菜叉 4. 副菜叉 5. 鱼叉 6. 主菜刀 7. 副菜刀 8. 鱼刀 9. 汤匙 10. 甜品叉 11. 甜品匙 12. 面包盘 13. 黄油刀 14~16. 各种酒杯 17. 调味盘。

西餐餐具还可采取图4-24所示的摆放方式。

4 待人接物——旅游行业交际礼仪

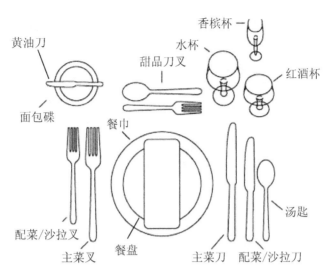

图4-23 西餐餐具摆放说明图

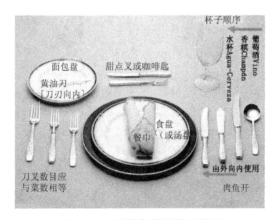

图4-24 西餐餐具摆放实物图

8. 西餐桌上小细节

为了在品西餐时举止优雅，还必须得注意一些细节。

就座时，身体要端正，手肘不要放在桌面上，不可跷足，与餐桌的距离以便于使用餐具为佳。餐台上已摆好的餐具不要随意摆弄。将餐巾对折轻轻放在膝上。

使用刀叉进餐时，从外侧往内侧取用刀叉，要左手持叉，右手持刀。使用刀时，刀刃不可向外。进餐中放下刀叉时，应摆成"八"字型，分别放在餐盘边上。刀刃朝向自身，表示还要继续吃。每吃完一道菜，将刀叉并拢放在盘中。如果是谈话，可以拿着刀叉，无须放下。不用刀时，也可以用右手持叉，但若需要做手势时，就应放下刀叉，千万不可手执刀叉在空中挥舞摇晃，也不要一手拿刀或叉，而另一只手拿餐巾擦嘴，也不可一手拿酒杯，另一只手拿叉取菜。要记住，任何时候，都不可将刀叉的一端放在盘上，另一端放在桌上（图4-25、图4-26）。

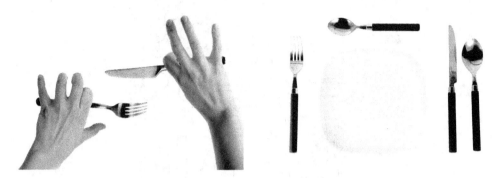

图4-25 手持刀叉的方法

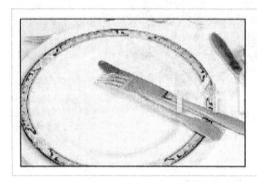
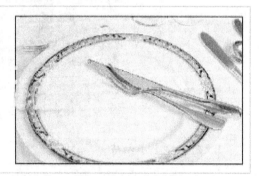

图4-26 刀叉的使用方法

每次送入口中的食物不宜过多,在咀嚼时不要说话,更不可主动与人谈话。

喝汤时不要啜,吃东西时要闭嘴咀嚼。不要咂嘴发出声音。如汤菜过热,可待稍凉后再吃,不要用嘴吹。吃完汤菜时,将汤匙留在汤碗中,匙把指向自己。

吃鱼、肉等带刺或骨的菜肴时,不要直接外吐,可用餐巾捂嘴轻轻吐在叉上放入盘内。如盘内剩余少量菜肴时,不要用叉子刮盘底,更不要用手指相助食用,应以小块面包或叉子相助食用。吃面条时要用叉子先将面条卷起,然后送入口中。

面包应掰成小块送入口中,不要拿整块面包咬。抹黄油和果酱时也要先将面包掰成小块再抹。

## 4 待人接物——旅游行业交际礼仪

吃鸡时，欧美人多以鸡胸脯肉为贵。吃鸡腿时应先用力将骨去掉，不要用手拿着吃。吃鱼时不要将鱼翻身，要吃完上层后用刀叉将鱼骨剔掉后再吃下层。吃肉时，要切一块吃一块，块不能切得过大，或一次将肉都切成块。

不可在餐桌边化妆，用餐巾擦鼻涕。用餐时打嗝是最大的禁忌，万一发生此种情况，应立即向周围的人道歉。取食时不要站立起来，坐着拿不到的食物应请别人传递。

就餐时不可狼吞虎咽。不愿吃的食物也应要一点放在盘中，以示礼貌。主人劝客人添菜，如有胃口，添菜不算失礼，相反主人也许会引以为荣。

不可在进餐时中途退席。如有事确需离开应向左右的客人小声打招呼。饮酒干杯时，即使不喝，也应该将杯口在唇上碰一碰，以示敬意。

在进餐尚未全部结束时，不可抽烟，直到上咖啡表示用餐结束时方可。如左右有女客人，应有礼貌地询问一声"您不介意吧！"

进餐时应与左右客人交谈，但应避免高声谈笑。不要只同几个熟人交谈，左右客人如不认识，可选自我介绍。别人讲话不可搭嘴插话。

喝咖啡时如愿意添加牛奶或糖，添加后要用小勺搅拌均匀，将小勺放在咖啡的垫碟上。喝时应右手拿杯把，左手端垫碟，直接用嘴喝，不要用小勺一勺一勺地舀着喝。

吃水果时，不要拿着水果整个去咬，应先用水果刀切成4瓣或6瓣，再用刀去掉皮、核，用叉子叉着吃。

进餐时，不要解纽扣或当众脱衣。如主人请客人宽衣，男客人可将外衣脱下搭在椅背上，不要将外衣或随身携带的物品放在餐台上。

---

**典型案例**

### 西装还是休闲装？

老章年轻时有一次去美国出差，周末的时候总公司部门主管请同仁到家中BBQ聚餐，也请了他一起参加。他当时不知道什么是BBQ，对于到美国人家中做客也没什么概念，又不好意思先询问一下，怕显示出自己的土气，就硬着头皮去参加了。为了表示慎重起见，老章特别穿了西装打上领带、擦亮皮鞋参与餐会。谁知道BBQ原来是烤肉，是美国人最常在家中请客的方式，也就是在自家花园里边烤肉边喝啤酒聊天。因为那是一种休闲的聚会，因此大家都知道穿着舒适的休闲服出现，只有老章一个人西装笔挺，反而很不自在。吃完烤肉，大伙进到屋内聊天，美国主管的家像一栋别墅，是单门独户有院子的，房子很大，约有2000多平方米，地上铺着白色长毛地毯，装潢得很柔美，温馨又舒适。其他人多半穿着休闲拖鞋、凉鞋或便鞋，可以立刻脱下进屋，打着赤脚四处走动；老章就需半天解开鞋带，偏偏袜子还破了一个洞，闪闪躲躲地好不自在，真希望有个地洞能钻进去。

资料来源：现代中餐礼仪，林莹，上海科学普及出版社

### 4.3.3 出席工作餐与自助餐

**1. 工作餐**

工作餐仅求吃饱，而不是刻意要求吃好。工作餐的菜肴大可不必过于丰盛，它的安排应以简单为好。出于卫生方面的考虑，工作餐最好采取"分餐制"的就餐方式；不习惯的话，代之以"公筷制"亦可。为不耽误之后的工作，工作餐上不宜安排烈性酒。

举行工作餐时，讲究的是办事与吃饭两不耽误。在不长的进餐时间里交谈工作通常宜早不宜晚。不要一直等到大家都吃饱喝足了才开始正式交谈，那样一来时间往往不够用。因此，在点菜后、上菜前，亦可开始正式交谈。

在一般情况下，宾主双方均可首先提议终止用餐。主人将餐巾放回餐桌上，或是吩咐侍者来为自己结账。餐间，客人长时间地默默无语，或是反复地看表，都是在向对方发出"用餐可以到此结束"的信号。在此问题上，主人需要负起更大的责任，尤其是在客人需要"赶点"去忙别的事情或者宾主双方接下来还有其他事情要办时，主人应当掌握好时间，使工作餐适时结束。

**2. 自助餐**

自助餐，菜肴以冷食为主，也可用热菜，连同餐具陈设在桌上，客人不排座位，主客可自由活动，可多次取食。酒水也可放在桌上。自助餐，主要因其在用餐时不设固定席位、形式活泼、便于彼此交流而得名（图4-27）。

图4-27 自助餐

用自助餐，应先吃冷菜，其次喝汤，然后吃热菜，接着吃点心，再是甜品，最后是水果和饮料。取餐时，如果取餐的人很多，就应排队选用食物。取菜之前，应先准备好一只食盘，轮到自己取菜时，再以公用餐具将食物盛入自己的食盘，然后迅速离去。用餐者如果对某一菜肴"情有独钟"，可多次反复取用，但每次取餐不宜过多。用餐时无论吃多少都不碍事，但外带是绝对不允许的。千万不可往自己的口袋、皮包里装一些"心爱之物"，更不能要求服务员替自己"打包"。参加自助餐，应适当照顾他人。可向他人提出一些选取菜肴的建议，但不可自作主张地为对方代劳，更不能将自己不喜欢或吃不了的食物"处理"给对方。

### 4.3.4 品酒礼仪

1. 饮酒的方式

（1）倒酒。一般西餐中的佐餐酒为红葡萄酒或白葡萄酒，最多将酒倒至杯中的1/3处。因为，要留有足够的空间，在摇晃酒杯时才不致使酒溢至外面；同时，留有足够的杯内空间，可挽留从酒中逸出的香气。

（2）举杯。对于葡萄酒来说，温度是最重要的，因此举杯的时候，端酒杯的姿势就显得尤为重要。从方便角度讲，手握杯身是最自然，也是最稳健的。许多人也是这样拿杯的。但正确的姿势是手指捏着杯身下的杯杆，甚至用拇指和食指捏着杯底也是正确的，之所以这种既不自然、又不平衡的姿势才是正确的，是因为这一方面避免将人体温度传导给葡萄酒；另一方面也是避免手指印留在杯身，影响对酒的观赏（图4-28）。

手持酒杯杯柱的部分，举高约低于眼睛5cm左右。
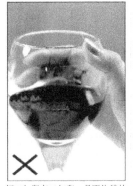
杯口如留有口红印，是不礼貌的，应趁人不注意，偷偷用手指擦掉唇印，再用餐巾擦手。

图4-28 拿酒杯的方法

饮用白兰地时优雅而又浪漫的握杯姿势是将杯杆夹在中指和无名指间，用手掌托住杯身的握杯姿势。但饮用葡萄酒时最好不要采用。如果自认为酒温太低，则也可以用这种姿势来对葡萄酒加温，而不必机械地、教条地按上面所说的方式举杯。

（3）敬酒。西方敬酒时将杯子高举齐眼，并注视对方，最少要喝一口酒以示敬意。

(4) 打转。葡萄酒入杯后不要即刻饮下，入口前还有个晃杯的动作。晃杯的目的是释放酒的香气，同时也是给酒留有更充足的氧化时间，使酒有柔和的过程。

晃杯使酒液自下而上，并顺着杯转动的方向打转。好的晃杯动作会使杯中之酒形成较大的凹面，从而加速香气的释放和氧化；同时又有优美的螺旋状运动轨迹。晃杯时，千万不可将酒晃到外面。晃杯动作可通过在杯中放些水来练习。但水与酒是不一样的，一杯水已练到了打转自如，酒可能在杯中还是不听使唤地晃来晃去，有被晃出的危险。当然也可以偷懒，将酒杯放在桌上，然后用手指按着杯底在桌面上"划圈"似地移动，以起到晃杯的作用。

2. 酒杯的认识

(1) 葡萄酒杯。红葡萄酒杯大一些，白葡萄酒杯稍小一些。
(2) 鸡尾酒杯。三角形的高脚杯是用来喝鸡尾酒的。
(3) 香槟酒杯。杯身很细的高脚杯是喝香槟的，而杯身像碟型的也是喝香槟的。
(4) 白兰地酒杯。矮脚的，杯身很大，口小一点的叫白兰地杯，是喝白兰地的。
(5) 高身杯。没有脚的，杯身很高，口身一样大的，叫高身杯（按高度分有①哥伦斯杯②水杯③长饮杯），用来喝不含酒精和一些含低度酒精的饮料和鸡尾酒，长饮等。
(6) 威士忌酒杯。同上，杯口大，杯底小，又很矮的叫威士忌杯，也叫古典杯，喝威士忌的，也有人用来喝金酒、伏特加、龙舌兰等烈酒。
(7) 烈酒杯。还有一种很小的像我国的白酒杯的，叫做烈酒杯。也有像试管样的，叫试管杯，用来喝鸡尾酒的。

好的酒杯，可以把酒的瑰丽色彩透露出来，令人赏心悦目，可以把酒的芳香在酒杯里集拢起来，经久不散。西方人还认为，饮什么酒使用什么杯（图4-29），是一种"酒礼"。例如长型圆脚杯用于红葡萄酒，半圆高脚杯用于白酒，如果只喝一种酒一般使用半圆高脚杯为宜，超长半圆高脚杯专用于莱茵、莫索尔两种德国白酒，漏斗型酒杯专门用来喝比较强烈的葡萄酒，如雪莉和波特酒，半高大肚酒杯专用来喝白兰地等烈性酒，长脚杯宜用来喝香槟酒。另外，啤酒多用有把手的大玻璃杯，鸡尾酒式样很多，可根据配制选用。

3. 对几种酒类的基本认识

西餐中习惯上吃什么菜喝什么酒是很有讲究的，了解这些对吃好西餐是很有帮助的。

(1) 餐前酒。也称开胃酒，是指在餐前饮用的，喝了以后能刺激人的胃口使人增加食欲的饮料。开胃酒通常用药材浸制而成，分为味美思、雪利酒、比特酒、茴香酒、鸡尾酒、掺了姜汁水或苏打水的威士忌（或白兰地）等品种。

(2) 佐餐酒。即葡萄酒，是西餐配餐的主要酒类。欧洲人的传统就餐习俗讲究只饮葡萄酒配餐而不饮其他酒水。不像中国人那么无拘束，任何酒水都可以配餐喝。餐

4 待人接物——旅游行业交际礼仪

图 4-29 各种酒杯

酒包括红葡萄酒、白葡萄酒、玫瑰红葡萄酒和汽酒。"红酒配红肉，白酒配白肉"，色、香、味淡雅的酒品应与色调冷、香气雅、口味纯、较为清淡的菜肴搭配；香味浓郁的酒应与色调暖、香气浓、口味杂、较难消化的菜肴搭配；咸食选用干、酸型酒类；甜食选用甜型酒类；难以确定时选用中性酒类。例如：和鱼、海鲜及家禽同吃饮用干型或半干型的白葡萄酒及玫瑰酒；和牛排、烤肉及其他肉类同吃饮用红葡萄酒。香槟酒可配各种菜肴饮用。

（3）甜食酒。甜食酒是西餐中配最后一道菜甜食时饮用的酒品，并因此而得名。其主要特点是口味较甜。这种酒酒精含量超过普通餐酒的一倍，常以葡萄酒为基酒加葡萄蒸馏酒配制而成。常用的甜食酒品种有波特酒、雪利酒、玛德拉酒等。

（4）餐后酒。也就是利口酒。供餐后饮用的含糖分较多的酒类，饮用后有帮助消化的作用。这类酒有多种口味，原材料分为两种类型：果料类和植物类。除利口酒外还可选用白兰地和香槟酒。

4. 出席酒会礼仪

酒会又称鸡尾酒会，酒会以酒水为主，一般不用或少用烈性酒，佐以各种小吃、果汁。酒会在中午、下午、晚上均可举行，请柬上往往注明整个活动持续时间，客人可在其间任何时候到达和退席，来去自由，不受约束。参加酒会，不必像正式宴请那样穿着正式，只要做到端庄大方、干净整洁即可。酒水和食品由侍者用托盘端送，或部分放置在小桌上供人们自取。这种招待会形式较活泼，便于交际（图 4-30）。

图4-30 酒会礼仪

### ■ 知识拓展

#### 对服务人员的礼貌

在德国、奥地利，需要餐厅人员服务的时候，都是轻声叫唤"HerrOber"（侍者先生）或"Fraulein"（小姐），或是在他们目光注视到你的时候，说声"Entschudigen"（对不起）作为起首语，再说出需要帮忙的事情。在美、加地区则称呼"Mister"（先生）或"Miss"（小姐），或是在他们目光注视到你时，说声"Excuse Me"（对不起）作为起首语，再提出需要帮忙的事情。在中国台湾，这方面观念和欧美很类似，叫唤服务人员称呼"先生"或"小姐"，或者是以"对不起"、"麻烦你"三个字为起首语，再将自己的要求客气地说明，例如："请给我一杯水"、"请帮我催一下菜"，并不忘最后说声"谢谢"。

服务人员有时难免犯错，发生任何问题的时候，客人都应该压低声量，或者请经理来解决，不可以高声批评并且咒骂服务员，那只显示出个人的修养有问题。当然遇到服务态度良好的服务员，也应该当面赞美并对他表示感谢，或是跟该店老板赞扬该名员工的服务特佳。得到客人正面肯定的服务员，日后必定会更加用心服务，形成一种良性循环。

礼仪是双向的，你尊重别人，别人也会尊重你；你如何对待他人，他人也会同样对待你。所以你希望得到怎样的服务，别忘了先要相对付出。

### 现在我知道了……

○ 用餐服装宜高雅端庄，勿过分花哨暴露。正式餐宴，女士最好穿着洋装或套装等服装，比平时的穿着打扮要更正式端庄些；男士则最好穿深色西装打领带。

○ 穿着打扮要配合T.P.O三原则，也就是Time（时间）、Place（地点）、Occasion（场合），如果不能确定穿什么衣服才恰当，可以事先电询主办人作确认，才不致临场失礼。

○ 女士勿过分浓妆艳抹香气逼人，以免影响他人品尝美食美酒的嗅觉与味觉。

○ 冬天来临时，餐厅若有衣帽间，穿着的御寒大衣和帽子，可在用餐前先寄放，若无衣帽间，可挂在餐厅墙上挂勾处或放在空座位上。

○ 不要直接穿着整套厚重冬衣用餐，御寒用手套用餐时也应脱除。

○ 不在餐桌上当着众人面挖鼻孔、掏耳朵、抠眼屎、修指甲、擦口红、剔牙齿，大搞个人卫生，这些动作都应该私下在卫生间进行。

○ 与人谈话时要注意保持距离，不要口沫飞溅到别人身上，也不要在对方眼前指手画脚或不时碰触对方身体，会让人有被侵犯不舒服的感觉。

## 实训项目六 中餐宴会礼仪

**实训目的：** 熟悉及掌握中餐宴会的用餐礼仪要求。

**实训内容：** 模拟参加中餐宴会的整个流程，体验中餐宴会中的各种用餐礼仪。

**实训场地：** 餐饮实训室。

**实训步骤：** 分组进行（10人一组），一组同学模拟宾客，一组同学进行服务，同学观摩，交换意见。

**实训要领：**

(1) 中餐就餐礼仪。中餐礼仪一般除了约定俗成的礼仪要求之外，还要尊重各地不同的风俗习惯和民族禁忌等。

(2) 餐具的使用。常用中餐餐具虽然没有西餐中的复杂，但是使用起来讲究也是繁多。只有全面的掌握使用方法才可以避免出现尴尬。高端的中餐中盛器繁多，仅分餐的过程就需要多种餐具，望大家注意频繁更替中的事项。

## 实训项目七 西餐就餐礼仪

**实训目的：** 熟悉西餐宴会的用餐程序，掌握西餐礼仪要求。

**实训内容：** 模拟西餐宴会用餐过程，练习西餐用餐和饮酒礼仪。

**实训场地：** 餐饮实训室。

**实训步骤：** 分组进行（6人一组），一组同学模拟宾客，一组同学进行服务，交换意见。

**实训要领：**

西餐中的小细节：每次送入口中的食物不宜过多，在咀嚼时不要说话，更不可主动与人谈话；喝汤时不要啜；吃东西时要闭嘴咀嚼，不要咂嘴发出声音；如汤菜过热，可待稍凉后再吃，不要用嘴吹；吃鱼、肉等带刺或骨的菜肴时，不要直接外吐，可用餐巾捂嘴轻轻吐在叉上放入盘内；吃鸡腿时应先用力将骨去掉，不要用手拿着吃；吃鱼时不要将鱼翻身；吃水果时，不要拿着水果整个去咬，应先用水果刀切成4瓣或6瓣，再用刀去掉皮、核，用叉子叉着吃等。

**延伸阅读**

饮酒与食物的搭配

饮酒时应该搭配食用什么食物,时常困扰着人们,几百年来,饮酒时选择适当的食品似乎已经形成了一条条的规律。但是,随着现代社会中新食品和新型酒类的不断涌现,这些规矩显得陈旧,越来越不适用了。

饮酒如何搭配食物首先应该明白一点,生活因个人喜好不同,饮酒和食物搭配毫无疑问的也应该随个人品位随意搭配。可以按自己口味点叫酒和食物,即使是规则中不允许的或者同桌用餐的朋友坚决反对,也不用害羞或不好意思。生活中有许多看起来不宜搭配的事物组成在一起,还是显得那样和谐。然而,晚饭时应该用什么酒,你还是拿不定主意时,该怎么办?是不是求助于那些规则搭配呢?多年来,我积累了些经验,可以解决大家遇到的难题。这些所谓的"原则"不是告诉大家喝酒时吃些什么,只是说明食物与酒类之间如何影响,相互作用的。饮酒时搭配食物重要的是根据口味而定。食物和酒类可以分为4种口味,这也就界定了酒和食物搭配的范围,即:酸、甜、苦和咸味。

酸味:大家可能听说过酒不能和沙拉搭配,原因是沙拉中的酸极大地破坏了酒的醇香。但是,如果沙拉和酸性酒类同用,酒里所含的酸就会被沙拉的乳酸分解掉,这当然是一种绝好的搭配。所以,可以选择酸性酒和酸性食物一起食用。酸性酒类与含咸食品共用,味道也很好。

甜味:用餐时,同样可以依个人口味选择甜点。一般说来,甜食会使甜酒口味减淡。如果选用加利福尼亚查顿尼酒和一小片烤箭鱼一起食用,酒会显得很甜。但是,如果在鱼上放入沙拉,酒里的果味就会减色不少。所以吃甜点时,糖分过高的甜点会将酒味覆盖,失去了原味,应该选择略甜于甜点的酒类。这样酒才能保持原来的口味。

苦味:仍然使用"个人喜好"原则。苦味酒和带苦味的食物一起食用苦味会减少。所以如果想减淡或除去苦味,可以将苦酒和带苦味的食物搭配食用。

咸味:一般没有咸味酒,但有许多酒类能降低含盐食品的咸味。世界许多国家和地区食用海产品如鱼类时,都会配用柠檬汁或酒类,主要原因是酸能减低鱼类的咸度,食用时,味道更加鲜美可口。

**思考练习**

就餐礼仪事实上并不繁杂,它是一种约定俗成的习惯,也是一种合理化的规则,让大家用最恰当的方式进食。现代社会,已是一个多民族、跨地域相融合的社会形势,在这种情况下很多的餐厅采用"中西合璧式"的服务方式。请大家举例说明这种形式的优势,并指出其中"中西合璧"的诸多细节。

**课程任务**

1. 登门拜访自己的师长、亲友或外国友人,在拜访过程中体会中西礼仪文化的差异,练习逐步自如使用各种拜访礼仪。

2. 组织、主办并出席一个小型正式酒会,或请一位当地知名的酒吧经理讲解关于常见酒水的相关知识。

3. 邀请西餐厨师或一位熟悉西餐礼仪的人士开办一次能动手操作的西餐知识培训。条件允许的话,到西餐厅或自助餐厅出席参加一个正规的西餐或自助餐。

# 5

# 谈吐沟通——旅游行业服务语言礼仪

### 知识概述

旅游行业是一个典型的与人沟通的行业。像人们日常所说的"一句话把人说跳,一句话也能把人说笑"、"景色美不美,全靠导游一张嘴"等,就是对旅游行业从业人员语言魅力的最好诠释。本章内容主要包括:

● 谈话的艺术与技巧。掌握谈话的一般技巧和口气,掌握使用服务语言交流的艺术。

● 对客服务沟通艺术。了解对客服务沟通要素的基本要求,能够按照正确的方法训练对客服务沟通的态度和能力,掌握日常沟通时常用的礼貌服务用语,培养良好的嗓音与语气,改善身体语言。掌握在旅游服务中有魔力的词语与要避免使用的词语。

● 重要场合如何讲话。掌握与上下级沟通的方法,掌握在特殊场合和公开场合讲话的技巧。

## 知识导入

### 敬语也要灵活用

一位下榻饭店的外宾到餐厅去用午餐。当他走出电梯时,站在梯口的一位女服务员很有礼貌地向客人点头,并且用英语说:"您好,先生!"客人微笑地回答道:"中午好,小姐。"当客人走进餐厅后,迎宾员讲了同样的一句话:"您好,先生!"那位客人微笑地点了一下头,没有开口。客人吃好午饭,顺便到饭店内的庭园走走。当走出内大门时,一位男服务员又是同样的一句话:"您好,先生!"这时这位客人只是敷衍地略微点了一下头,已经不耐烦了。客人重新走进内大门时,不料迎面而来的仍然是那个男服务员,又是"您好,先生!"的声音传入客人的耳中,此时客人已生反感,默然地径直乘电梯回客房休息,谁知在电梯口仍碰见原先的那位服务员小姐,又是一声"您好,先生!"客人到此时忍耐不住了,开口说:"难道你不能说一些其他的话同客人打招呼吗?"

讨论:以上案例说明,掌握服务语言的技巧在旅游行业是很重要的,直接关系到服务质量和效果。思考不同的服务语言会为客人带来什么样的不同感受?作为旅游行业的从业人员,应该如何运用语言艺术?

## 5.1 谈话的艺术与技巧

旅游服务交往的沟通方式主要有有声语言、书面语言、无声语言(表情、手势)等沟通方式。旅游行业对人服务的特点,使得谈话成为服务人员必须掌握的服务艺术之一。掌握良好的谈话艺术与技巧,可以迅速拉近服务人员与顾客之间的距离,了解客人的意愿和需求,避免误会和矛盾,解决顾客投诉,提升对客服务的层次和品位。

### 5.1.1 与客人谈话的一般技巧

对客交谈,是一种有来有往、相互交流感情的双边或多边活动,对话双方互为发言者又互为听众。在这个过程中,服务人员如果能够熟练驾驭交谈技巧,可以了解客人的消费意愿和要求,达到与客人互相交流、增进友谊的目的(图5-1)。

**1. 寻找话题**

对客服务过程中,常会碰到一些初次见面的客人,由于彼此不熟悉,便会觉得无

图5-1 对客沟通

话可说，结果造成冷场，彼此都尴尬。为了避免这种场面，需要掌握一些寻找话题的方法和技巧，我们可以从下述几个方面寻找开始交谈的机会，用适当的寒暄拉开与客人愉悦交谈的序幕。

（1）从对方的口音找话题。一个人的口音就是一张有声名片，可以从这种口音本身及其提供的地域引起很多话题。比如从乡音说到地域、特产、自然风光、风土人情等，如果对方是远道而来的客人，还可以借此询问他是否来过本地，对本地的印象，介绍一下本地的情况等。

（2）从与对方有关的物品中找话题。人们携带的物件有时候也能反映一个人的兴趣和爱好，提供有关信息，比如，客人手上拿的一本书、一份足球报纸等，可借此找到说话的机会。

（3）从对方衣着穿戴上找话题。一个人的衣着、举止在一定程度上可以反映出他的身份、地位和气质，这些同样可以作为判断并选择话题的依据。真诚地称赞客人的衣着品位、形象气质，客人会感到开心愉快。

**典型案例**

**愉快的初次见面**

导游小张这次要去机场接待两位散客，她从资料上了解到这是一对夫妻，大约四十多岁了。客人一出机场出口，小张就热情地迎上去，主动帮助女士提行李箱。这时候，她发现这位女士保养的十分到位，整个人活力十足，于是小张对这位女士说："您一定是舞蹈专业出身的吧？您怎么保持的这样的好身材呀？"这位女士和她先生都非常开心。在回市区的路上，这位女士和小张主动聊起了运动、养生、化妆品，迅速拉近了距离。在这次服务中，导游小张很好地从客人的衣着打扮入手，展开了客人感兴趣的话题，消除了客人的旅途疲惫，又给了客人充足的自信，为旅途创造了愉快的沟通气氛。

## 2. 形成互动

对客服务中的交谈，应尽量以客人为中心。选择所谈话题时不能一厢情愿，要善于体察对方情绪中的微妙变化；如果对方对所谈话题或羞而不答，或怒而不言，或进退两难，或表情冷漠，就应该立即调整交谈内容，把话题引到对方感兴趣的方面上来。

## 3. 善于倾听

在谈话中，需要通过面部表情、肢体语言和话语的回应，向客人传递一种信息：我很想听您说话，我尊重和关怀您。聆听不仅是耳朵听到相应声音的过程，而且是一种情感活动。积极的聆听技巧有哪些呢？

（1）倾听回应。在倾听别人说话的时候，应该有一些回应的动作。如："我也是这样认为的"、"不错！"在听的过程中适当地点头或者其他的一些表示你理解的肢体语言，也是一种积极的聆听，也会给对方非常好的鼓励。当你没有听清楚的时候，要及时提问。

（2）重复内容。就是在听完了一段话的时候，要简单地重复一下内容。其实这不是简单的重复，而是表示你认真听了，还可以向对方确认你所接收到的信息是否准确。

（3）归纳总结。在听的过程中，要善于将对方的话进行归纳总结，更好地理解对方的意图。

## 4. 避谈忌讳

在交谈中，谈客人忌讳的事情是不受欢迎的，有时候甚至会带来意想不到的麻烦。比如，不直接询问女士的年龄、男士的收入、对方不愉快的过去、生理缺陷等，也尽量不要涉及对方比较敏感的话题。此外，国外客人在风俗习惯、社会生活、衣食住行、文化背景、民族意志等许多方面与中国不同，他们在交谈时亦有很多忌讳。例如职业、婚姻、年龄、健康、经历等都被认为是个人隐私，不能随便询问，更不能窥探。

## 5. 顺利结束

结束交谈时，要恰到好处。注意下述事项：切忌在客人谈兴正浓时戛然中止交谈；不要勉强延长交谈，不要无话找话；要留意对方的暗示适时结束谈话，比如频繁看表，如坐针毡地改变姿势，心不在焉地游目四周等；结束交谈时，应用客气话表示感谢，如"打扰您了"、"和您交谈让我受益匪浅"等。笑容往往是结束交谈的最佳"句号"，几句幽默的话更是可以为收尾工作锦上添花。

### 5.1.2 服务语言交流的艺术

服务质量不会因为顾客的一般需求得到满足而稳定，而是需要我们不断地从服务

# 5 谈吐沟通——旅游行业服务语言礼仪

过程中汲取、发展和创造，为宾客提供更多方便和超值享受。譬如我们经常听说："某星级酒店格调提高，服务也周到，但就是服务员的语言太呆板贫乏。"这就要求服务人员必须常揣摩、运用、仔细研究语言的表述，尤其要突出服务语言的主动性、生动性、得体性。例如不要用"帮"字，而改用"我来吧"；不要用"请稍等"，而改用"马上来"；不要说"对不起，没办法"，而改用"您能否选择……?"说话要与形体语言配套，包括语言、语调、语速、目光、打手势、身姿等在内，最终确定顾客不同需求下语言和体态的最佳配合，让宾客感到我们对他的服务自始至终都是为他而做，他是最重要的。从细微处入手，辅之以真诚的态度，广大宾客一定会切身感受到旅游服务人员体贴入微的服务沟通艺术。

1. 主动称呼姓名

尽量使用对方的姓名称呼对方，是对客服务中一个的重要技巧。人们总是期望受到关注和格外的尊重，一个人的名字是他或她最喜欢听的声音。如果你能记住客人的名字，并在过后再见面时能不费劲地称呼出他的名字，会给对方一个惊喜，收到意想不到的沟通效果。在适当的时候，向顾客作自我介绍，并询问他们的名字。假如不便，可从行李标签、信用卡、预订单或其他证件上获得顾客的名字，你会发现在你的工作中会起到意想不到的效果。不过，也不宜过快亲近起来和过分亲密，通常称"×先生、×小姐"比较保险，如果人们喜欢被直呼其名，便会告知。做到记住他人的姓名其实并不容易，但是只要用心总会有所收获。

2. 坦诚赞美

人们都希望得到社会或他人的认同，实现自身的价值，而这种认同，往往就是通过最简单的赞美表现的。毫不吝啬地给出赞美，花几秒钟向客人说一些称赞的话，发掘他人身上的优点并真诚地表达出来，能有效地增加与顾客间的友谊，使语言交流更加愉悦，增加沟通成功的概率。有些员工，不好意思赞美他人，让自己养成赞美的习惯，会很快改变你的人缘关系，与顾客之间建立起一个和谐、愉快的服务与被服务的氛围。

赞美要注意把握频率，同时，太过含糊笼统的赞美听起来难免有些虚假，能引起对方好感的是那些基于事实的、具体的、因人而异并发自内心的赞美。例如，称赞一位其貌不扬的小姐要着眼于她的服饰、谈吐、举止，发现她这些方面的出众之处并真诚地赞美，她一定会高兴地接受。真诚的赞美不但会使被赞美者产生心理上的愉悦，还可以使你经常发现别人的优点，从而使自己对人生持有乐观、欣赏的态度。

3. 委婉和善，随机应变

对客服务中常常会遇到一些紧张气氛或者某些尴尬的场面，这时我们就应该随机应变用巧妙的语言来恭维缓解紧张气氛。应学会站在客人的角度上分析问题，换位思考，并以此为出发点，在语言运用上体现对对方的关心和爱护，异地而处，将心比心，把问题从为对方着想的角度表达出来，避免引起误会和争辩，达到沟通双赢。

**典型案例**

## 棘手的问题解决了

酒店夜班值班的张经理接到客人投诉。原来，客人前来就餐时，把车停在了规定的停车区域以外，酒店的保安员对客人说："按照规定，您不能把车停在这里。"客人反驳说："规定？谁规定的？政府规定的吗？你们酒店凭什么自己规定？"客人于是投诉到张经理这里。张经理望着怒气冲冲的客人，微笑着迎上前去："听说您经常来我们酒店就餐，真是十分感谢您一直以来对我们酒店的支持，您快请坐！"其实张经理已经知道了客人为什么投诉，但是依然十分耐心地对客人说："这次有什么地方能为您效劳的吗？"同时吩咐员工为客人送上一杯热茶。张经理安静地听完客人的投诉，对客人说："您刚才说的这个问题啊，也正是我们头疼的一个问题呢！您看咱们酒店最近正在进行停车场的改造，还没有完工，停车的地方现在显得拥挤了一些。我刚才听您说您放车的这个地方啊，刚好是咱们一个过道，您放这也行，可是我就是担心进进出出的车辆万一不小心刮了咱的车。您看这样，我马上为您安排一个安全的停车位子！"客人听了张经理的话，转怒为喜。

**4. 多听客人的意见**

听取他人的意见很重要，客人的意见会帮助我们发现产品和服务中的潜在问题，并最终提高产品和服务质量。要成为好的听众，首先要培养易于接受批评态度及听取意见的方法。始终将客人作为你注意的中心；让客人阐明情况，这样就能完全明白他们的需求；不要表现出敌意的态度，而是用真诚、漫谈方式来问问题。总之重要的是获取顾客的信息反馈，从而更好地评估他们的期望值。

5 谈吐沟通——旅游行业服务语言礼仪

5. 塑造简洁通俗、幽默可喜的语言风格

通俗易懂的语言最容易被大众所接受。所以，语言使用上要多用通俗化的语句，要让自己的客人听得懂。推销旅游产品时对产品和消费的介绍必须简单明了，表达方式必须直截了当。表达不清楚，语言不明白，就可能会产生沟通障碍。此外，服务人员还应该使用幽默可喜的语言风格与客交流，幽默具有很强的感染力和吸引力，能迅速打开顾客的心灵之门，让顾客在会心一笑后，对你、对商品或服务产生好感，从而诱发购买动机，促成交易的迅速达成。一个具有语言魅力的服务人员对于客人具有极大的吸引力。

**典型案例**

**酒窝大道**

有两个中国台湾观光团到日本伊豆半岛旅游，可是道路状况很差，到处都是坑洞。其中一位导游连声抱歉，说路面简直像麻子一样，客人听到这样的说法，本来就很郁闷的心情变得更加烦躁，旅游车里一时间弥漫着怨声载道。而另一个导游却诗意盎然地对游客说："诸位先生女士，我们现在走的这条道路，正是迷人酒窝大道。您是否感受到了酒窝的魅力？希望我们在这条道路上旅行，充满着快乐，我也要祝愿大家以后的生活，永远快乐满足！好啦，大家快享受一下酒窝大道给大家按摩的美妙感觉吧！"客人一听导游这样讲，顿时来了兴致，不满情绪一扫而光，大家都兴致勃勃的享受着酒窝大道的颠簸感觉，仿佛是在享受一次美好的道路按摩。同样的路况，两位导游用各自的语言，带来了截然不同的两种效果。

6. 运用无声语言

在无法大声说话的情况下，你可以用眼神来交流，告诉顾客有关你愿意为他服务的信息。但时间的合理安排非常重要。我们建议采用"10秒钟"原则,即使在忙于服务另外一个人,也要在10秒钟内用眼神与微笑和顾客交流。它告诉顾客,他们来对了地方,并且处在友好的环境里。要用眼睛和嘴巴显示你对人真诚的微笑,对顾客的到来表示高兴。

### 7. 说话时的语音语调

使沟通方式受到制约的因素包括音调、语速、音量,它们分别反映了语言的洪亮度、节奏感和清晰度。与客沟通应使用柔和优美的音调,电话沟通中更应使用稍高的音调,使你的声音听起来接近音名"梭"音,而使经过修饰的声音更显朝气。在服务不同客人时应调整语速,如为老年人服务,尽量放慢语速,为急躁的客人服务则适当加快语速。在近距离服务客人时控制音量不要过大和嘈杂,在电话中适当提高音量,使客人听清。总之确认你的语音语调应与所要表达的意思一致。

### 8. 预计需求,提供有建设性的帮助

在每一次对客服务沟通中应尽量坚持预计客人需要,用特殊的关照对待对客服务沟通中的普通小事,从而满足甚至超越客人的需要。在服务中经常思考:客人目前的情况是什么?他们的需求将与谁有关?如果我什么都不做,可能会有什么情况发生?为了满足客人期望,我能采取什么行动?如客人在没有预定的情况下入住一家满房的酒店,这时身为服务人员应预计将要发生的情况,并主动帮助客人去解决问题。例如提供给客人"登记候房名单"、"大堂吧休息等待清扫房间"或是"为您联系附近酒店"等建设性的意见和帮助。应注意:总是尽可能优先推荐本企业的服务与设施;提供两种以上的选择;确保我们提供的选择能够令客人满意。

## 实训项目一 迎接客人

### 情景练习

导游人员迎接旅游团抵达、饭店机场代表迎接客人到来、服务人员在酒店正门、前台或客房迎接客人等(图5-2)。

图5-2 接待客人

## 5 谈吐沟通——旅游行业服务语言礼仪

**实训目的**：掌握与客人初次见面时的语言技巧。
**实训内容**：练习掌握迎接客人时的语言艺术。
**实训场地**：教室。
**实训步骤**：分组进行（3~4人一组）。每组分配不同场景，分角色扮演，交换练习。

（1）一位同学扮演导游人员或饭店的机场代表，其他同学或老师扮演到本地来游览或出差的客人，模拟在机场接待贵宾时的接待问候用语；

（2）一位同学扮演门童、前台接待员、行李员、客房服务员，练习在酒店正门、前台、客房接待入住客人的接待问候用语。

### 实训项目二　服务语言的艺术

**情景练习**

请根据下述不同的场合，运用服务语言艺术处理这些问题。

**实训目的**：掌握不同场合下服务语言的运用艺术。
**实训内容**：

（1）你带领旅游团出行，有一家三口，总是喜欢迟到，这不仅引起了其他团友的不满，而且险些耽误了整个旅游行程。你将如何与他们沟通？

（2）你带领旅游团出行，其中两位男客人住在一个标准间中，有一位客人向你投诉说另一个客人的脚臭，这种难闻的气味他忍受不了，要求换房。你将如何去沟通？

（3）你在包间为客人服务，结果客人点的一道菜已经40多分钟了还没有上来，客人气呼呼地对你说："我们不要这个菜了！给我们退了吧！"你将如何运用语言艺术处理这个问题？

**实训场地**：教室。
**实训步骤**：分组进行（3~4人一组）。其中一位同学扮演旅游接待人员，其他同学扮演客人。每组分配不同场景，分角色扮演，交换练习。

## 5.2　对客服务沟通艺术

对客服务沟通，是旅游服务质量重要的构成方面之一。这不仅关系到企业的服务质量，也是企业赢得客源的重要因素。作为服务人员，我们每天面对的是各不相同的客人，是个性、心境、期望各不相同的团体。所以我们既要有个性化的表达沟通，又必须掌握许多有共性的表达方式与技巧来为客人服务，同时，服务员还需要通过沟通和交流来了解客人的爱好（图5-3）。

图5-3 对客沟通

### 5.2.1 对客服务沟通要素的基本要求

服务沟通的要素包括：说话用字，即沟通的内容；语音语调，包括说话声音的高低、强弱、粗细、快慢以及各种语气，即沟通的方式；身体语言，包括面部表情、身体姿势、手势等，即沟通的辅助手段。

**1. 对客服务沟通的语言要求**

语言是用来表达意愿和交流思想感情的工具。服务人员在对客服务时语言应谈吐文雅、语调亲切、音量要适合、语句流畅，问与答要简明、规范、准确。

1）对客服务语言的基本要求

（1）恰到好处，点到为止。服务人员在服务时只要清楚、亲切、准确地表达出自己的意思即可，应启发客人多说话，让他们能在这里得到尊重、得到放松，释放自己心理的压力，尽可能地表达自己消费的意愿和意见。

（2）有声服务。没有声音的服务，是缺乏热情与没有魅力的。服务过程中不能只有鞠躬、点头，没有问候，只有手势，没有语言的配合。

（3）轻声服务。传统服务是吆喝服务，鸣堂叫菜、唱收唱付，现代服务则讲究轻声服务，为客人保留一片宁静的天地，要求说话轻、走路轻、操作轻。

（4）清楚服务。一些服务人员往往由于腼腆，或者普通话说得不好，在服务过程中不能向客人提供清楚明了的服务，经常使客人听得一头雾水，不得不再问。由此妨碍主客之间的沟通，耽误正常的工作。另外，即使是因为地方风味和风格突出的旅游服务，要采用方言服务才能显现出个性，也不能妨碍正常的交流。服务员应该会说普通话，以便于用双语服务，既能体现其个性，又能使交流做到晓畅明白。

(5) 规范服务。宾客到来应有欢迎声；宾客离开应有道别声；宾客帮忙或表扬时，应有致谢声；宾客欠安或者遇见宾客的时候，应有问候声；服务不周或让宾客等待时，应有道歉声；服务之前应有提醒声；宾客呼唤时应有回应声。

2) 服务语言分类及其运用

(1) 称谓语。在服务中，对客人的一般性称呼是女士称小姐、夫人、太太、女士，男士称先生，其他的还有大姐、阿姨、同志、师傅、老师、大哥等。称呼客人时应恰如其分、清楚亲切、灵活变通（图5-4）。例如，已知道客人是母亲和女儿一起来消费，如称女儿为小姐，应该称其母亲为阿姨或女士了。有一定身份的女士来消费，称为小姐似乎分量不够，这时就应该称其为老师或女士。客人第一次来消费，称其为先生是对的，但如果已知道他的身份职务，再称他为先生就不恰当了。因而服务人员记住老顾客的姓氏和职称、职务，并以此相称呼。在平时接待工作中一般不称客人为同志、书记，但如果是正式会议，称同志、书记又变得合理起来。

图5-4 称呼客人

(2) 问候语。问候语包括：您好；早上好；中午好；晚上好；圣诞好；国庆好；中秋好；新年好等。这类语言的处理，一要注意时空感。问候语不能总是"先生，你好！"一句话，早中晚各不相同，节假日各不相同，不然客人听起来就会感到单调、乏味；中秋节时如果向客人说一声"先生，中秋好！"就强化了节日的气氛。二要注意把握时机。一般在客人离你1.5m的时候进行问候最为合适。对于距离较远的客人，只宜微笑点头示意，不宜打招呼。三要注意配合点头或鞠躬等身体语言。例如当客人询问"洗手间在哪里？"的时候，服务员既要使用远端手势，又对客人亲切地说："先生请一直往前走，右边角上就是！"

(3) 征询语。征询是服务的一个重要程序。应该把征询当做服务的一个步骤，先征询意见，得到客人同意后再行动，不要自作主张。如果忽略了或运用不当，会产生服务上的错乱，使顾客很不愉快。例如，客人已经点了酒，或许还在等其他重要客人，或者还有一些重要谈话没有结束，服务员不征询客人意见就自作主张将酒打开了，客人就会不太高兴。常用征询语包括："先生，您看可以上茶了吗？先生，您的酒可以开了吗？先生，这个果盘可以撤了吗？小姐，您有什么其他要求吗？小姐，如果您不介意，我把您的座位调整一下好吗？各位团友，请大家在11点钟集合好吗？"等。使用时既要注意客人的形体语言，更要注意用协商的口吻。经常将"这样可不可以？"、"您还满意吗？"之类的征询语加在句末，显得更加谦恭，服务工作也更容易得到客人的支持。

（4）拒绝语。"良言一句三冬暖，恶语伤人六月寒。"旅游服务行业应对服务拒绝语言的艺术化与标准化引起高度的重视。使用这类语言时应注意：一般应该先肯定，后否定；还要注意客气委婉，不简单拒绝。例如："你好，谢谢您的好意，不过……；承蒙您的好意，但恐怕这样会违反我们的规定，希望您理解"等。

（5）指示语。向客人使用指示语首先要避免命令式。例如，"先生请你出去，厨房是不能进去的！"这种命令式的语言，就会让客人感到很尴尬，甚至会与服务员吵起来。如果换成："先生您有什么事让我来帮您，您在座位上稍坐，我马上就来好吗？"可能效果就会好得多。其次，语气要有磁性，眼光要柔和。指示语不仅要注意说法，还要注意语气要软，眼光要柔，才能给予客人好的感觉因而息怒。应该配合手势。有些服务人员在碰到客人询问地址时，仅用简单的语言指示，甚至挥挥手、努努嘴，这是很不礼貌的。正确的做法是运用明确和客气的指示语，并辅以远端手势、近端手势或者下端手势，在可能的情况下，还要主动地走在前面给客人带路。例如："先生，请一直往前走！先生，请随我来！先生，请您稍坐一会儿，马上就给您上茶"等。

（6）答谢语。客人表扬、帮忙或提意见的时候，都要使用答谢语，而且一定要清楚爽快地表达出来。当客人提出的意见不一定提得对的时候，也不要去争辩，而要向客人表示："好的，谢谢您的好意！"或者"谢谢您的提醒！"常用答谢语包括：谢谢您的好意！谢谢您的合作！谢谢您的鼓励！谢谢您的夸奖！谢谢您的帮助！谢谢您的提醒！

（7）提醒道歉语。提醒道歉语是服务语言的重要组成部分，使用得好，会使客人感受到尊重，留下良好的印象。同时提醒道歉语又是一个必要的服务程序，缺少了这一个程序，往往会使服务出现问题。当需要提醒客人注意某项服务时，正确的做法是先说"对不起，打搅一下！给您……好吗？"在宴会上，当然不必给每一个客人都说一次"对不起"，但给主宾位的客人或为第一个客人服务时，一定要采用道歉语。以后依次服务采用手势就行了。对这类语言的处理，要求做到以下两点：一是把提醒道歉语当做口头禅和必要的一个程序。二是要诚恳主动。常用语包括：对不起，打搅一下，对不起，让您久等了！请原谅，这是我的错。

（8）告别语。在酒店、机场、车站、大巴上，向客人真诚告别时，应做到声音响亮，使语言余音袅袅不绝于耳，给客人留下美好的印象，不能将与客人告别的语言和仪式变成缺乏情感的公式；同时注意还要配合点头或鞠躬。常用语包括：先生，再

# 5 谈吐沟通——旅游行业服务语言礼仪

见！先生，一路平安（客人要远去时），希望下次见到您！先生，您走好！

（9）推销语。推销语是一种艺术，运用得当可以很好地促进客人的消费，这需要服务人员长期学习，不断琢磨。使用时应注意：一是多用选择疑问句，少用特殊疑问句。采用特殊疑问句有很大的风险，起码有50%的可能性遭到客人的拒绝。"先生，来点红酒还是白酒？小姐，是来开心果还是来点果仁？"这样的选择疑问句，给予顾客选择的余地，同时也让客人了解了一些信息，增加了一些有趣味的话题。所以选择疑问句是我们推销成功的语言秘诀之一。二是尽量将顾客的单一追求引导到多元化的选择上去，简单的一句"没有"会使客人失去消费欲望，对其他产品的推荐和介绍可以有效引导客人的消费选择。例如"很抱歉今天八宝粥已经卖完了，现在还有玉米粥、西米粥、皮蛋瘦肉粥，都很有风味，您愿意换个口味吗？"三是可以利用讲故事、顺口溜、打油诗或者典故对产品做深入细致的介绍，引起客人的消费兴趣。杭州宋城的广告语是："给我一天，还你千年"，这样的语言深深引起游客对这个景点的兴趣，并进而会想要了解千年文化背后的历史、故事和传统，是对旅游产品的精彩促销。

2. 对客服务沟通中语音语调的要求

美国一位心理专家多年前发表过一份他的研究心得。他认为沟通效果的来源是：文字意义7%，语音语调38%，身体语言55%。虽然这些数字引起了学者的争议，其真实性受到质疑，但是在某种意义上他的看法是成立的。文字虽然重要，决定它的效果的是语音语调和身体语言。语音语调的配合会给客人情绪上的共鸣，能令对方马上感觉你接受了他，因此使关系更易建立，沟通更有效果。诚然，音质音色很大程度上取决于先天条件，但这并不能抹杀后天训练的重要性，通过科学的方法，我们完全可以塑造更加专业的声音。

（1）语调柔和。语调能反映出一个人说话时的内心世界，表露其情感和态度。生气、惊愕、怀疑、激动时，表现出的语调也一定不自然。服务人员沟通中的语气语调要柔和，应保持说话的语调与所谈及的内容相互配合，恰当把握轻重缓急、抑扬顿挫。

（2）语速适中。语言的节奏，大致可分为轻快、紧张、舒缓等几种形式，语言的速度可快可慢。一般情况下，适中的语速和节奏适于服务中使用。当然，面对老年人、青年人，性急者和慢性子的客人，应根据不同语境和交谈对象有效地掌握，从而起到打动人心的效果。

（3）发音标准。发音是说话的关键。发音标准，字正腔圆，没有乡音或杂音，将有助于清楚明白地表达出自己的思想，自信地面对客人，达到理想的谈话效果。另外，尽量保持音色甜美，声音富有磁性和吸引力，就会让人感到愉悦、愿意与你交流。

（4）音量合适。说话应适当控制音量，语言的威慑力和影响力与声音的高低是两回事。大喊大叫不一定能说服和压制他人，声音过大只能使他人不愿听你讲话甚而讨厌你的声音。我们每个人说话的声音大小也有其范围，服务中应找到一种最为合适个人的声音，既不能太响，也不能太轻，以客户感知度舒适为准。

(5) 情感亲切。声音是感情的外部体现，如果失去了感情的运动变化，声音便没有内在依据，声音也就失去了活力，成了空洞僵滞的东西。感情的变化丰富细致，因而与它相适应的声音的变化也必须是生动丰富的。当你讲话时，发音、音调、音量、情绪、表情同你说话的内容一样，会极大地带动和感染你的听众。服务人员在对客沟通中应态度亲切，多从客人的角度考虑问题，始终要控制好情绪，保持平和的心态。

(6) 引起共鸣。交谈不是一个人的独立行为，而是人与人之间的互动行为，因此，在谈话时，还要注意在声音的运用上彼此达到和谐共鸣。例如你是一名导游人员，在接待客人时，如果对方是一个非常冷漠的人，也许适当降低你说话的热情不失为一个好的对客服务策略；如果对方是一个讲话非常快的人，那么你也应该适当的提高语速以适应客人，以免使客人感到不和谐而产生抱怨。人们总是难以抗拒与自己平时习惯相背离的行为，所以，适应客人讲话的声音，与客人产生共鸣，也是旅游服务人员需要注意的谈话要素之一。

这些要求看似简单，但要在日常工作中始终如一地做到，却并非易事，需要通过科学的训练不断提高语音发声的技巧。

3. 身体语言

大多数人在日常交往与交流中往往意识不到非语言信息的重要性。事实上，语言的交流通常只占了整个交流过程的一小部分，还有很大一部分的交流都是由非语言信息完成的。非语言信息又称为身体语言，包括身体姿态与姿势、手势，甚至语气、表情、眼神、神态等。服务人员应当学会解读客人的身体语言，利用好这些沟通的辅助手段，会让客人感到你接受和理解的态度，给人善解人意的感觉，在取得事情看法的一致上最为有用。

1) 学会解读身体语言

(1) 尊重客人的私人空间。一般来说，和外国客人讲话时要保持彼此身体间的距离，半米的尺度比较好。如果和客人交谈时他一直往前进，可能你离他太远了些；如果他一直往后退，你可能靠得他太近了。

(2) 了解表示疲劳、烦躁的手势。一般客人，特别是有时差反应的旅游者在等待入住或结账时，短短几分钟便可能感到疲劳或烦躁，客人的脚这时会做出小幅度的摆动，而且据调查，大多数人在等待15分钟后都会有这种动作。

(3) 察觉客人的紧张和不安。客人初次来到酒店或者旅游目的地时，难免会产生陌生感。通常客人合拢双臂放在胸前，代表紧张或防卫，这时服务员和导游人员要以自己的热情去感染客人，在与客人交谈时，要非常注意客人用手指头或铅笔"咚咚"敲打桌面的动作，这是表示不同意的信号，在纸上乱涂乱画也有相同的意义。

(4) 善用眼神和微笑。正确的服务礼节是好的开始，它使客人倍感舒适。微笑、眼光的接触，在和客人打交道时很重要。微笑的眼光和问好的语言在公共场所意思是一样的。如果对面一个陌生的外国客人走来向你微笑，你也向他微笑，他就会说"嗨"或"你好"，这只是一种礼貌，并不表示他会停下来和你交谈。这里要注意的

## 5 谈吐沟通——旅游行业服务语言礼仪

是：中国传统老盯着人看是不礼貌，而不正视美国人他会以为你躲躲闪闪不诚恳，认为你不可信赖。

（5）脚上透露出来的信息。在酒店大堂或宴会厅里，两位客人站着谈话。如果俩人彼此面对面，十分靠近着交谈，则可说他们之间的关系极为亲密。这个时候除非有要紧的事，否则不要打扰客人。反之，两位客人的皮鞋位置呈直角，或是带有60°左右的角度而分开站立的话，可视为他们的关系并不太深，充分保留着第三者能介入的余地，这时服务员可适当介入。

（6）积极的身体语言。当客人不满时，学会以用心的聆听和积极的身体语言来缓和客人的情绪并显示你对客人的关注。身体语言也是有效倾听的辅助工具。面对客人的投诉时，尽管你可能没有说话，但通过身体语言，也传达出很多信息。如果你拨弄头发、环顾四周或手指在桌子上敲打的话，客人接收到的信息就是你没有在倾听，这样不但不能解决问题而且会给客人"火上加油"。积极的身体语言包括：身体前倾，微笑，保证目光接触等。增强"听力"的关键是仅仅自己听还不够，还应该让客人知道你在听。

（7）体语露真情。身体语言通常会表达最真实的思想感情，因为一个人说句谎言容易，但是想让体语说谎则非常困难。当我们正确了解客人的意图时，就可以采取相应的行动（图5-5）。

图5-5 解读客人的身体语言

2）改善身体语言的"三部曲"

在对客服务沟通中，应注意身体语言"三忌"，分别指：忌杂乱，凡是没用的，不能表情达意的动作，如用手摸鼻子、随便搓手、摸桌边等都是多余而杂乱的身体动作；忌泛滥，空泛的、重复的、缺少信息价值的身体动作，像两手在空中不停地比划、双腿机械地抖动等，不但没用，而且极为有害；忌卑俗，卑俗的身体姿势，就像街边的乞丐在乞讨着什么，视觉效果很差，非常损害自我形象。当然，良好身体语言技巧还可以通过不断调整和训练加以改进，身体姿态的修正可以从以下3个方面进行。

第一步，要注意观察良好得体的身体语言并适当模仿，掌握一定规律。如头部的正确姿势、面部表情、手势的正确运用、四肢的动作等。

第二步，符合服务标准。服务中身体语言的使用应符合服务流程和标准，目的是带给客人更加愉悦的感觉。虽然一脸"坏笑"成了崔永元的招牌，但如果出现在一个服务人员的脸上是很不适合的。

第三步，注意整体效应，也就是要注意适人、适时、适地的"三适"原则。即要在适合的时间、适合的场合、适合的对象运用适合的身体语言。

总之，要像掌握说话技巧一样从具体的场合、对象和表达内容出发，具体而灵活地运用身体语言，你一定可以塑造出彬彬有礼的服务形象。

### 5.2.2 对客服务沟通能力的训练

优质的对客服务沟通应当迅捷细致、友好主动、完整周到、彬彬有礼。良好的对客沟通服务态度和感受能力来源于对客人真正的关心和爱，来源于对客人的敏锐观察力和对服务需求的洞察力。从更深层次来讲，这种态度和能力根植于一个服务人员良好服务价值观的树立，根植于一个人对沟通知识的掌握程度。沟通能力的提升有赖于不断的培养和训练（图5-6）。

图5-6 沟通能力的训练

1. 加强文化修养，丰富知识结构

良好的对客沟通技巧建立在对生活感性观察、理性思考的基础上，建立在丰富的知识结构基础上。因此，加强文化修养和知识学习，是培养服务沟通能力的基础。一个知识匮乏的人很难做到在对客服务沟通时生动流畅、妙语连珠，也很难在面对挑剔的和不友好的客人时用理智的思维处理问题，因为这需要丰厚的科学文化知识、社会学知识和文学知识作为沟通的根基。科学文化知识包括政治、经济、军事、法律、历史、地理、自然科学、风土人情等多种知识，是一个旅游从业者应具备的基本文化素质修养。社会学知识包括教育学、心理学、公共关系学、人际关系学等，可以帮助我们进一步了解客人的心理需要、客人的情感、气质、性格等心理特征，从而在对客交往和沟通的语言表达中做到知己知彼、游刃有余。文学知识如名人名言、成语故事、名篇佳作、奇闻轶事等则赋予了沟通和语言丰富的情感色彩，丰富了谈话的内容，增强了语言的感染力。

### 2. 增加实践练习，强化模拟训练

良好的沟通能力与语言修养的形成绝非一日之功，需要在反复的实践和总结中不断积累、不断提高。平时要多为自身创造对客服务实践机会，在暂时没有实践机会的条件下也要加强模拟练习，创造机会让自己多"动口"，勤"实战"。

（1）条件训练。有意识的创造各种条件，多次进行服务前的语言运用演练，请别人扮演客人，进行"模拟场景练习"，以便使对客沟通流畅、服务时情绪稳定。

（2）自律性训练。当感到与客人沟通过分紧张时，应控制情绪外露，使神态自然镇定，身体保持舒适的姿势，做一两次深呼吸，便可很好的起到稳定情绪的作用。

（3）记忆训练。良好的语言驾驭能力有赖于个人大量语言信息的存储。平时有意识地记忆一些有用的语言信息材料，如优秀的诗歌、散文、名人演讲稿等。有语言资料储存做基础，辅之以反复的语言实践，到真正需要时，便可信手拈来、引经据典、旁征博引，使个人语言表达能力更加生动，富有文采。

（4）模仿训练。仿效一些泰然自若、善于交际、活跃开朗的人的言谈举止、风度，然后根据自己的气质，培养自己说话的风格，并在平时利用各种机会经常性、有目的地进行训练。

### 3. 增强对客沟通信心，培养良好的心理素质

在现实中，很多人沟通技巧运用失败的原因是相对薄弱的心理素质，如紧张、害羞等负面心理因素影响直接导致的。因此，在加强语言训练的同时，应强化心理素质的培养，增强自信心，真正从根本上解决沟通中的绊脚石。

（1）培养自信心。只有拥有自信心，才能在交往中顺畅地表达个人意图，在交谈中随机应变、灵活变通。培养自信心的方式很多，如尝试相信自己的声音、相信自己解决问题的能力、相信他人会对自己作出良好的评价；注重发现自身的优点和长处，不把自己看得一无是处；学习调整在人群中的座次位置，尝试从角落里走出来；练习大声地说话；注意用目光与人交流；改变委曲求全的思维方式等。

（2）克服焦虑感。焦虑是当一个人意识到自己的完美状况正处在危险或受到威胁时所产生的一种强烈的情绪反应。焦虑会造成脸红、寒战、手心出汗、说话唐突、语无伦次、表情特殊、脸面痉挛、笨手笨脚、结结巴巴、思绪不清等。遇到焦虑状况出现时，可以采用放松训练、脱敏训练、音乐训练等方法进行舒解，运用身体的放松达到心理的调适和平衡。

（3）战胜挫折感。要从心理上战胜对客沟通失败后导致的挫败感，消除焦虑、自卑、痛苦的感觉，就要在平时有意识地训练自己。如认真分析造成挫折或失败的原因，将其写在纸上，并对这些原因按主、客观两方面进行分类，想一想自己到底是为哪方面的原因而苦恼，然后寻找能防止挫折感产生的方法；再如找到能激励自己从挫折中转败为胜的话，反复背诵，进行强化；还可以进行情境分析，即针对具体的情境，分析遭受挫折后的心理防御机制，找出哪些是消极的，哪些是积极的，并想象从前的自己在遇到这些挫折时会采取什么对策，现在应该采取什么对策会更合理和有效。

### 5.2.3 对客服务沟通中的"魔力词语"和"可怕词语"

**1. 魔力词语**

在旅游服务中,很多词语具有神奇的魔力,它往往可以给客人带来轻松愉快的心境,迅速拉近与客人之间的距离,化解很多不愉快,解决很多棘手的问题。这些词语包括:"您好";"认识您很幸运";"非常感谢";"很荣幸为您服务";"如果您有什么需要,请不要犹豫,告诉我以及我们的伙伴,我们将竭尽全力为您服务";"我会马上为您安排";"感谢您对我们工作的理解和支持";"请您多多指教;欢迎您批评指正";"这是我应该做的";"相信有了您的支持,我们会越做越好";"期待与您再次相逢";"期待有机会再次为您服务";等等(图5-7)。这些语言往往使客人感觉备受尊重,能明显地感受到自己所享受的尊贵待遇,会大大增加对服务人员的好感,使双方的沟通更加愉悦,甚至变成一种享受。

**2. 可怕词语**

作为旅游服务人员,有些词语则要避免使用,以免引起客人的不快和投诉。这些服务禁语、不规范服务用语、蔑视语、烦躁语、否定语、斗气语等又被称为"可怕词语"(图5-8)。主要包括:

(1)禁用口语:喂,嘿!那个,这个,嗯,呃,等等;
(2)不耐烦的语气:还要我解释多少次啊?你的理解有问题啊?你还有完没完啊?你不明白呀!
(3)反问的话:谁告诉您的?!别人跟你说的?别人怎么知道?
(4)主观消极的话:不行就是不行!没法查!没办法!公司是绝对不会出错的!
(5)烦躁的话:我不是跟你说得很清楚了吗?刚才不是跟您说了嘛!我又不是×××我怎么知道。这么简单都不知道。
(6)斗气的话:有意见找领导去!我就这态度,你又能怎样?你问我,我问谁?

图5-7 魔力词语

图5-8 可怕词语

# 5 谈吐沟通——旅游行业服务语言礼仪

这些词语体现出服务人员对客人的不尊重、不重视、不耐烦、不负责等负面情绪，是绝对不能出现在服务过程中的。

## 实训项目三 对客服务沟通的训练

**情景练习1**

服务接待中文字语言、语音语调和身体语言的协调训练

**实训目的：** 掌握对客服务中的沟通技巧。

**实训内容：** 当你正忙于接待一位客人时，另一位客人向你走来，请练习使用恰当的口头语言和身体语言处理这种场景。

**实训场地：** 酒店实训室。

**实训步骤：** 分组进行练习（3人一组），教师指导，学生互相评价。

**情景练习2**

问候的有关练习

**实训目的：** 掌握对客服务中的语言运用技巧。

**实训内容：** 练习在不同情景下向客人致以问候的技巧。

**实训场地：** 酒店实训室。

**实训步骤：** 分组进行练习（3~5人一组），教师指导，学生互相评价。

(1) 客人走出房间，在走廊里，从正在使用吸尘器的你身边走过。

(2) 你是地陪导游，在机场迎接一个长途旅行后疲惫不堪的旅行团。

(3) 你是餐厅迎宾员，一位客人走进餐厅用早餐。

(4) 当客人坐下时，你正在清洁桌子。

**情景练习3**

练习在不同情景下使用灵活得体的语言

**实训目的：** 掌握对客服务中柔和的服务态度及灵活的语言运用技巧。

**实训内容：** 练习使用能替代下列说法的更好说法。

**实训场地：** 酒店实训室。

**实训步骤：** 分组进行练习（3~5人一组），教师指导，学生互相评价。

(1) "你要奶油/毛巾/咖啡吗？" 好的说法是：

(2) "我觉得浴缸挺干净的，没什么问题啊！" 好的说法是：

(3) "我们就只剩下四楼一双标（双人标准间）了，那是我们最便宜的房间。" 好的说法是：

(4) "不知道，这事不归我管。" 好的说法是：

(5) "对不起，那不是我们部门的事。" 好的说法是：

#### 情景练习 4

解读不同场景下客人的身体语言

**实训目的**：观察客人的身体语言，预计客人需要。

**实训内容**：练习解读在不同情景下客人身体语言传递的信息，并思考如何满足并超越客人的期望。

**实训场地**：酒店实训室。

**实训步骤**：模拟以下情景中的状况，思考"①现在正在发生什么事？②涉及哪些人？③将要发生什么事？④你能做什么？"等问题，解读客人的身体语言，预计客人的需求，并冷静处理现场情况。分组进行练习（3~5人一组），教师指导，学生互相评价。

（1）你是一名地陪导游员，注意到大巴车上一对带着一个小女孩的夫妇，小女孩越坐越不耐烦，开始往地上乱扔东西，并且到处乱跑，这种情况也引起了其他客人的注意，孩子的父母在竭尽全力控制局面。

（2）你是一名酒店工程人员，在靠近会议室的墙上修理东西的时候，注意到一位女士在公用电话前翻自己的零钱包，她转过身来对旁边的一位先生说了点什么，那位先生摇了摇头，说："对不起，没有。"这位女士看了看手表，露出了焦急的神态。

## 5.3 重要场合如何讲话

### 5.3.1 道歉的语言艺术

在对客服务中，常出现各种矛盾和冲突。对服务行业来说，当对客服务沟通不畅时、出现服务失误或错误时，勇于道歉是服务人员良好风度和修养的体现，是旅游服务中包容心、改过心的最好体现（图5-9）。

图5-9 道歉的语言艺术

## 5 谈吐沟通——旅游行业服务语言礼仪

**1. 时机与地点的选择**

道歉的时间宜早不宜迟。要善于选准适当的地点，正式的道歉应该尽量选在一个环境优雅安静的地方，还可以是亲自上门道歉。

**2. 运用道具**

如果直接致歉不适宜，也不妨在适当时间打个电话或写封言辞诚恳的信，或经由媒体，向客人表示歉意。

**3. 善用幽默**

幽默很容易使人们在会心一笑中冰释前嫌，随机应变的幽默更是可以在第一时间化解不愉快，甚至拉近对方的距离。

### 5.3.2 感谢的语言艺术

向给予我们帮助或者称赞的客人及时地表示感谢，会让他人感受到我们的感恩之心，也会使他人对我们的帮助或者称赞产生反作用力，以美好的形式反馈给对方。法国哲学家雅克·马里坦说："感激的心情是最细腻的礼仪形式。"感谢的言词很容易使我们与客人的沟通变得轻松愉快（图5-10）。

图 5-10　感谢的语言艺术

**1. 及时表达**

表示感谢，最重要的莫过于要真心实意。为使被感谢者体验到这一点，务必要认真、诚恳、大方。如客人夸奖自己的衣服很漂亮、英语讲得很流利时，应当说"谢谢"。反之，要是答以"不怎么地"、"哪里、哪里"、"谁说的"、"不敢当"，便相形见绌多了。获赠礼品与受到款待时，更别忘了郑重其事地道谢。

### 2. 阐述理由

话要说清楚，要直截了当，除了及时地回应一句"谢谢"，适当地阐述感谢的理由，也会让对方更加深切地感受到你对他的感激之情。例如要提到客人给自己带来帮助的细节、对自己带来的鼓励和增加的信心、对现实状况的具体影响、帮助的数量和程度等。

### 3. 真诚大方

表情要加以配合，正视对方双目，面带微笑。必要时，还须配以态势语言，如握手、拥抱等。

## 5.3.3 插话的语言艺术

### 1. 适时示意

一般来讲，在客人讲话时，打断对方、随意插话是很不礼貌的行为。表示插话的方式很多，可以使用口头语言，也可以使用一些诸如举手之类的肢体语言，要让对方有一个心理准备（图5-11）。

图5-11　插话的语言艺术

### 2. 先表歉意

如有打断的确切必要，应注意先适时地向客人表示此意，在得到对方的许可后，应先表达对打断对方谈话的歉意，如"冒昧地打断一下"、"非常抱歉打断您一分钟"等礼貌语言，方可插入话题。

### 3. 快速结束

使用简洁的语言概括自己想要表达的意思。插话结束时，应使用"打扰了，请您继续讲"之类的语句，表示插话结束。

### 5.3.4 拒绝的语言艺术

宾客的性格各异,要求五花八门,有些合理要求作为服务人员应当尽量予以满足,而有些要求却不尽合理,按照礼貌服务的要求,服务人员不能轻易对客人说"不"。要让客人在要求得不到满足时又能处之泰然,不致陷入尴尬境地,应从以下几种符合礼貌服务的拒绝艺术中学习(图5-12)。

图5-12 拒绝的语言艺术

1. 稍作停顿,先是后非

当客人对我们提出要求时,如确实无法办到,不要立即拒绝,应对对方的要求表示充分的理解,并作出适当的努力。在必须就某个问题向客人表示拒绝时,可采取先肯定对方的动机,或表明自己与对方主观愿望一致,然后再以无可奈何的客观理由为借口予以回绝。例如:在故宫博物院,一批外国游客看到中国皇宫建筑的雄伟壮观,纷纷要求摄影拍照,而故宫的有些景点是不允许拍照的,此时导游员诚恳地对客人说:"从感情上讲,我真想帮助大家,但这里有规定不许拍照,所以我无能为力。"这种先"是"后"非"的拒绝法,可以缓解对方紧张情绪,使对方感到你并没有从情感上拒绝他的愿望,而是出于无奈,这样在心理上他们比较容易接受。

2. 理由充分,解释诚恳

拒绝客人要求时最好向对方真诚地解释理由。如果不方便说出真实的原因,也应该寻找适当的托词,并向客人诚恳说明,以取得谅解。切忌言辞闪烁、吞吞吐吐,不仅招人反感,还会引起误会。

3. 暗示果断,切忌含糊

模棱两可的语言在拒绝场合中使用是很危险的。有人认为拒绝客人会让客人感到没有面子,也担心客人会由此产生对自己的不良看法,为了顾忌客人的情面和自我的虚荣心,在拒绝时闪躲不清、含糊其辞,反而会让客人搞不清自己的真实意图,带来更多的麻烦。在自身确无力量达到对方客人要求的情况下，明确表明拒绝的态度是最好的选择。

4. 言辞委婉，留有出路

是指以诚恳的态度、委婉的方式，在拒绝的同时提出有帮助的建议和方法，或从侧面提示客人，其要求虽然可以理解，但却由于某些客观原因不便答复。这是明智的做法。拒绝客人的时候，表示遗憾和歉意，感谢客人的理解与支持，尽量留下余地，以后有机会说"是"。

5. 巧作肯定，善于补偿

遇到冲突或遭到投诉时，应当先表示能够站在客人的立场理解对方，表白自己与对方一致的主观愿望，再表明无可奈何的理由后予以拒绝，这些肯定的话像镇静剂一样能减轻对方受到拒绝后的懊悔，同时又使对方感觉到自己的诚意这是一种拒绝的心理补偿。

总之，多数情况下尽量不要当众拒绝客人的要求，可适当的采用以上几种委婉的方式，只要措辞恰当、表达时态度诚恳并掌握适当的分寸，客人是予以理解与接受的。

### 5.3.5 处理投诉的语言艺术

发生投诉最根本的原因是客人没有得到预期的服务，即服务质量与客人期望产生了差距。即使我们的产品和服务已达到良好水平，但只要与客人的期望有距离，投诉就有可能产生。在处理客人投诉的过程中，态度是非常关键的。许多处理投诉没有经验的人员，认为对客人说了"对不起"就等于承认责任是自己的。事实上，道歉跟承担责任并不是等同的。投诉处理人员是不能对客人说"不"的，道歉可以适当地安抚客人的情绪，不至于将事态扩大（图5-13）。

图5-13 处理投诉的语言艺术

## 5  谈吐沟通——旅游行业服务语言礼仪

1. 用心倾听

倾听是解决问题的前提。在倾听客人投诉的时候，不但要听他表达的内容，还要注意他的语调与语音（语气），这有助于你了解客人语言背后的内在情绪。同时用身体语言和适当眼神表示你同情并关注客人，如礼貌专心的注视、点头等。

2. 确认问题

要通过解释与澄清确保真正了解了客人的问题。听了客人反映的情况后，向客人重复并解释他所表达的意思，例如，可以说："您的意思是……，对吗？"，并请教客人我们的理解是否正确，这是向客人显示你对他的尊重以及真诚地想了解问题，同时，这也给了客人一个机会去重申他没有表达清晰的地方。

3. 仔细询问

认真倾听客人的同时，引导客人说出问题重点，有的放矢。如果对方知道你的确关心他的问题，也了解他的心情，怒气便会消减一半。

4. 记录问题

好记性不如烂笔头，把客人反映的重要问题记录下来，不会耽误多少时间。在听的过程中，要认真做好记录（所要表达的意思一定不能理解有误），注意捕捉客人的投诉要点，以做到对客人需求的准确把握，为下一步对症调解打好基础。

5. 认同感受

客人在投诉时会表现出烦恼、失望、泄气、发怒等各种情感，服务人员不应当把这些表现当做是对自己个人的不满，客人仅是把自己当成了倾听对象。客人的情绪是完全有理由的，是理应得到最大的重视和最迅速、合理的解决的。所以让客人知道自己非常理解他的心情，关心他的问题，应找出双方一起同意的观点，表明自己是理解他的。例如："如果我是您的话，也会有同样的感受"，"我理解您的想法……"等。

6. 解决问题

探询客户希望解决的办法，一旦找出方法，征求客户的同意。如果客户不接受你的办法，请问他有什么提议或希望解决的方法，不论你是否有权决定，让客户随时清楚地了解你的进程，在处理复杂的客人投诉时，一定要坚持至少每天反馈一次。如果你无法解决，可推荐其他合适的人，但要主动地代为联络。

7. 礼貌结束

服务业的胜败关键就是回头客，所以"善终"比"善始"更重要。当与客人就处理方案达成一致后，以超出客人预期的方式真诚道歉，同时再次感谢他购买了公司的产品和服务。不要弥补完过失，使客人的心理平衡后就草草收场，应当好好利用这一机会把投诉客人转变成忠诚客人。例如可以问："请问您觉得这样处理可以了吗？您还有别的问题吗？"等，如果没有，就多谢对方提出的问题。

### 5.3.6　上下级沟通的艺术

在企业中，上下级之间的沟通是企业沟通中最重要的沟通，然而，这种沟通在最能有效提升工作效率的同时，又是最容易产生无效沟通的环节。主要原因有二，一是沟通的身份不对等，上级很容易产生膨胀心理，单纯以地位身份论事；二是沟通很容易走过场，成为上级的秀场和下级一些投机员工的加薪升值平台。要实现上下级之间双赢的沟通，双方都要讲究沟通技巧，消除沟通的障碍。

1. 上级如何与下级沟通

（1）保持谦虚、包容的沟通心态。上级永远不会因为谦虚、包容而在下级心中失去威信，相反，越是这样的上级，越能得到下级的尊重，越能获得下级真实的信息反馈，从而促进企业的快速发展。

（2）避免使用命令与胁迫式语言。向下沟通中常见的语言错误有4种类型：发号施令型、傲慢无礼型、讽刺挖苦型与隔靴搔痒型。这种语言往往使下级感到自己的感受、需求或问题并不重要，他们必须顺从上级的意愿，因此可能产生对上级权威的恐惧感，甚至产生怨恨、恼怒和敌对的情绪，从而带来顶撞、抗拒、故意考验上级决心、发脾气等负面的行为表现。因此，作为上级，应首先避免经常使用命令与胁迫式的语言，努力创造一个公平、公正的沟通氛围，使沟通有效进行。

（3）控制沟通的频率与时间。作为上级，与下级保持一定的距离是必要的。与下属过于亲密，往往会带来一些人情世故，导致很多工作上的问题不能得到公平解决。这一方面使得一些不应该向下级透露的信息外泄；另一方面，使得上级的威信大减，久而久之，丧失了在下级心中的领导地位，造成政令不通、执行无力。因此，上级在与下级沟通时，应注意控制沟通的频率与时间，不宜长时间、高频率地与下级沟通。适度的沟通带来成效，过度的沟通则制造矛盾。

（4）注意身体语言的运用。上级尤其需要注意沟通中态势语言的运用。眼神要表现真诚和自信，给下级以沟通的勇气和鼓励；胳膊不要交叉放于胸前，以避免使下属认为张狂而不近人情；尽量不使用双手背于身后的姿势，以避免给别人造成傲视他人的印象；坐着时不要抖腿，以免传递紧张、不自信的讯息；不要用手指着下级（图5-14）。

2. 下级如何与上级沟通

（1）善于提供解决问题的方法。企业中进行沟通的最终目的是为了解决企业发展过程中的问题，基于这一目的，作为下级，应将沟通的重点放在解决问题的策略方面，而非仅提供问题，更不是针对问题的抱怨和牢骚。下级在与上级沟通的过程中，不仅应反映问题本身，而且注意提供问题产生的原因，并提供解决问题的参考信息；怨天尤人、牢骚满腹往往导致上级对其工作能力和工作态度产生不信任。

## 5 谈吐沟通——旅游行业服务语言礼仪

图 5-14 上下级沟通中的不同效果

（2）不要为上级做决定。作为上级，"决策"是其重要的职能之一，而作为下级而言，则是"执行"。现实工作中，有些下级本末倒置，在与上级沟通时，经常使用一些带有决定性的语言，仿佛不是向上级请示，而是向上级下通知。作为下级，不能为上级做决定，而是提供一些客观信息以供上级做决定之用。尤其当上级对自己下达任务而由于客观情况不能及时遵照时，应使用描述性语言客观反映现实情况，而不是从主观意愿出发，用主观决断性的语言与上级沟通。

（3）直言但不妄言。上级与下级沟通时，会经常征求下级的意见或者建议，询问下级对某些问题的看法和态度。下级应本着负责的态度，可以直言但不可以妄言，做到不掩盖事实真相、不歪曲事实、不把自己的主观意志强加于人，以期上级获得真实的信息反馈，同时体现踏实、严谨的行事作风。

（4）经常汇报工作进展。向上级汇报工作进展，可以让上级及时了解工作进程，科学地控制进度，解决出现的问题和纠正错误，使工作沿着清晰、合理、可控的路线前进。有的下级接受任务后，就兀自进行起来，其间也不与上级沟通，出现问题也不汇报，使上级处于懵懂状态；有的下级在上级询问时才会汇报，如果上级不问，则不会主动汇报工作，这容易造成工作不积极的负面印象，甚至产生不必要的误会，也不利于工作的顺利开展。

### 5.3.7 在公共场合的发言

#### 1. 保持适度的音量与语调

在公共场合的发言不同于少数人之间的沟通，它一般拥有较多的听众。因此，发言者首先要保持适当的音量，以保证听众确切地听到自己所表达的内容，如果发言的场所比较嘈杂，还可以借用话筒等扩音设备。同时，在发言时，语调应配合所言，以适当的缓急升降来强化印象，使发言达到最佳效果。

2. 讲好开场白

讲话开始时通常有一段介绍作为开场白，开场白就像是一场正式演出前的序曲，它给听众留下的是第一印象，并由此激发他们的兴趣。因此，讲话的开头情况非常重要，良好的开端是成功的一半。通常可以采用的塑造良好开头的方式有：以事件或者事例为开头展开讲演；制造悬念，利用一段事实、离奇的故事、一次不凡的冒险或者一位著名人物的话作为开始，使听众产生好奇，并急于想知道事情的原委；陈述一件惊人的事实；要求听众举手作答；答应听众要告诉他们如何获得他们想要的；使用展示物；以某位著名人物提出的问题作为开场白；预告发言内容；等等。

---

**典型案例**

### 导游员的欢迎词

"各位游客朋友，大家好！欢迎各位来到风景秀美，气候宜人，美食成堆，美女如云，帅哥成林的历史文化名城济南。俗话说得好：'百年修得同船渡，千年修得共枕眠'，现在流行的说法呢就是'百年修得同车行'，我们大家今天在同一辆车里可是百年才修来的缘分呐，我真是深感荣幸。中国有句话说要活到老学到老，那来到了济南呢，首先我们也要学习一下三个代表：第一，我谨代表济南人民对各位远道而来的客人表示热烈的欢迎；第二，我谨代表济南阳光旅行社公司全体员工欢迎大家参加本次快乐之旅，欢迎，欢迎，热烈欢迎；第三个代表呢是我代表我本人和司机师傅真诚欢迎大家的到来……"

这段欢迎词作为导游员迎接客人的一段开场白，诙谐幽默，热情真切，表现了导游员较好的语言功底。相信游客对这位导游员会产生良好的第一印象，这也为游客的旅程增加了一份好心情。

---

3. 注重听众的互动与参与

在公共场合发言时，由于沟通不再具有对某个人的针对性，因此很容易出现听众注意力不集中的现象。作为公开场合的发言者，应考虑到这个场合的特殊性，注重运用一些手段吸引听众，而让其互动和参与则是非常有效的方法之一，例如：使用适当的问题引起听众的思考；根据听众人数采用适当的小游戏；使用听众的姓名作为案例主角的姓名；使用小礼品作为互动奖励；等等。

4. 使用简洁易懂的语言

在公共场合发言时，应使用简洁、明了、易懂的语言，让听众在短时间内快速消化发言内容，避免使用一些艰涩的词汇和过于专业的词语，尽量使用规范的语言。同时，在发言的过程中，注意观察听众的表情和眼神，如果发现听众表现出困惑和不解时，应使用通俗的语言以及变换表达方式等手段，及时作出明晰的解释。

## 5 谈吐沟通——旅游行业服务语言礼仪

### 5. 注重逻辑性与条理性

在发言前,应预先把要讲的内容通盘考虑一下,使讲话的思路清晰明了。必要时,在卡片上记下说话要点。发言时,应注意内容之间的衔接,避免思路的跳跃与内容的快速切换,使讲话具有逻辑性和条理性,更有利于听众接受、理解以及记录和记忆。

#### 5.3.8 回答问题的技巧

由于宾客来自世界各地,兴趣爱好不同,旅游动机不同,提问方式五花八门,提出的问题令人应接不暇。对不同问题所采取的立场态度和所选择的回答方法,是检验一个旅游服务人员灵活运用语言能力和临场应变能力的标准之一。回答问题可以运用下列技巧。

##### 1. 原则问题是非分明

客人提出的某些问题涉及一定的原则立场,一定要给予明确的回答。这些问题有些涉及民族尊严,有些涉及中国的国际形象,如香港的"一国两制"、"台湾问题"等,要是非分明、毫不隐讳,并力求用正确的回答澄清对方的误解和模糊认识。

##### 2. 诱导否定

面对答案难以回答或是不便回答的问题,在对方提出问题以后,不马上回答,而是讲一点理由,提出一些条件或反问一个问题,诱使对方自我否定,自我放弃原来提出的问题。

##### 3. 曲语回避

有些客人提出的问题很刁钻,使导游在回答问题时肯定和否定都有漏洞,左右为难,以静制动或使用曲折含蓄的语言是最好的应对方式。例如:有一位美国人问一名导游员:"你认为是毛泽东好,还是邓小平好?"导游巧妙地避开其话锋,反问道:"您能先告诉我是华盛顿好还是林肯好吗?"客人哑然。

## 实训项目四 处理对客服务中的特殊问题

### 情景练习

根据3组不同的场景,分别进行语言练习

**实训目的:** 能够用灵活机动的语言处理对客服务中出现的一些问题。

**实训内容:** 对客服务中应变语言的训练。根据下述3种场景,设计模拟训练。

(1) 一位餐厅的服务员在服务过程中,发现一位男客人将本餐厅精美的景泰蓝筷子偷偷放入了自己的西装口袋中,打算带走。你打算如何运用语言艺术处理这一问题?

(2) 一位饭店前台的接待人员在为一对夫妻结账的过程中，客房查房人员发现客房里少了一块面巾。你打算如何向客人询问？

(3) 一位导游人员带领一个由散客拼成的旅游团，发现有几个年轻男性总是习惯于占据在车厢的前半部分，对团里的女性客人毫无关切之心和让座之意，而且他们在车厢里吸烟，使其他客人十分有意见。请问你如何与这几个年轻人沟通，以妥善的解决问题？

**实训场地**：教室。

**实训步骤**：分组进行（3~4人一组）。其中一位同学扮演旅游接待人员，其他同学扮演客人。每组分配不同场景，分角色扮演，交换练习。练习完后，总结同组其他同学在使用语言艺术时的优点和不足之处，对自己的处理方式进行调整。

## 实训项目五　婉拒客人的要求

### 情景练习

根据两组不同的场景，分别进行服务语言艺术和技巧的练习。

**实训目的**：能够使用得体的语言拒绝客人提出的某些要求。

**实训内容**：对客服务中应变语言的训练。根据下述几种场景，设计模拟训练。

(1) 客人到店后，有位客人对所住的房间表示不满，理由是设施设备比较陈旧，客人要求换房。此时正值旅游旺季，饭店人满为患。在这种情况下，如何使用语言艺术解决这一问题？

(2) 当导游员带领团队抵达一个湖区旅游时，两位情侣客人要求脱离团队单独去划船，但是此旅游区当时游人众多，环境复杂，根据导游人员的工作规范，这种情况下不允许客人脱团活动。那么应该如何拒绝他们的要求？

**实训场地**：教室。

**实训步骤**：分组进行（3~4人一组）。其中一位同学扮演旅游接待人员，其他同学扮演客人。每组分配不同场景，分角色扮演，交换练习。练习完后，总结同组其他同学在使用语言艺术时的优点和不足之处，对自己的处理方式进行调整。

## 实训项目六　上下级沟通

### 情景练习

上下级之间产生矛盾时的沟通艺术。

**实训目的**：掌握上下级沟通时的语言技巧。

**实训内容**：上下级之间就下述问题产生了矛盾，学习处理上下级矛盾的语言训练。

(1) 销售部主管 Linda 布置给员工 Sam 一项任务，Sam 因手头工作实在太多而没有按时完成，造成酒店一笔损失。Linda 找 Sam 谈话，请展示两人的沟通过程。

(2) 公司新来的员工小张,总是粗心大意,写的文件错误百出,做的表格不够规范,给其他同事造成工作上的困难和麻烦,你作为他的直接上级,要与其沟通一下。请展示二人谈话过程。

**实训场地:** 教室。

**实训步骤:** 分组进行(2人一组)。其中一位同学扮演上级,另一位扮演下级。每组分配2个场景,分角色扮演,并交换练习。

## 实训项目七 在公共场合的语言练习

### 情景练习

旅游服务人员在为客人祝贺生日、导游人员欢送客人。

**实训目的:** 掌握在公共场合发言的语言技巧。

**实训内容:** 旅游服务人员在为客人祝贺生日、导游人员欢送客人时的语言训练。

**实训场地:** 教室。

**实训步骤:** 分组进行(3~4人一组)。其中一位同学扮演旅游接待人员,其他同学扮演客人。每组分配不同场景,分角色扮演,交换练习。

---

**现在我知道了……**

向客人提供充满关爱的对客沟通服务应该:

关注宾客,私事放一旁,真心诚意地微笑。确保其他身体语言与您脸上的笑容一致,注意某些情形下,微笑与动作互相不一致,会很不恰当。

与我们的宾客与同事进行目光交流,会让他们感到受到重视,表示我们尊重他们,表现出我们的热情。

称呼客人的姓名很重要,应竭力在第一时间获知客人的姓名并称呼出来。

我们应该以友好礼貌的态度来问候客人,但不要过火。问候客人的十步与五步法则:我们离客人十步时,注视客人并微笑;我们离客人五步时,问候并迎接客人。

---

### 延伸阅读

**对客服务沟通中的不同表达**

作为一个服务人员,对客服务中的有效沟通很重要,平常大家总不免遇到各种各样的客人,建立良好沟通技巧将有助于我们服务水平和解决问题能力的提高。下面举一些例子。这其中的语言运用虽然要表达的意思差不多,但由于表达的方式不一样而使客人产生不同的感觉,从而影响其与你及你所代表的企业的关系。

1. 选择积极的用词与方式

在保持积极态度的同时,沟通用语应当尽量选择体现正面意思的词。比如说,要感谢客户在电话中的等候,常用的说法是"很抱歉让你久等"。这"抱歉久等"实际上在潜意识中强化了对方"久等"这个感觉。比较正面的表达可以是"非常感谢您的耐心等待"。

在回答客人咨询时，也许服务人员解释了几遍客人还弄不清楚，服务人员往往会产生烦躁情绪，就会问客人："我讲了这么多，你听明白了没有？"这会使客人怕你认为他很笨而不敢再问，但如果你问："哦，不知道我解释得还算清楚吗？"那客人就会感到很轻松乐于继续提出问题，从而达到良好的沟通。

2. 善用"我"代替"您"

有些专家建议，在下列的例子中尽量用"我"代替"您"，后者常会使人感到有根手指指向对方：

- 习惯用语：请问您的名字叫什么？
- 专业表达：请问，我可以知道您的名字吗？
- 习惯用语：您必须……
- 专业表达：我们要为您那样做……
- 习惯用语：您错了，不是那样的！
- 专业表达：对不起我没说清楚，但我想……
- 习惯用语：如果您需要我的帮助，您必须……
- 专业表达：我愿意帮助您，但首先我需要……
- 习惯用语：您没有弄明白。
- 专业表达：也许我说得不够清楚，请允许我再解释一遍。

3. 在客人面前维护企业的形象

如果有客人一个电话转到你这里，抱怨他在前一个部门所受的待遇，你已经不止一次听到这类抱怨了。为了表示对客人的理解，你应当说什么呢？"你说得不错，这个部门表现很差劲"，可以这样说吗？适当的表达方式是"我完全理解您的苦衷"。

另一类客人的要求公司没法满足，可以这样表达："对不起，我们暂时还没有解决方案。"尽量避免很不客气地手一摊（当然对方看不见）："我没办法。"当有可能替客人想一些办法时，与其说"我试试看吧"，为什么不更积极些："我一定尽力而为。"

另外，方言中有一些表达方式应用在普通话中时就会不妥当。比如"一塌糊涂"、"不会啦"等上海或港澳台味道的表达，不应带到普通话的规范表达中。

语言表达技巧也是一门大学问，有些用语可以由公司统一规范，但更多的是服务人员自己对表达技巧的熟练掌握和娴熟运用，以使整个与客人的交流过程体现出最佳的客户体验与企业形象。总之，旅游服务是一个与人打交道的过程，乐于沟通、勇于沟通、用心地与客户沟通，将使我们的工作取得更大的进步。

## 思考练习

1. 思考有哪些方法可以第一时间获知客人姓名？
2. 试运用语言技巧更好地推销一项旅游产品或服务。
3. 讨论有哪些语言容易引起客人的对立情绪？如何运用沟通艺术改变这些说法？
4. 在对客服务沟通中，应避免的不良身体语言有哪些？

## 课程任务

设计组织一些经典的关于语言和沟通的小游戏，认识表达、沟通过程中存在的要素，分析可能对语言沟通构成产生积极作用和阻碍作用的因素，讨论如何更好地提高沟通与表达能力。

# 6 礼宾次序——旅游行业接待礼仪

## 知识概述

接待是指个人或单位以主人的身份招待有关人员，以达到某种目的的社会交往方式，包括公务接待、商务接待、旅游接待、会议接待等形式。旅游行业接待礼仪是指在为宾客提供旅游服务的过程中，按照一定礼宾规格与礼宾次序的规范和惯例，履行的一系列接待服务行为。旅游行业接待礼仪可以起到增进联系、提高服务质量、交流感情、沟通信息的作用，既是旅游服务人员和企业常规的工作内容，也是一种普遍的社会交往方式。本章主要内容包括：

◉ 礼宾规格与礼宾次序。了解礼宾规格的基本原则和常规内容，掌握礼宾次序的意义和一般排序原则。

◉ 旅游接待服务中礼宾次序的排列。阐释和解决旅游接待服务中常见的礼宾次序排列问题，涉及会议、签字、谈判、会见、会谈等仪式中的位次排列，行进、乘车、宴会等活动中的位次排列，帮助完善旅游接待工作。

◉ 旅游接待服务礼仪。从旅游接待流程的各个环节入手，具体介绍旅游接待准备工作、接待落实工作、接待收尾工作。

## 知识导入

### 周总理的外交故事

1972年2月21日中午，尼克松乘坐的专机抵达北京，周恩来总理等到机场迎接。在尼克松步出机舱，走下舷梯近一半时，周总理鼓起掌来，尼克松也报之以掌声。请注意，周总理不是等尼克松一出舱就鼓掌，也不是根本不鼓掌，而是等他下到舷梯中央时才鼓掌。欢迎宴会上还有一个细节：往常在和其他国家领导人碰杯时，周总理总是让自己酒杯上沿去碰对方杯子的中间部分，但在向尼克松敬酒时，他却特意将自己酒杯的杯沿和尼克松酒杯杯沿持平后再碰杯。此次会晤，外报对我方接待工作的评价是"CORRECT, NOTWARM"，即"合于礼而不热"，这也正是我们要的"不卑不亢"效果。

阅读以上小故事，讨论周恩来总理为何如此重视外事活动中的礼宾规格？官方或民间交往中，礼宾活动的核心问题是什么？

# 6.1 礼宾规格与礼宾次序

国际交往中，无论在官方或者民间，礼宾是一项很重要的工作。从某种意义上来说，提供旅游服务工作的过程，就是向宾客提供礼宾接待的过程，旅游礼宾工作主要就是组织安排对宾客的礼仪活动和交际活动。俗话说："没有规矩，不成方圆。"在各式各样的旅游接待工作中，如果没有事先确定礼宾规格和礼宾次序，或者不遵守已确定的礼宾规格，往往就会出现这样或那样的差错。因此，从事具体旅游接待服务的人员在任何情况下都不应当忽略礼宾规格和礼宾次序的重要性。

### 6.1.1 礼宾规格

所谓礼宾规格，在旅游服务接待中是指旅游服务人员在接待服务活动中按照一定要求、等级和规范，为宾客提供的一系列能够衡量优劣的具体接待标准。在旅游接待服务工作中，礼宾规格通常被看做头等大事。确定旅游接待工作的具体环节时，首先必须确定礼宾规格；若没有礼宾规格为先导，接待中的一系列工作则难以开展。

自20世纪90年代以来，我国用于接待的礼宾规格在不断简化。但礼宾规格的规范性甚强，它对于接待人员在接待工作中具体应当"如何有所为"、"如何有所不为"

# 6 礼宾次序——旅游行业接待礼仪

往往都规定得一清二楚。同时，应注意在接待不同的来访人士时，往往有着许多不同的规定或要求，其具体做法经常因人而异。在接待活动中，接待人员必须对礼宾规格的这些具体特征有所了解，才能更好地确定礼宾规格。对于礼宾规格，接待人员主要应当对基本原则、来宾分类、常规内容、操作方式等具体要点加以把握。

1. 基本原则

不论是确定还是遵守礼宾规格，接待人员都应当对其基本原则重点加以掌握。一般而论，有关礼宾规格确定与操作的基本原则主要有以下3条：

（1）身份相称。指在确定接待来访人士的礼宾规格时，应与接待对象的具体身份相称，所给予来访人士的礼遇应当恰到好处。

（2）一律平等。在具体确定或操作用以接待来自多方人士的礼宾规格时，一定要明确平等待客为先的正确理念，对有关各方真正做到一视同仁。

（3）有所区别。在强调身份对等与一律平等两项原则的同时，在为接待对象安排具体的礼宾规格时，还注意充分尊重对方的风俗习惯以及其他方面的特殊做法，在确定和操作用以接待来自与我方存在习俗差异及其他差异地区人士的礼宾规格时，必须充分考虑双方的这些差异，具体情况具体对待，不能千篇一律。

2. 来宾分类

在具体确定礼宾规格时，接待服务人员往往需要对宾客加以区分，以求不同对象不同对待。就一般状况而论，接待人员在对内、对外交往中所接待的对象，大体上可以被区分为6种类型。在确定不同人士的礼宾规格时，有着不同的具体要求与注意事项。

（1）VVIP。VVIP是英文"Very Very Important People"的缩写，它的含义为"非常非常重要的客人"或"异常重要的人士"。在外事与旅游接待中，VVIP一般指正式来访的各国现职的常和国家主要领导人，即各国现任的国家元首、政府首脑，以及社会主义国家执政党的领袖。有时，它还应包括由主权国家所组成的国际组织的主要负责人。此类客人通常称为"国宾"。在正常情况下，各国、各接待部门都会以最高档次的礼宾规格接待此类客人。与此同时，还会特别重视其荣誉性与安全性问题。

（2）VIP。VIP是英文"Very Important People"的缩写，它的含义为"非常重要的客人"，是指对接待单位的效益和形象可能产生重要影响的宾客。具体而言，VIP一般包括正式来访的下列人士：各国政府的重要负责人，如中央政府副部长以上官员及地方政府副省长以上官员；各国合法政党主要负责人；各国王室成员；各国议会主要负责人；各国军方要负责人，如军队统帅、三军总司令、副总司令、总参谋长、副总参谋长，将军以下军衔拥有者；各国少数民族领袖；各国宗教界领袖；各国合法的群众团体的主要负责人；各种被我国正式承认的国际组织负责人；各国驻华使节及各国际组织驻华代表；各国商界领袖；各国知名的企事业单位负责人等。曾拥有此类身份的非现职人员，亦应被视同现职看待。在接待 VIP 时，通常应采用较高档次的礼宾规格。

（3）IP。IP 是英文"Important People"的缩写，它的含义为"重要客人"。在接待工作中，此类"重要客人"通常是指正式来访的各界知名人士、新闻界人士、同行业人士、具有潜在合作可能的单位与部门的负责人士，以及存在合作关系的单位与部门的一般工作人员。在接待 IP 时，具体所执行的礼宾规格应突出体现接待方对对方的重视。与此同时，在接待过程中，还应注意主动联络对方，以加强联系，促进沟通。

（4）SP。SP 是英文"Special People"的缩写，它的含义为"特殊的客人"。在接待工作中，SP 具体指的是：身体状况特殊者，如老、幼、病、残、孕；风俗习惯特殊者，如少数民族人士、宗教界人士；关系特殊者，如以前与接待方产生过重大矛盾冲突或对接待方持敌视态度者。在确定 SP 的礼宾规格时，一方面要坚持遵守规定；另一方面也要在力所能及的前提下，给对方以适当的照顾。

（5）KP。即 Key Person，含义为"关键客人"。是指旅游团队陪同、翻译、订房人、上述几类客人的助手、秘书以及其身边工作人员、上述几类客人的配偶、长辈、子女以及其他亲友等，他们能在接待方和客人之间起到很好的桥梁作用，在接待中要特别留意。

（6）CP。CP 是英文"Common People"的缩写，它是含义为"普通客人"。在接待工作中，此类"普通客人"一般是来访的、除以上介绍的前 5 类客人之外的其他所有人士。具体确定 CP 的礼宾规格时，关键是要对对方尊重、重视，不能因其"普通"，而接待不周。

3. 常规内容

在接待宾客时，应根据宾客的特点、爱好、兴趣来设计接待活动，使重要客人感觉到特别的礼遇及尊重、舒适，从而产生一种尊贵与满足感。一般而言，在接待活动中，礼宾规格的常规内容主要包括下列 3 项：

（1）费用的多少。是指接待主方确定某次接待活动的开支总额及其具体环节所需费用的支出状况，按照这个既定标准，旅游接待单位提供相应的接待服务规格，反映出接待方对对方的重视程度。

（2）规模的大小。一般是指在接待工作的具体过程中，尤其是在迎送、宴请、陪同等重要的环节上，接待人员所参与的具体范围以及实际到场具体人数的多少。具体到场的接待人员范围越广、人数越多，表明接待方对此接待工作重视的程度越高。

（3）身份的高低。在这里通常是指在接待活动过程中，尤其是在一些较为重要的场合里，到场的接待方人士具体身份的高低，特别是到场的接待方主要人士的具体身份的高低。显然，到场的接待方人士身份越高，尤其是到场的接待方主要人士的身份越高，越说明接待方尊重并重视对方，双方关系较为密切。

## 6 礼宾次序——旅游行业接待礼仪

4. 操作方式

在接待工作中，大体上有如下4种常规的礼宾规格操作方式可供接待人员参考执行。有时，接待人员可以酌情选择其一；有时，接待人员则可以兼而用之：

（1）执行明文规定。在许多情况下，对于接待工作中的具体礼宾规格，有关部门如各级政府、各类企事业单位或外事部门等对其中的常规性问题，通常都作出了明文规定。这类明文规定的礼宾规格，其规范性、重要性往往较强。因此，在具体的接待工作中，接待人员必须对其全面地、一丝不苟地贯彻执行。

（2）实施常规做法。在具体的接待工作过程中，有许多礼宾规格的细微之处是不可能一一作出规定的。故处理这些问题时，各单位、各部门往往都有一些自己的补充、变通或其他规定的做法。一般而言，只要行之有效，并且不与有关的明文规定相抵触，那么它就是可被采纳的。

（3）遵照对等做法。当一时难以确定用以接待对方的礼宾规格时，接待人员还有一种方式可循，即可以遵照对等的做法。此种方式具体是指，接待人员可参照被接待方在此之前接待已方同等职级者时采用的礼宾规格执行，以示双方有来有往，礼遇相当。

（4）比照他方成例。除此以外，接待人员还可参考国内其他机关、单位、部门以前接待被接待对象时所采取的成功的接待经验，还须注意吸取其不成功的教训，避免犯同样的错误。

**典型案例**

### 国宴大瘦身　礼宾无小事

1949年10月1日开国大典之夜，中央人民政府在北京饭店举行了新中国第一次盛大的国宴。自开国第一宴以来，国宴的变迁引人注目，国宴的改革与时俱进。20世纪60年代，我国欢迎来访国宾的宴会通常设宴席50多桌，除邀请来访国宾一行出席外，还邀请外国驻华使节夫妇、外交团占宴席20多桌，加上中方陪餐，济济一堂。过去国宴通常花两三个小时。在通常情况下，宴席上冷菜6种，热菜4道，每位客人面前，各摆大中小杯3个，烈性酒茅台以及其他名牌葡萄酒等，另加上橘子水、矿泉水等饮料。

1984年后，外交部根据中央和国务院有关领导的指示，对国宴的改革做了具体明确的规定，国宴的标准：总书记、国家主席、委员长、总理、军委主席、政协主席举办的宴会，每位宾客为50~60元；如果宴请少数重要外宾，则在80元以内掌握开支；一般宴会每位宾客标准为30~40元。之后再次确定，宴请来访外宾的次数不宜过多，宴请时中餐四菜一汤，西餐一般两菜一汤，最多为三菜一汤。同时规定，国宴一律不再使用烈性酒，如茅台、汾酒等，根据客人的习惯上酒水，如啤酒、葡萄酒或其他饮料。所述规定，执行多年，直至新标准实施。经过几次调整，欢迎国宴的规模缩小至通常为7桌或8桌，如国宾随行人员少，宾主出席者不超过50人，宴席则安排长条桌或马蹄形桌。目前国宴，每人每餐标准不得超过200元（不含酒水）。宴席为四菜一汤或三菜一汤，国宴四菜一汤，长久如此。

目前领导人宴请国宾，有的只用三菜一汤或两菜一汤。这种做法既节省经费、物资，又节约时间、人力。眼下国宴时间为1小时15分钟。此项改革既符合当今世界多数国家的外交实践，又切实做到了不讲排场、节约外事财政开支。

### 6.1.2 礼宾次序

所谓礼宾次序是指重要礼仪场合的参加团体或个体的位次按一定的规则和惯例进行排列的先后次序，在国际交往中，是指对出席活动的国家、团体、各国人士的位次按某些规则和惯例进行排列的先后次序。一般来说，礼宾次序体现了主人和东道主对宾客应有的礼遇，在一些国际性的集会上则表示各国主权平等的地位。在旅游接待服务中，礼宾次序安排不当或不符合国际惯例，会引起不必要的争执与交涉，给组织形象和公众心理蒙上阴影，甚至影响国家关系。因此在组织各项公众或涉外活动时，对礼宾次序应给予一定的重视。

**典型案例**

**灵活安排礼宾次序**

1995年3月在丹麦哥本哈根召开联合国社会发展世界首脑会议，出席会议的有近百位国家元首和政府首脑。3月11日，与会的各国元首与政府首脑合影。照常规，应该按礼宾次序名单安排好每位元首、政府首脑所站的位置。首先，这个名单怎么排，究竟根据什么原则排列？哪位元首、政府首脑排在最前？哪位元首、政府首脑排在最后？这项工作实际上很难做。丹麦和联合国的礼宾官员只好把丹麦首脑（东道国国主人）、联合国秘书长、法国总统以及中国、德国总理等安排在第一排，而对其他国家领导人，就任其自便了。好事者事后向联合国礼宾官员"请教"，答道："这是丹麦礼宾官员安排的。"向丹麦礼宾官员核对，回答说："根据丹麦、联合国双方协议，该项活动由联合国礼宾官员负责。"

# 6 礼宾次序——旅游行业接待礼仪

> 国际交际中的礼宾次序非常重要，在国际礼仪活动中，如安排不当或不符合国际惯例，就会招致非议，甚至会引起争议和交涉，影响国与国之间的关系。在礼宾次序安排时，既要做到大体上平等，又要考虑到国家关系，同时也要考虑到活动的性质、内容、参加活动成员的威望、资历、年龄，甚至其宗教信仰、所从事的专业以及当地风俗等。礼宾次序不是教条，不能生搬硬套，要灵活运用、见机行事。有时由于时间紧迫，无法从容安排，只能照顾到主要人员。上例就是灵活应用礼宾次序的典型案例。
>
> 资料来源：http://news.eastday.com

礼宾次序的排列，尽管国际上已有一些惯例，但各国有各国的具体做法。有些排列顺序和做法已由国际法或国内法所肯定，如外交代表位次的排列，在《维也纳外交关系公约》中就有专门的规定。很多国家对本国各级官员的排列常用法律形式固定下来。常见的礼宾次序有两大类：一类是在日常公关活动中明确区分参与者的高低、上下、长幼等方面的关系的，即不对等关系排序，目的是给高者、上者、长者以尊重和礼遇，表现主人的谦谦风度；另一类是为了显示所有参与者在权利地位上是一律平等的，即对等关系排序。在国际交往中，如果礼宾次序安排不当或不符合国际惯例，则会引起不必要的争执与交涉，甚至影响国家关系。常见的礼宾次序排列主要依据以下原则。

### 1. 不对等关系的排序原则

明确按照身份地位的高低、职位的上下、关系的亲疏、年龄的长幼，以及实力的强弱来排列，这是礼宾次序排列的主要依据。

一般的官方活动，经常是按身份与职务的高低安排礼宾次序。如按国家元首、副元首、政府总理（首相）、副总理（副首相）、部长、副部长等顺序排列。各国提供的正式名单或正式通知是确定职务的依据。由于各国的国家体制不同，部门之间的职务高低不尽一致，则要根据各国的规定，按相当的级别和官衔进行安排。在多边活动中，有时按其他方法排列，但无论按何种方法排列，都要考虑身份与职务的高低问题。就一级组织而言，总经理自然列副总经理之前。但事实情况往往要复杂得多，诸如同一系统中上级组织的部门经理与下级组织总经理是平级关系；不同系统的虽有级别差，但年龄、资历、知名度有较大差别；虽同级或有级别差，但就一次特定的活动来说各自施其影响力有明显差异；虽有级别差，但与主人有明显亲疏倾向；等等。需要参照其他礼宾顺序的排列方法，或做灵活缜密细致的统筹，绝不能教条化。至于参加者的真实身份和职务一般以得到确认的材料或对方提供的正式通知为依据，不能凭主观印象或简单凭参加者自己的"申报"，否则可能出现差错造成不良影响。

### 2. 对等关系的排序原则

#### 1) 按字母顺序排列

在涉外活动中，则一般应将参加者的组织或个人按英文或其他语言的字母顺序排列。这种排列方法多见于国际会议、体育比赛等，是一种予各方和个人最平等机会的方法。具体方法如下：就是将所有参加活动的组织或个人按其名称或姓名的组合字母顺序依次排列，先按第一个字母进行排列，当第一个字母相同时，则依第二个字母的先后顺序排列；当第二个字母相同时，则依第三个字母的先后顺序，以此类推。需要注意的是，每次只能选一种语种的字母顺序排列，不能在中间穿插其他语种的字母顺序。在国际会议上，公布与会者名单，悬挂与会国国旗，座位安排等均按各国国名的英文拼写字母的顺序排列。如联合国大会的首席按英文字母排列，但为了避免一些国家总是占据前排席位，因此联合国大会每年抽签一次，决定本年度大会席位以哪一个字母打头，以便让各国都有机会排在前列。在国际体育比赛中，体育代表队名称的排列，开幕式出场的顺序一般也按国名字母顺序排列（东道国一般排在最后），代表团观礼或召开理事会、委员会等，则按出席代表团的团长身份高低排列。

2）按汉字的笔顺排列

如果是华人参加国际或国内的礼仪活动，参与者的姓名或所在单位名称是汉字的，可以采用这种方法，以示各方的关系平等。具体排法如下：首先，按个人姓名或组织名称的第一个字的笔画多少，依次按由少到多的次序排列。比如，当参加者有丁姓、李姓、胡姓时，其排列顺序就是丁、李、胡。当两者第一字的笔画数相等时，是按第一笔的笔顺点、横、竖、撇、捺、弯勾的先后关系排列。例如，参加者中有张、李二姓时，两姓笔画相同，则根据笔顺，李姓应排在张姓前面。当第一笔笔顺相同时，可依第二笔，以此类推。当两者的第一个字完全相同时，则用第二字进行排列，以此类推。此外，如果是姓名出现前两个字相同，但一个是单名，一个是双名时，无论笔画多少，单名都排在双名前。

3）按通知和抵达时间的先后排列

这种排列方法多见于对团体的排次。常有按派遣方通知代表团组成的日期先后排列，按代表团抵达活动地点的时间先后排列，按派遣方决定应邀派遣代表团参加活动的答复时间的先后排列三种排法。

当然，在实际工作中，遇到的情况往往是复杂的。在上述三种排列方法不互相排斥的大多数情况下，旅游接待活动的位次排列正是这三种排列方法的交叉结合。有身份级别之差的，首先按身份和职务大小的排列，身份级别相同的，按通知和抵达时间的先后确定（仅仅是就团体排位而言），同级又同时收到通知或同日期抵达的，则按字母顺序和笔画顺序排列。但这还远远不够，在安排礼宾次序时所考虑的其他因素包括国家之间的关系、地区所在、活动的性质、内容和对活动的贡献大小，以及参加活动人的威望、资历等。诸如，常把同一国家集团的、同一地区的、同一宗教信仰的，或关系特殊的国家的代表团排在前面或排在一起。对同一级别的人员，常把威望高、资历深、年龄大者排在前面。有时还考虑业务性质、相互关系、语言交流等因素。如在观礼、观看演出、比赛，特别是在大型宴请时，在考虑身份、职务的前提下，将业务性质对口的、语言相通的、宗教信仰一致的、风俗习惯相近的安排在一起。这就要求旅游服务人员在具体工作中，要耐心、细致、反复考虑研究、设想多种方案，以避免因礼宾次序方面的问题引起一些不愉快。

# 6 礼宾次序——旅游行业接待礼仪

## 6.2 旅游接待服务中礼宾次序的排列

在旅游服务中,礼宾次序的排列往往备受人们的关注。因为位次是否规范,是否符合礼仪的要求,既反映了服务人员自身的素养、阅历和见识,又反映了对宾客的尊重和友善的程度。为了避免贻笑大方或造成负面影响,必须特别注意在不同场合的位次排列礼仪。

一般情况下,国际礼仪中讲究以右为大、为长、为尊,以左为小、为次、为偏。例如二人并坐,右者为尊;三人并坐,中者为大。但值得提醒注意的是,中华民族的传统礼仪中有尊右卑左和尊左卑右同时并存的特有文化现象。如此特殊情况,应予了解,灵活掌握运用。

### 6.2.1 会议座次的排列

大型会议、小型会议和茶话会及一些公关活动,如庆典、纪念等活动中的座次排列,需要按照以下原则来排序。

1. 大型会议座次排列

大型会议,一般是指与会者众多、规模较大的会议。它的最大特点,是会场上应分设主席台与群众席。前者必须认真排座,后者的座次则可排可不排(图 6-1)。

图 6-1 大型会议座次排列

1)主席台排座

大型会场的主席台,一般应面对会场主入口。在主席台上的就座之人,通常应当与在群众席上的就座之人呈面对面之势。在其每一名成员面前的桌上,均应放置双向的桌签。主席台排座,具体又可分为主席团排座、主持人坐席和发言者席位 3 个方面。

其一，主席团排座。主席团，在此是指在主席台上正式就座的全体人员。国际会议活动中主席台座次安排的次序一般按照先排列前后，后安排同排，再安排相邻座位的顺序慎重排列，即前排就座者为尊、为大、为高、为强，第二排次之，第三排更次，以此类推；同排位次中者为尊、为大，两侧次之；相邻位次右者为大、为长、为尊，左者为小、为次、为偏。主席团的排座又有单数与双数的区分，一排中人数为单数时，中央为最高，人数为双数时，居中两位的右位为高。需要注意的是，除沿用国际上以右为尊的惯例，在国内政务礼仪中进行主次位置排列时，常按照前排高于后排，中央高于两侧，左侧高于右侧的中国习惯操作（图6-2、图6-3）。

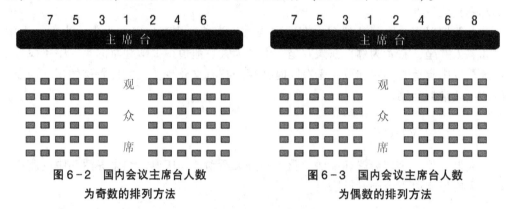

图6-2　国内会议主席台人数为奇数的排列方法　　　图6-3　国内会议主席台人数为偶数的排列方法

尊位、高位的具体确立标准应根据活动目的、内容以及主人的价值取向和客观需要等来决定。例如，政治、行政活动可能以职位为标准；经济活动可能以实力为依据；纪念性活动可能以长幼来判断；等等。如遇接待团体服务对象，应当根据国际惯例先安排团长，然后再按职务高低顺序排列其余团队人员。在同一次接待中，既有原职领导和现职领导，排序依据"原职比照现职但低于现职"的原则，如果有多位原职领导则按任职时间先后次序排列。需要注意的是，无论使用哪种顺序，都要选择恰当的方式向大家明示。

其二，主持人坐席。会议主持人，又称大会主席。其具体位置之所在有3种方式可供选择：一是居于前排正中央；二是居于前排的两侧；三是按其具体身份排座，但又宜令其就座于后排。

其三，发言者席位。发言者席位，又叫做发言席。在正式会议上，发言者发言时不宜就座于原处发言。发言席的常规位置有二：一是主席台的正前方；二是主席台的右前方。

合影座次安排与主席台安排相同。

2）群众席排座

在大型会议上，主席台之下的一切坐席均称为群众席。群众席的具体排座方式有二：其一，自由式择座。即不进行统一安排，而由大家自择位而坐。其二，按单位就座。它指的是与会者在群众席上按单位、部门或者地位、行业就座。它的具体依据，既可以是与会单位、部门的汉字笔画的多少、汉语拼音字母的前后，也可以是其平时约定俗成序列。按单位就座时，若分为前排后排，一般以前排为高，以后排为低；若

# 6 礼宾次序——旅游行业接待礼仪

分为不同楼层，则楼层越高，排序便越低。在同一楼层排座时，又有两种普遍通行的方式：一是以面对主席台为基准，自前往后进行横排（图6-4）；二是以面对主席台为基准，自左而右进行竖排（图6-5）。

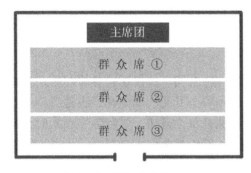

图6-4　群众席排位之一

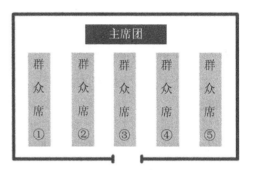

图6-5　群众席排位之二

**2. 小型会议座次排列**

小型会议，一般指参加者较少、规模不大的会议。它的主要特征，是全体与会者均应排座，不设立专用的主席台（图6-6）。小型会议的排座，目前主要有如下3种具体形式：一是主席之位面门设座（图6-7）；二是主席之位依景设座，其他的与会者可在其两侧自左而右地依次就座；三是全体与会者完全自由地选择座位就座。

图6-6　小型会议

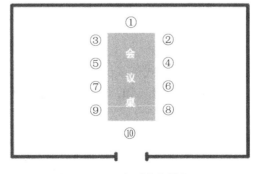

图6-7　小型会议排位

### 3. 茶话会议座次排列

茶话会的座次排列方式一般不设主席台，主要有环绕式、散座式、圆桌式等几种，或是主持人、主人和主宾被有意识地安排在一起就座。

## 6.2.2 签字仪式时的位次排列

签字仪式，通常是指订立合同、协议的各方在合同、协议正式签署时所正式举行的仪式。举行签字仪式，不仅是对谈判成果的一种公开化、固定化，也是有关各方对自己履行合同、协议所作出的一种正式承诺。从礼仪上来讲，举行签字仪式时，在力所能及的条件下，一定要郑重其事，认认真真。其中最为引人注目者，当属举行签字仪式时座次的排列方式问题。

一般而言，签字仪式可分为双边签字仪式和多边签字仪式（图6-8）。举行签字仪式时，座次排列的具体方式共有3种基本形式，它们分别适用于不同的具体情况。

图6-8　签字仪式

### 1. 并列式

并列式排座，是举行双边签字仪式时最常见的形式。它的基本做法是：签字桌在室内面门横放。双方出席仪式的全体人员在签字桌之后并排排列，双方签字人员居中面门而坐，客方居右，主方居左（图6-9）。

### 2. 相对式

相对式签字仪式的排座，与并列式签字仪式的排座基本相同。二者之间的主要差别，只是相对式排座将双边参加签字仪式的随员席移至签字人的对面（图6-10）。

### 3. 主席式

主席式排座，主要适用于多边签字仪式。其操作特点是：签字桌仍须在室内横放，签字席设在桌后，面对正门，但只设一个，并且不固定其就座者。举行仪式时，所有各方人员，包括签字人在内，皆应背对正门、面向签字席就座。签字时，各方签字人应以规定的先后顺序依次走上签字席就座签字，然后退回原位就座（图6-11）。

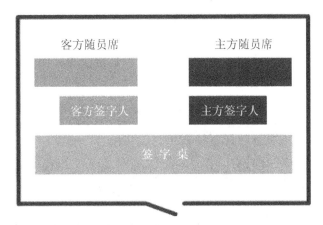

图6-9　并列式签字排位

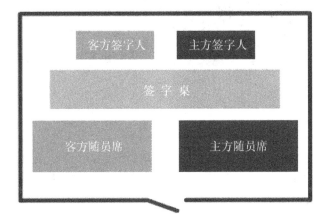

图6-10　相对式签字排位

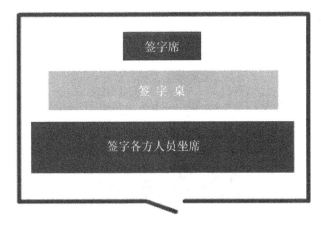

图6-11　主席式签字排位

### 6.2.3 谈判时的位次排列

谈判是交往的一种特殊形式。由于谈判往往直接关系到交往双方或双方所在单位的切实利益，因此谈判具有不可避免的严肃性。举行正式谈判时，有关各方在谈判现场具体就座的位次，要求是非常严格的，礼仪性是很强的（图 6-12）。从总体上讲，排列正式谈判的座次，可分为两种基本情况。

图 6-12 谈判仪式

**1. 双边谈判**

双边谈判，指的是由两个方面的人士所举行的谈判。在一般性的谈判中，双边谈判最为多见。双边谈判的座次排列，主要有两种形式可供酌情选择。

1）横桌式

横桌式座次排列，是指谈判桌在谈判室内横放，客方人员面门而坐，主方人员背门而坐。除双方主谈者居中就座外，各方的其他人士则应依其具体身份的高低，各自先右后左、自高而低地分别在己方一侧就座。双方主谈者的右侧之位，在国内谈判中可坐副手，而在涉外谈判中则应由译员就座（图 6-13）。

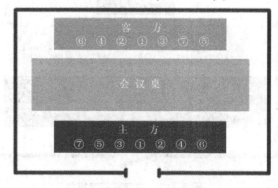

图 6-13 横桌式会谈排位

### 2) 竖桌式

竖桌式座次排列，是指谈判桌在谈判室内竖放。具体排位时以进门时的方向为准，右侧由客方人士就座，左侧则由主方人士就座。在其他方面，则与横桌式排座相仿（图6-14）。

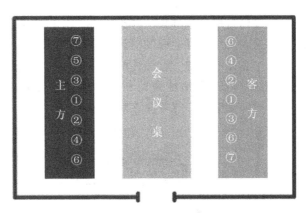

图6-14 竖桌式会谈排位

归纳起来，双边谈判时位次排列有以下四个细节需要注意：举行双边谈判时，应使用长桌或椭圆形桌子，宾主应分坐于桌子两侧；如果谈判桌横放，面对正门的一方为上，应属于客方；背对正门的一方为下，应属于主方；如果谈判桌竖放，应以进门的方向为准，右侧为上，属于客方；左侧为下，属于主方；进行谈判时，各方的主谈人员应在自己一方居中而坐。

### 2. 多边谈判

多边谈判，在此是指由三方或三方以上人士所举行的谈判。多边谈判的座次排列，主要也可分为两种形式。自由式座次排列，即各方人士在谈判时自由就座，而无须事先正式安排座次。主席式座次排列，是指在谈判室内，面向正门设置一个主席位，由各方代表发言时使用。其他各方人士，则一律背对正门、面对主席之位分别就座。各方代表发言后，亦须下台就座（图6-15）。

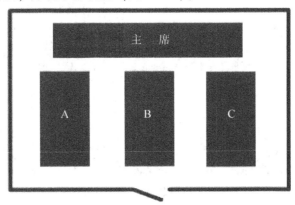

图6-15 主席式会谈排座

### 6.2.4 会见与会谈时的位次排列

会见，国际上一般称接见或拜会。凡身份高的人士会见身份低的，或是主人会见客人，这种会见，一般称为接见或召见。凡身份低的人士会见身份高的，或是客人会见主人，这种会见，一般称为拜会或拜见。拜见君主，又称谒见、觐见。我国内不作上述区分，一律统称会见。接见和拜会后的回访，称回拜。

会见就其内容来说，有礼节性的、政治性的和事务性的，或兼而有之。礼节性的会见时间较短，话题较为广泛。政治性会见一般涉及双边关系、国际局势等重大问题。事务性会见则有一般外交交涉、业务商谈等（图6-16）。

图6-16　胡锦涛同奥巴马在白宫举行会谈

会谈是指双方或多方就某些重大的政治、经济、文化、军事问题，以及其他共同关心的问题交换意见。会谈也可以是指洽谈公务，或就具体业务进行谈判。会谈，一般说来内容较为正式，政治性或专业性较强（图6-17）。

图6-17　巴以直接和谈在美正式重启

1. 会见座位的安排

会见通常安排在会客室或办公室。宾主各坐一边。某些国家元首会见还有其独特礼仪程序，如双方简短致辞、赠礼、合影等。我国习惯在会客室会见，客人坐在主人的右边，译员、记录员安排坐在主人和主宾的后面。其他客人按礼宾顺序在主宾一侧就座，主方陪见人在主人一侧就座。座位不够可在后排加座。

2. 会谈座位的安排

双边会谈通常用长方形或椭圆形的桌子，宾主相对而坐，以正门为准，主人占背门一侧，客人占面门一侧（图6-18）；或以入门的方向为准，客人占右边一侧，主人占左边一侧（图6-19）。座次的排定方法是，主谈人居长方桌或椭圆桌一侧的正中，第一副谈居主谈的右侧，第二副谈居主谈的左侧，以此类推，宾主双方人员各自左右排开。如遇有译员参加，则交谈人位置不变，译员居主谈右侧，第一副谈居主谈左侧，第二副谈居译员右侧，以此类推。如下图所示。记录一般安排在后面就座。

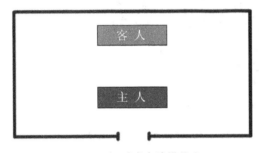

图6-18 相对式会谈排位之一

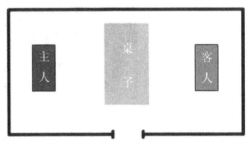

图6-19 相对式会谈排位之二

小范围的会谈，也有不用长桌，只设沙发，双方座位按会见座位安排。沙发室坐席的排列，主方与客方分坐左右两侧，客方坐在右侧，主方坐在左侧。如需译员、记录，则分别安排在主宾和主人的身后（图6-20）。

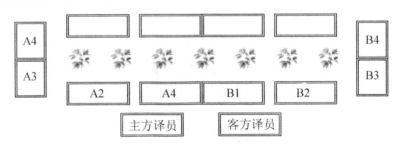

图6-20 沙发室会谈排位

注：A为主方席，B为客方席

多边会谈则通常用圆形桌子，按礼宾次序依次就座。公关活动中的会谈多见于组织式与公众之间，为创造气氛，在参与人数较少的情况下，也可采用会见座位的安排方法。

### 6.2.5 行进时的位次排列

在行进过程中，需要我们注意排列的次序。一般来说，有以下几种场合：

**1. 并排与前后行进**

横向行进。如为两人并排行进时，内侧高于外侧；多人并排行进时，按照高低的顺序依次是：中央、内侧、外侧（图6-21）。陪同人员应该把道路内侧（靠墙一侧）让给客人，把安全与方便留给客人。

图6-21 多人横向行进

纵向行进。两人前后行进时，前方高于后方，以前方为上，把选择前进方向的权利让给客人（图6-22）。当客人不认识路时，陪同人员应在客人左前方1~1.5m处进行引导。

图6-22 两人纵向行进

男女同行时，一般女士优先走在前方。进出门口时，男士应先女士一步推门请女士先行。下车或通过黑暗区域时，男士应率先行动。进入正式餐会或娱乐场所的，男士应让女士先行。男士与两位女士同行，应走在最左边。两男一女同行时，可让女士走在中间以示尊重。如路窄只容一人行进时，男士应走在女士之后。男女并行过马路时，男士应主动站在正对车辆行进方向一侧。男士可代女士携带笨重物品，但不必为女士拿皮包或女用雨伞。

2. 上下楼梯

在上下楼梯时，均应单行行走，要是楼梯较宽，并排行走最多不要超过两人。上下楼均应靠右侧行走，左侧是留给有急事的人经过的。如陪同长辈、客人上下楼梯时，出于安适的必要，上楼时应走在长辈、客人的后边；下楼时走长辈、客人的前边。

上下楼梯时，要注意姿势和速率，与前后人之间贯串毗邻必然间隔。男女同行时，尤其当女士穿着短裙时，上下楼宜令女士居后。

3. 上下电梯

乘坐扶手电梯礼仪首先强调的是"左行右立"，即上下自动扶梯需靠右站立，留出左边的通道让有急事的人先行（图6-23）。乘坐轿厢电梯时应注意出入电梯的次序和在电梯内站立的次序（图6-24）。

图6-23 乘坐扶手电梯

1）出入电梯的次序

出入有人控制的电梯时，陪同者应后进后出，让客人先进先出。把选择方向的权利让给地位高的人或客人，这是走路的一个基本规则。如果客人初次光临，还不认识路时，应该为他们指引方向。

出入无人控制的电梯时，陪同人员应先行进入电梯，一手按"开门按钮"，一手拦住电梯侧门，礼貌地说："请进"，请客人或地位高的人进入电梯。如果电梯里人很多，自己的位置不方便按电梯钮，可以对靠近电梯门的人说："能否请您帮我按下××层的按钮"。别人帮你按了之后，你应该面带笑容说"非常感谢"。当到达客人或地位

图6-24 乘坐轿厢电梯

高的人所要求的楼层时,陪同人员一手按住"开门"按钮,另一只手做出请的动作,可说:"××层到了,您先请!"待客人走出电梯后,自己立刻步出电梯,并热诚地为其引导行进的方向。

2)电梯内的站立次序

在电梯轿厢内,陪同人员应靠边侧站立,面对或斜对客人。中途有其他客人乘梯时,陪同人员应礼貌问候。在日本,电梯内的位置有"上下座"之分。"上座"是在电梯按钮一侧最靠后的位置;其次是这个位置的旁边;再其次是这个位置的斜前方;最差的"下座"就是挨着操作盘的位置,因为这个人要按楼层的按钮,相当于"司机"。

4. 出入房间或正门

宾客出差或旅行中,在进出酒店的先后次序上,如果没有特殊原因,出入正门和房间时应该是位高者先进或先出。如果有特殊情况,比如需要引导,室内灯光昏暗,这时应该是陪同接待人员先进去,为客人开灯、开门,出的时候也是陪同接待人员先出去,为客人拉门引导(图6-25)。

图6-25 拉门引导

当门是向内开式时,打开后,自己先行入内,然后一只手按着门把,轻轻点头示意访客进入,这时引导的人可以站在门后阴影处,基本上以露出半身较为合宜。

若门是向外开式时,打开门后同样地单手按住门把,先稍微行个礼再请访客入内,就好像将访客送进去般的姿势,然后自己再进去,背对门将门带上,引导来客入座。

### 6.2.6 乘车时的位次排列

乘车是在现代生活最普遍的一种交通方式,礼仪也是非常必要的。因此,在选择不同的车辆时,要注意选择不同的位次排列,这样才能体现出一个旅游从业人员应有的修养。

1. 按照司机的不同身份来定义位次

当乘坐轿车时,我们可以按照司机的不同身份来分别定义不同的位次顺序。司机的身份主要有两种:即轿车的主人和专职司机。

(1) 当主人驾驶轿车时。一般前排座为上,后排座为下;以右为尊。若一个人乘车,则必须坐在副驾驶座上;若多人乘车,必须推举一个人在副驾驶座上就座,以示相伴。具体来说,在双排五人座轿车上,座位由尊而卑应当依次是:副驾驶座,后排右座,后排左座,后排中座(图6-26)。在双排六人座轿车上,座位由尊而卑应当依次是:前排右座,前排中座,后排右座,后排左座,后排中座(图6-27)。

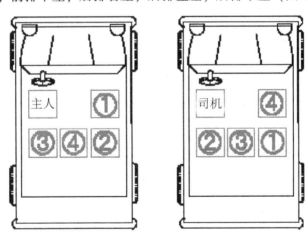

图6-26 双排五座轿车排座

由先生驾驶自己的轿车时,则其夫人一般应坐在副驾驶座上。由主人驾车送其友人夫妇回家时,其友人之中的男士,一定要坐在副驾驶座上,与主人相伴,而不宜形影不离地与其夫人坐在后排,那将是失礼之至。男士要服务于自己的夫人,宜开车门让夫人先上车,然后自己再上车。

(2) 由专职司机驾驶轿车时,通常仍讲究右尊左卑,一般以后排为上,前排为下。

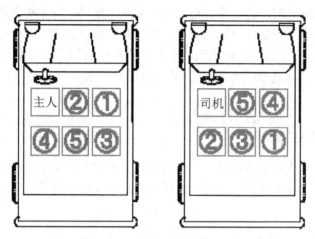

图6-27 双排六座轿车排座

在双排五人座轿车上，座位由尊而卑应当依次为：后排右座，后排左座，后排中座，副驾驶座（图6-26）。

在双排六人座轿车上，座位由尊而卑应当依次为：后排右座，后排左座，后排中座，前排右座，前排中座（图6-27）。

2. 按照轿车的不同类型来定义位次

除了上述内容中的双排座，对于其他一些特殊类型的轿车我们还需要掌握其他的礼仪知识。三排六人座的轿车位次排列。在主人和司机分别驾驶情况下地排座如图6-28所示。吉普车的位次排列：吉普车是一种轻型越野客车，它大都是四座车，不管由谁驾驶，吉普车上座次由尊而卑均依次是副驾驶座，后排右座，后排左座（图6-29）。多排座轿车的位次排列：多排座轿车，指的是四排以及四排以上座位的大中型轿车；其不论由何人驾驶，均以前排为上，以后排为下；以右为尊，以左为卑；并以距离前门的远近，来排定其具体座次的尊卑（图6-29）。

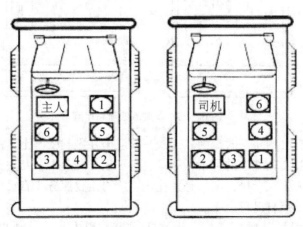

图6-28 三排六座轿车排座

## 6 礼宾次序——旅游行业接待礼仪

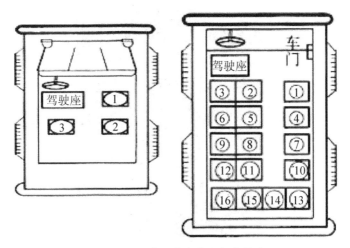

图 6-29 吉普车及多排轿车排座

**3. 按照安全系数来定义位次**

根据常识，轿车的前排，特别是副驾驶座，是车上最不安全的座位。因此，按惯例，在社交场合，该座位不宜请女性或儿童就座。在公务活动中，副驾驶座，特别是双排五座轿车上的副驾驶座被称为"随员座"，循例专供秘书、翻译、警卫、陪同等随从人员就座。

当主人亲自开车时，之所以以副驾驶座为上座，既是为了表示对主人的尊重，也是为了显示与之同舟共济。

在许多城市，出租车的副驾驶座经常不允许乘客就座。这主要是为了防范歹徒劫车，其实质也是出于安全考虑。

**4. 按照自愿或其他方式来定义位次**

通常，在正式场合乘坐轿车时，应请尊长、女士、来宾就座于上座，这是给予对方的一种礼遇。然而更为重要的是，与此同时，不要忘了尊重嘉宾本人的意愿和选择，并应将这一条放在最重要的位置。在与同等地位的人上下车时，要互相谦让。

**5. 上下车位次**

乘坐轿车时，按照惯例，应当请位尊者先上车，最后下车。位卑者应当最后上车，最先下车。在轿车抵达目的地时，若有专人恭候，并负责拉开轿车的车门，这时位尊者可以率先下车（图 6-30）。

如果接待两位贵宾，主人或接待人员应先拉开后排右边的车门，让尊者先上；再迅速地从车的尾部绕到车的另一侧打开左边的车门，让另一位宾客从左边上车；只开一侧车门让一人先钻进去的做法是失礼的。如有女士，遵循女士优先原则。女士裙子太短或太紧不宜先上车，应请男士先上，此时，男士不必再谦让。

177

图 6-30　上下车礼貌

### 6.2.7　宴会座次和桌次的排序规则

正式宴会一般要事先安排座次，一示隆重，二免混乱，三可更好地达到宴请的目的。也可只排部分客人的座次，其余人员只排桌次或自由入座。无论采用哪种做法，都要在入席前通知各位出席者，使宾客心中有数，现场还需有人引导。

**1. 桌次的安排**

（1）中餐宴请的桌次安排。在中国常见的中餐宴请活动中，往往采用圆桌布置菜肴、酒水。桌次有主次之分，主桌一般安排在餐厅的重要位置，以"面门、面南、观重点"为原则，其他桌次按照"远高近低，右高左低"的原则安排，各桌的主位一般与主桌的主位方向相同。排列圆桌的尊卑次序，具体有两种情况（图 6-31）。

第一种情况，是由两桌组成的小型宴请。这种情况，又可以分为两桌横排和两桌竖排的形式。当两桌横排时，桌次是以右为尊，以左为卑，这里所说的右和左，是由面对正门的位置来确定的。当两桌竖排时，桌次讲究以远为上，以近为下，这里所讲的远近，是以距离正门的远近而言。

第二种情况，是由三桌或三桌以上的桌数所组成的宴请。在安排多桌宴请的桌次时，除了要注意"面门定位"、"以右为尊（当餐桌分为左右时，应以居右之桌为上）"、"以远为上（当桌子纵向排列时，以距离宴会厅正门的远近为准，距门越远，位次越高）"、"居中为上（当多张餐桌并排列开时，一般居中央者为上）"等规则外，还应兼顾其他各桌距离主桌的远近。通常，距离主桌越近，桌次越高；距离主桌越远、桌次越低。在安排桌次时，所用餐桌的大小、形状要基本一致。除主桌可以略大外，其他餐桌都不要过大或过小。

## 6 礼宾次序——旅游行业接待礼仪

为了确保在宴请时赴宴者及时、准确地找到自己所在的桌次，可以在请柬上注明对方所在的桌次、在宴会厅入口悬挂宴会桌次排列示意图、安排引位员引导来宾按桌就座，或者在每张餐桌上摆放桌次牌（用阿拉伯数字书写）。

**宴会桌次安排示例图**

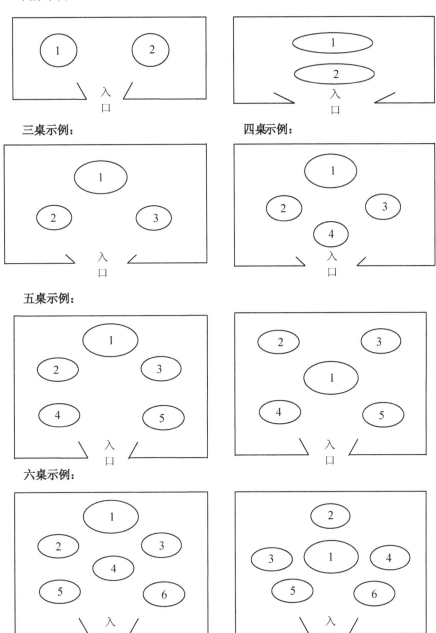

图 6-31 宴会桌次安排示例

六桌以上示例：

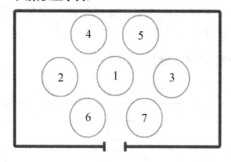 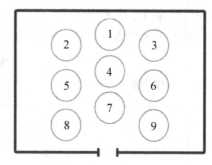

图 6-31　宴会桌次安排示例（续）

（2）西餐宴请的桌次安排。在西餐宴会用餐时，人们所用的餐桌，最常见、最正规的是长型桌，桌次的高低依距离主桌位置的远近而右高左低，桌次多时应摆上桌次牌。

2. 宴会席位的排序

在宴会上，席位具体是指同一张餐桌上座位的主次尊卑。排列席位的基本原则有五，它们往往会同时发挥作用。

1）宴会席位排列的一般原则

正式宴会一般均排席位，也可只排部分客人的席位，其他人只排桌次或自由入座。大型的宴会，最好是排席位，以免混乱。无论采用哪种做法，都要在入席前通知到每一个出席者，使大家心中有数，现场还要有人引导。礼宾次序是排席位的主要依据。在重要宴会排席位之前，要把经落实出席的主、客双方出席名单分别按礼宾次序开列出来。按照以下 6 个基本原则来安排主宾席位（图 6-32、图 6-33、图 6-34）。

（1）面门而上。主人大都应面对正门而坐，并在主桌就座，有两位主人时，双方则可对面而坐，一人面门，一人背门。

（2）各桌同向。举行多桌宴请时，每桌都要有一位主桌主人的代表在座，位置一般和主桌主人同向，有时也可以面向主桌主人。

（3）以近为上。各桌席位的尊卑，应根据距离该桌主人的远近而定，以近为上，以远为下。

（4）主宾居右。各桌距离该桌主人相同的位次，讲究以右为尊，即以该桌主人面向为准，右为尊，左为卑；中餐上菜时多以顺时针方向为上菜方向，这样的安排使居右坐的比居左坐的优先受到照顾。

（5）好事成双。每张餐桌上所安排的用餐人数最好是合理范围内的双数。一取双数吉兆，同时人数如果过多，不容易照顾好客人。

（6）东西差异。我国习惯按各人本身职务排列以便于谈话，如夫人出席，通常把女方排在一起，即主宾坐男主人右上方，其夫人坐女主人右上方。但在西餐的餐桌上，按照西方习俗排列座次的时候一般是男女交叉安排，即使是夫妻也是如此。

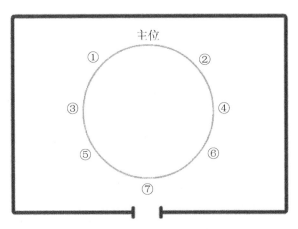

图6-32 中餐宴会席位排座之一

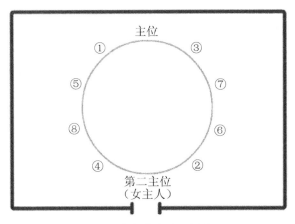

图6-33 中餐宴会席位排座之二

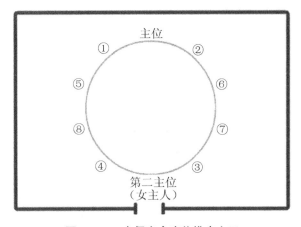

图6-34 中餐宴会席位排座之三

2) 其他排列原则

除了礼宾顺序之外，在具体安排席位时，还需要考虑其他一些因素。

(1) 中座为尊。三人一同就餐时，居中坐者在位次上要高于在其两侧就座之人。
(2) 观景为佳。用餐时，在其室内外往往有优美的景致或高雅的演出，可供用餐者观赏，此时应以观赏角度最佳处为上座。
(3) 临墙为上。在餐馆大厅用餐时，通常以靠墙的位置为上座，靠过道的位置为下座。
(4) 兼顾实情。在外事活动中或涉及多边的宴会上，还需要注意客人之间的爱好、政见、身份、语言、专业等各种实际情况。另外，两位客人的年龄悬殊很大的（近亲除外）不方便让他们坐在一起；最好是让孩子们拥有一个单独的桌子进餐或安排他们坐进出比较方便的位置为宜；行动不便的客人，一定要安排他们的监护人坐在旁边以保证他们的进餐便利和得到照顾；男女搭配相邻而坐为佳，但一般夫妇俩人不必非要坐到一起，除非他们是初恋的年轻人；遇特殊情况，可灵活处理。如遇主宾身份高于主人，为表示对他的尊重，可以把主宾摆在主人的位置上，而主人则坐在主宾位置上，第二主人坐在主宾的左侧。也可按常规安排。

3）西餐席位的排列

西餐宴会的台形设计非常灵活，主要有以下几种常见形式："一"字形台、"U"字形台、"E"字形台、"回"字形台等。除上述基本台形外，还有"T"字形台，鱼骨形台，星形台等（图6-35、图6-36）。现在许多西餐宴会也使用中餐的圆桌来设计台形（图6-37）。西餐席次排列的一般原则为：

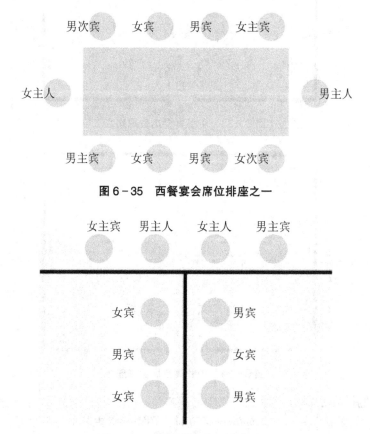

图6-35 西餐宴会席位排座之一

图6-36 西餐宴会席位排座之二

# 6 礼宾次序——旅游行业接待礼仪

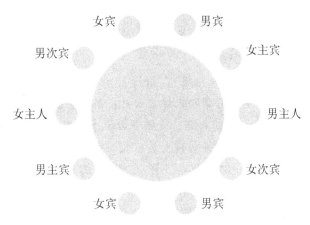

图6-37 西餐宴会席位排座之三

使用长型桌排列时，男女主人分坐两头或长桌横面的中央，男女主人的右方的席次为上座；

座位安排一般采取男女相间的方式，男主人右手边是女主宾，女主人右手边是男主宾，其余依序排列。礼貌上，女宾的席次一般较男宾为高。

> ■ **知识拓展**
>
> ### 中国古代的座次排列
>
> 　　汉民族祖先以朴素的认识论为基础，从力的大小出发，认识到右手有力，灵活胜于左手，形成了权势体系以"右为上"的观念；以古代哲学思想阴阳观为基础，从光的明暗出发，认识到左方为东，属阳，右方为西，属阴，形成了方位体系里以"左为上"，这就是中华民族尊右卑左和尊左卑右同时并存的特有文化现象。从古到今，因为桌具的演进，所以座位的排法也相应变化。总的来讲，座次是"尚左尊东，敬上崇中，面朝大门为尊"。清代著名学者顾炎武在《日知录》中说："古人之坐，以东向为尊。"有关这一点，可以从《史记·项羽本纪》的鸿门宴的描写中找到佐证。明代出现八仙桌以后，座次的尊卑有了较明显的变化。八仙桌的座次是依据古代天子祭祖时神主的位次，神主第一代位次就是东向，首席最尊。其次，依次是左侧南向的2、4、6……北向的3、5、7……面西向坐地位最低。不过，如今中国的厅堂大多坐北朝南，故尊卑位次与旧时也有很大变化，正宴往往以面南者为尊，其余依次是面北、面西、面东。若是圆桌，则面南正中为首席，左手边依次为2、4、6……右手边依次为3、5、7……直至汇合。如果不是坐南朝北，则以面朝大门为尊，其余依次是背对门、左门和右门。

## 实训项目一　礼宾次序排列训练

**实训目的**：熟悉及掌握礼宾次序排列的基本原则，练习礼宾次序排列的操作服务方法。

**实训内容**：进行大型会议主席台、双边会见、签字和宴会4种仪式安排的情景模拟，练习礼宾次序中行进中的位次、乘车的位次。

**实训场地**：会议、餐饮实训室。

**实训步骤**：分组进行（20人一组），请部分学生分别扮演参加大型会议、会见、签字、宴会仪式等的东道主、主宾和来访方人员，其他学生分组练习。要求：

（1）模拟设计出席活动人员身份，按照不同场地座次排列要求进行仪式场地布置和安排。包括大型会议主席台的奇偶数人员座位排列，会见、签字仪式的横桌、竖桌等至少2次不同形式的摆台，中餐宴会5张以上桌次的布置。

（2）练习制作席签，美化布置仪式现场，准备仪式相关设备。

（3）服务人员练习引领活动双方人员步入仪式现场，注意行进位次和乘车位次，灵活正确地安排宾客双方入座、协助进行会议、会见、签字仪式等。

（4）同学观摩，交换意见。

## 实训项目二　会议服务礼仪训练

**实训目的**：熟悉及掌握会议服务的基本知识，练习会议服务的基本程序和操作方法。

**实训内容**：小型会议的服务。

**实训场地**：会议室。

**实训步骤**：分组进行（20人一组），会前准备、接待引领、会议服务、会后收尾4个小组，为老师们的教师例会进行会议服务。

**实训要领**：

（1）会前准备组按会议要求布置会议桌椅；检查会议室清洁、供水是否完备；照明、空调、音响是否能正常运行；准备会标、座次牌、签到台、花卉、水果、观叶植物、茶叶、纸杯等会议所需物品，并正确摆放；准备所需会议设施设备，如投影仪、电脑、话筒等；通知使用会议室的宾客查看会场，按宾客要求对会场作出调整以便满足用户要求；会议结束后，做好会议服务的收集、整理工作，检查会议室使用是否正常。

（2）接待引领组准备签到簿、布置签到台，引导客人签到，动作大方规范。熟悉座位安排，用规范的手势和姿态正确引领和安排与会人员进入会议室，引导客人入座。

（3）会议服务组和收尾组必须着装整齐、在会议召开前20分钟到达现场；在会议使用中，提供香巾、饮品服务、果盘、贵宾饮品服务，会务人员不能擅自离开，对会议室出现的紧急情况能做好相应处理；会议使用完毕后，会议服务人员应通知专人对会议室进行清理。

## 6.3 旅游接待服务礼仪

旅游接待服务综合性强、跨度较大，是旅游礼宾礼仪的集中体现。它所涉及的每个行业、每个部门乃至每个员工都要按照一定的礼仪规范做好相应的服务，而旅游接待工作量大艰苦，任何一个环节发生事故或质量问题，都会影响整体接待服务的质量，这就要求旅游接待人员细致耐心，在工作中严格按照有关的工作程序和礼仪规则办理。旅游接待的基本程序和礼仪，大体可分为以下几个方面：

### 6.3.1 旅游接待服务准备

在接待宾客前期，有必要进行先期准备，以求有备无患（图6-38）。

图6-38 旅游接待服务准备

**1. 掌握基本情况**

了解客情，包括宾客的单位、姓名、身份、性别、民族等基本情况，了解来访人数、男女比例、职务级别；了解宾客的来访目的和要求；弄清宾客抵达具体时间和所乘车次或航班、轮班。

对于宾客的基本情况，重点掌握主宾的个人简况，例如姓名、性别、年龄、籍贯、民族、单位、职务、职称、学历、学位、专业、专长、偏好、著述、知名度等。必要时，还需要了解其婚姻、健康状况，以及政治倾向与宗教信仰。在了解来宾的具体人数时，不仅要务求准确无误，而且应着重了解对方由何人负责、来宾之中有几对夫妇等。如果来宾，尤其是主宾此前进行过访问，则在接待规格上要注意前后协调一致。无特殊原因时，一般不宜随意在接待中升格或降格。

### 2. 制定接待方案

根据宾客具体日程及要求，拟定接待方案，对贵宾接待需编写"贵宾接待计划通知单"并及时发至各相关部门。接待方案具体内容包括：宾客基本情况，接待规格与标准；陪同人员名单；宾客抵离日期；接待工作的组织分工；迎送形式；膳宿安排；交通工具；具体事件及日程安排；付款方式及时间；相关接待场所；相关礼宾次序；各部门接待要求；各部门联络人。

如有需要，还应落实好安全保卫和宣传工作。接待方案要报送相关领导批准。

### 3. 具体安排

根据接待方案，作出具体接待安排。

1）迎送形式

（1）迎送方式。根据宾客的级别确定是否安排迎送客仪式，如何安排迎送客仪式。

（2）迎送人员。精心选择迎送人员，数量上要加以限制，身份上要与来访对象大致相仿，职责上要划分明确，必要时对迎送人员进行培训。

（3）迎送时间。应事先与客人约定，要在客人起程前后再次加以确认，提前到达迎送地点。

（4）迎送地点。也需事先约定。可做选择的具体地点主要有3类：交通工具停靠站，例如机场、车站、码头等；来宾临时下榻之处，例如酒店；用以迎宾的常规场所，例如广场、大厅等。

对于送客而言，为来宾正式送行的常规地点，通常应当是来宾返还时的起程之处，以及交通工具停靠站。倘若来宾返程时将直接乘坐专门的交通工具，从自己的临时下榻之处直接启程，则亦可把来宾的临时下榻之处作为送行的地点。如举行送行仪式，送行的地点往往要选择宜于举行仪式的广场、大厅等。

2）膳宿安排

在客人尚未抵达前就安排好膳宿。根据客人的民族习俗、身份及要求等，本着交通便利、吃住方便的原则，制订具体安排计划。要注意膳宿环境的整洁、安静，房间设备是否齐备，服务质量是否达标等。

3）接待场所

在旅游接待活动中，如有商业或其他公务会谈，应本着整洁、美观、方便的原则由相关部门和人员布置会议室或会客室等接待场所。在客人到达前要根据具体情况，打扫卫生，准备水果、饮料、茶具，摆放一些鲜花、文具用品和可能用上的相关资料等，以便使用和查询。

4）交通工具

出于方便来宾的考虑，对其往来、停留期间所使用的交通工具，接待方也要予以必要的协助。需要接待方为来宾联络交通工具时，应尽力而为；需要接待方为来宾提供交通工具时，应努力满足；而当来宾自备交通工具时，则应提供一切所能提供的便利。

5）安保与宣传

接待重要来宾时,安全保卫与宣传报道两项具体工作通常也应列入计划之内。安全保卫工作应根据来宾身份拟订具体的警卫方案和措施报上级批准,作好各种应急防范准备;遇有重要宴请或会议时,维持好门前秩序,预留车位,疏导交通。协助贵宾的保卫人员做好安全保卫工作。宣传报道则应注意统一口径,掌握分寸,并报经上级有关部门批准。

## 实训项目三　酒店接待服务准备

**实训目的**：通过实训教学,使学生了解关于礼宾规格的礼仪知识,并对旅游接待服务准备安排中的具体要求有所掌握。

**实训内容**：酒店A级贵宾接待方案设计。

**实训场地**：饭店实训室。

**实训步骤**：分组进行（6~8人一组）,收集星级酒店不同级别贵宾的接待礼宾规格知识,模拟酒店接待A级贵宾一位,小组讨论并交换意见,设计针对该客人的接待方案,将接待方案以幻灯片形式展示出来,填写贵宾接待通知单,以相应礼宾规格布置客房实训室、餐饮实训室等接待场所。

**实训方案设计要领**：

（1）由各部抽调优秀服务员组成接待小组,并将名单上报总经理,确保提供热情、细致、快捷、周到的服务。

（2）贵宾抵店前20分钟,酒店总经理带相关部门经理及指定各部门服务员到机场或大堂迎接,由前厅部经理送贵宾入住并办理登记手续。

（3）房务部安排专门服务力量,客房清理做到贵宾"一离一清"24小时随叫随到。

（4）贵宾房摆设A级鲜花、A级果篮、总经理签名卡、欢迎函等。客房内提供高档睡衣,全新棉织品,高档客用品及各类茗茶、咖啡等饮品。贵宾房配备有关的书刊、画报及中外文报纸。

（5）贵宾进出客房、餐厅及康乐场所有专人引领、通知及专人迎候。

（6）由负责承接部门（营销部、总办）派专人或其专职联络人负责;各有关部门"转接式"负责。

（7）设酒店《贵宾题词簿》及高档文房四宝。

（8）客人离店时,总经理带领各部门经理及各部门指定服务员到机场或在大堂欢送。

### 6.3.2　旅游接待服务落实

1. 宾客迎接工作

1）迎接

旅游接待服务人员应主动了解宾客住店期间的宴请、会客和其他重要活动,详细询问对客房、接待场所布置等各方面的要求，在宾客出发前后向车站、机场或码头了解宾客抵达的确切时间，以免漏接或空接。联系好有关车辆的停靠地点和行李车，提前20~30分钟抵达接站地点或在酒店大堂迎接宾客。一般客人可由服务人员前往迎接，重要客人应安排迎宾仪式，由接待人员陪同领导前往迎接（图6-39）。接到宾客后，及时向宾客或陪同人员索取行李卡和有关的证件，并交给负责行李的有关接待人员。

图6-39　迎接宾客

2）致辞

如果是重要宾客，应表示出接待单位的友好和尊重，由接待人员中的身份最高者致简单的欢迎辞，并将负责迎送的有关接待人员介绍给宾客。欢迎辞是迎接客人时使用的问候语言，一般情况下不需作出书面准备，但见到客人时要说"欢迎您的到来"、"欢迎您指导工作"、"欢迎光临"之类的话。对于一些隆重的接待，则要准备一些简短的书面欢迎辞。另外，一般在重要的公务接待中，还要准备一些欢迎标语，以示对来访者的尊敬。乘车前往酒店途中，接待人员可以根据客人的需要和兴趣，简单介绍沿途风景和当地的有关风土民情。

2. 入住酒店

1）入住

在宾客到达酒店后，接待人员要尽快办理入职手续，并请团队负责人或陪同人员向他们发放住房卡（图6-40）。如是重要客人，在宾客抵达前，前厅经理将住店登记表内的各项内容了解清楚，打印好，连同贵宾卡、欢迎卡和房间钥匙一并装入欢迎卡信封；贵宾抵店时，由前厅部经理引领客人直接进房，请贵宾或其他负责人在登记表上签字即可。

2）休息食宿

客人抵达后，不论来访目的怎样，通常应先安置其休息。如果是近途来宾，可在会议室或接待室稍作休息，并提供茶水、饮料等；若是接待远道而来的客人，提前2~4小时清扫好客房，确保设备完全正常，迅速协助宾客携带行李进入房间；期间，服务人员应向宾客介绍酒店设施、用餐、兑换外币等情况，帮助宾客熟悉环境（图 6－41）。

图 6－40　宾客入住

图 6－41　宾客食宿安排

对重要客人，应把应配备的鲜花、水果等物品在客人到达前 3 小时准备完毕，按规定摆放整齐，放置有关领导名片，并通知客房经理查房后"封房"，客房服务员在贵宾入房前开门，并向贵宾问好。客人入房后应立即提供香巾和欢迎茶。

团队客人和重要宾客就餐前 30 分钟准备好餐饮服务，并安排好菜品，服务人员应严格按操作规程服务（图 6－41）。

3）商议活动日程

食宿安排就绪后，接待人员与团队负责人或陪同人员商定具体的日程安排，然后逐项落实。如果宾客对食宿、活动地点及时间有其他要求，在政策允许而且是合理的前提下应尽量满足宾客的要求（图 6－42）。

图6-42 商议活动日程

3. 参观游览

1）导游服务

参观游览，要落实好用车和陪同人员及导游人员。接待人员或导游人员对宾客感兴趣的问题，都要谨慎有礼地解释或讲解，切忌自以为是或流露傲气或嘲讽他人；如果是多处风景名胜游览，要确定好集合时间并通知所有的团队成员，以便顺利到达第二、第三风景点；在接待宾客游览时，可能会遇到宾客向接待人员或导游人员赠送礼品。一般情况下，应当婉转回绝并表示感谢。如果客人执意赠送，应当收下并表示衷心的谢意，再视具体情况确定是否上交；在导游过程中，导游人员应具备丰富的文化；地理、历史知识，而且仪表要求大方、自然；导游人员还应当搜集和发现游览过程中存在的问题，并明确提出改进的建议或措施，确定第二天的游览、接待工作的重点和注意事项（图6-43）。

图6-43 参观游览

2）其他活动

对于宾客行程中的其他活动，要事先安排好人员、活动内容和时间地点。

### 6.3.3 旅游接待服务收尾

**1. 结账及行李服务**

在旅游参观结束时，接待人员要根据车次、航班的准确时间，事先与负责行李的接待人员约好提取行李的时间，并告知宾客。在宾客离店时，由收银员完成消费总额分类统计，作账务处理，并在宾客离店前准备好账单，结账迅速准确。交接行李时，要仔细清点，有出入时应仔细查对，切不可马虎粗心（图6-44）。

图6-44 宾客行李服务

**2. 交通工具**

要联系好交通工具，提前将宾客送到车站或机场、码头，并安排好休息，待有关手续办好后再将机票、车票、船票、行李卡和有关凭证一并交给团队负责人或陪同人员。

**3. 欢送仪式**

如果宾客是重要客人、重点团队或外宾团，视具体情况，可举行一个小小的欢送仪式，由旅游接待组织的有关负责人致欢送辞，然后一一握手话别；待客人离开接待人员的视线或车、船、飞机开动以后，旅游接待人员即可离开，接待工作结束（图6-45）。

图6-45 欢送宾客

### 6.3.4 旅游接待基本礼仪

**1. 表情与神态**

微笑是接待人员最好的语言工具，接待服务的第一秘诀就是展现你的亲切笑容。接待人员在与宾客交流时，应与对方保持合适的社交距离，眼睛要亲切自然地注视对方，礼貌地将视线停留在对方头部到腰部之间。通过使用得体的问候用语和礼貌用语，向顾客展现你的专业风范；同时，接待人员应根据环境变换不同的关怀话语，拉近与宾客之间的距离，让宾客产生宾至如归的感觉。

**2. 献花礼节**

宾客抵达后，在第一时间献上一束鲜花，是国际通行的迎接方式和礼遇规格，是对客人欢迎和尊敬的一种表示。献花应该恰如其分，并非花束越大、花朵越昂贵越好。如果考虑给客人献花，应该先了解对方国家有没有对花的禁忌以及偏好。这一点很关键，比如菊花、杜鹃花和黄色的花朵，都属于献花的禁忌品种；而有的国家习惯于赠送花环，或者一两支名贵的兰花、玫瑰花等。此外，献花必须用鲜花，并要保持花束的整洁、鲜艳。献花的最佳时机是：在参加迎接的主要领导与客人握手之后，由礼宾小姐将花献上；如果没有安排专人献花，也可以由主人在跟客人握手后亲自献上。

**3. 接待中常用礼貌用语**

（1）正确称呼。初次认识和接待宾客时，正确使用称呼非常重要，对于敬称切不可掉以轻心。否则，会伤害对方的感情，或者被对方认为缺乏教养。一般称呼：男宾不论其年龄大小与婚否，可统称为"先生"；女宾则根据婚姻状况而定。已婚女子称"夫人"（太太），未婚女子称"小姐"。对婚姻状况不明的女宾，可称"小姐"或"女士"，如"王先生"、"徐太太"、"布朗小姐"等；对于某些职衔、学位，可以连同姓名一起使用，如"张总"、"李法官"、"卡特教授"、"肖老师"、"丁博士"等；对地位较高的官方人士，一般指部长以上的高级官员及军队中的高级将领，应加上"阁下"二字，以示尊敬，如"部长阁下"、"总统先生阁下"、"大使先生阁下"等，但有些国家如美国、墨西哥、德国等国，没有称"阁下"的习惯，一般称职衔或先生；对君主立宪国家，则应称皇帝、皇后，国王、王后为"陛下"，皇子称"王子"，公主、亲王为"殿下"。在教会中的神职人员，可在其教会职称后，加先生或在其姓名后加职称，如"牧师先生"、"布鲁斯神父"等。

（2）五句十字。"您好"、"再见"、"对不起"、"请"、"谢谢"等用于在接待服务中充分体现了语言文明的基本形式。经常使用这些词语，使客人倍加亲切，增进感情。

#### 4. 接待中的谈话礼节

（1）谈话内容。在接待宾客时，如与宾客谈话，首先要了解对方身份，内容事先要有准备，以便谈话得体，有针对性。对外宾谈话，自己不知道的事不随便答复，不属于自己工作范围的问题不轻易表态，无把握的事不随便允诺。同时，不愉快的事不讲、不高兴的事不谈、私事不问、不批评上司长辈、不议论当事国的内政及宗教问题。

（2）谈话态度。与宾客谈话时态度和蔼可亲，不卑不亢，称赞对方不要过分，谦虚也要得当。举止要自然得体。微笑站立，面向客人，手势恰当，距离适宜，不大声说话或放声大笑，不拉扯拍打，不口沫四溅。讲话完毕，要礼貌告别，躬身后退一步，自然转身离开，千万不要扭头就走。宾客讲话时，要注意倾听，不左顾右盼，交头接耳或随便打断。当客人与客人交谈时，不随意插话，更不趋前旁听。如有事和客人说话，应先打招呼，表示歉意，说完就离开。同三人以上宾客谈话时，不能只和一个人谈，而冷落他人。

#### 5. 迎送鞠躬礼

接待宾客时，通行的三阶段鞠躬礼包括15°、30°和45°的鞠躬行礼。15°的鞠躬行礼用于问候、欢迎、介绍、让路、让座和招呼时，表示轻微寒暄；30°的鞠躬行礼可用于向宾客道别致意；45°的鞠躬行礼用于表示歉意和感谢，表达较深切的敬意。在行礼过程中，应以腰为轴；上半身弯曲，视线向下，举动自然，令人舒适；切忌用下巴跟人问好。

#### 6. 服务手势

接待人员的手势运用要给人一种含蓄、彬彬有礼、优雅自如的感觉。其基本要求是：自然优雅，规范适度。

（1）举手向宾客致意手势。正确方法是面带微笑、正对宾客、手臂上伸、手掌并拢、掌心向外。

（2）介绍某人或为客人引路指示方向手势。掌心向上，四指并拢，大拇指张开，以肘关节为轴，前臂自然上抬伸直。指示方向，上体稍有前倾，面对时面带微笑，自己的眼睛看着目标方向，并兼顾客人是否意会到目标。这种手势有诚恳、恭敬之意。切忌用手指来指点，因为它含有教训人的味道，是不礼貌的。

（3）鼓掌手势。欢迎宾客到来、宾客发言结束或观看比赛时，恰当使用鼓掌手势，应用右手拍左手掌心，但不要过分用力，时间过长。

（4）自谦手势。谈到自己时，可用手掌轻按自己左胸，显得端庄、大方、可信。

（5）手持物品手势。为客人敬茶、斟酒、送汤、上菜时，千万不要把手指搭在杯、碗、碟、盘边沿，更不可无意之间使手指浸泡在其中。

（6）递接物品手势。递接餐具、名片、钢笔、书本等物品给宾客时应用双手为宜，特别注意将带尖、带刃或其他易于伤人的物品递给他人时，切勿以尖、刃直指对方，而应将尖、刃朝向自己，或是朝向他处（图6-46）。

（7）展示物品手势。在展示物品给宾客时，应使物品在身体一侧展示，不宜挡住本人头部。

图6-46 接待中的服务手势

### 7. 行进中的招呼问候

客人从对面走来时，服务人员要向客人行礼，必须注意：放慢步伐，距离宾客五至十米时礼貌注视对方；离客人约3米以内，目视客人，面带微笑，轻轻点头致意，并且说："您早！"、"您好！"等礼貌。如行鞠躬礼时，应停步，躬身15°~30°，眼往下看，并致问候。切忌边走边看边躬身，这是十分不雅观的。接待人员在工作中，可以边工作，边致礼，如果能暂停手中的工作，向走廊、大堂的一侧让路，再向宾客欠身问候行礼，更会让客人感到满意。

### 8. 走动中的指引

接待人员在走动中做指引时，应让宾客走在内侧，站在宾客的左前方，使用侧行步进行指引。髋部朝着前行的方向，上身稍向右转体，左肩稍前，右肩稍后，侧身向着来宾，走在宾客前两三步，可边走边向来宾介绍环境，并配以手势的运用。当开始走动时，手就要放下来，否则会碰到其他过路的人，等到必须转弯的时候，需要再次打个手势告诉访客"对不起，我们这边要右转"。侧身转向来宾不仅是礼貌的，同时还可观察留心宾客的意愿，及时为来宾提供满意的服务。

引导客人上楼时，应让客人走在前面，接待工作人员走在后面，若是下楼时，应该由接待工作人员走在前面，客人在后面。上下楼梯时，应注意客人的安全。但无论何时，上楼都宜让穿短裙的女性走在后侧，如是陪同人为女性可向宾客说明明确地点"您先请，请上了楼右转"。

无论是打开内开的门还是外开的门，都不要急着把手放开，服务人员应首先扣住门把，并做一个"请"的动作，防止宾客受伤。

### 9. 奉茶礼

饮茶是我国的一项传统,小小一杯茶包含着博大精深的中国文化,接待宾客必不可少的一项服务就是奉茶。一名优秀的接待人员,一定要学会用合宜的方法为客户奉茶,通过奉茶的礼仪展现良好的专业素养。

首先要依季节选择适合的茶饮。上茶时勿以手指拿捏杯缘,在杯子下半段二分之一处,右手在上,左手在下托着茶杯;两杯以上要使用托盘端茶,在托盘内准备干净的小毛巾以备使用。奉茶时先给主宾和其他宾客奉茶,最后给本单位的人员奉茶;空间不便时即依照顺时针的方向把茶水端给宾客,最后是自己的单位人员,将茶杯搁置在客人方便拿取之处。女士注意奉茶仪态优雅大方(图6-47)。加水时宜先将茶杯拿到桌子以外再加水。

给宾客奉上咖啡时,应先将汤匙放置在杯碟上再端给客人,同时准备好糖包、奶缸。

**图6-47 奉茶礼**

### 10. 送行礼节

在接待工作中,送别的礼仪甚至比迎接的礼仪更不容忽视。送别时留给宾客一个良好的印象,对于以后双方的交往很有帮助。送行前要做好各方面的准备工作,比如安排交通工具以及相应的送行人员。送别和迎送的形式应当和谐。

若是将宾客送到电梯口时,接待人员在电梯门关上之前,都要对宾客注目相送,等电梯即将关上的一刹那挥手示意或做最后一次的鞠躬礼,并说声"谢谢,欢迎再次光临!再见!"

如果要将客人送到正门,就要等到客人即将离开时做最后一次鞠躬,同时说声"谢谢,欢迎再次光临",并目送客人的身影,直至消失不见才可返回自己的工作岗位。

如果将宾客一直送到他的车旁,一定不要忘了在将关车门的一刹那做最后一次鞠躬并说"谢谢,请注意行车安全",然后目送车子离开,直至看不见车影才可离开。

旅游行业礼仪实训教程（第2版）

对于重要宾客，可安排饯别宴，有时候还可赠送礼物。如将客人来访期间的活动照片精选汇集成图文相册，在送别时作为礼品送给对方。在重要宾客离开时，全体员工只要看见宾客就应该马上站起或停止工作，将椅子推入桌下或侧立在通道旁，每人抬头微笑注视宾客并道"谢谢！再见！"。这样的举动会带给客户备受尊崇的感觉。如果是在机场、码头、火车站等地方迎接来宾的到来，那么送别时，也应该把来宾送至他们启程的地点，目送交通工具离开后方可返回。

## 实训项目四　旅游接待服务训练

**情景练习**

　　旅行社服务人员针对新闻记者、旅游代理商、残疾人团队的接待礼仪方案设计。
　　**实训目的**：了解旅游接待服务工作的具体内容，熟悉并掌握针对特殊团队的接待礼仪。
　　**实训内容**：旅行社针对特殊团队的接待礼仪方案设计。
　　**实训场地**：导游训练室。
　　**实训步骤**：分组进行（6~8人一组），每组分配不同场景，设计不同接待方案，交换练习。
　　**实训方案设计要领**：
　　（1）旅行社组织代理商或新闻记者参加旅游，目的是介绍自己的旅游业务和旅游线路，使其通过观察了解，熟悉本社的业务和旅游目的地的旅游业基本情况。接待此类游客需注意：
　　精心设计最佳的旅游线路。旅行社应派专人与先按线路采访一下，并落实各地的准备工作。
　　仔细安排邀请团在考察过程中的活动。每个地方突出什么特色，具体活动、交通、住宿、餐饮等怎样安排都要反复检查确认。
　　配备最佳导游。选择好导游，是邀请团活动成功与否的关键。要选择有经验而又学识丰富的导游。
　　（2）接待残疾人旅游团队，最重要的是要有满腔热情，随时注意不要伤害他们的自尊心。在生活服务方面，一定要细心周到，想方设法为他们提供方便；在导游工作方面应尽量满足他们的要求；在日程安排方面，要考虑到他们的身体条件和特殊需要。

**延伸阅读**

上海国际会议中心接待任务背后的故事

　　10月20日晚11时，APEC主会场之一——上海国际会议中心。当最后一辆贵宾车从上海国际会议中心门口缓缓驶离，此时已临近深夜时分，浦东陆家嘴金融区依旧灯火辉煌。这里，刚刚完成了一项上海乃至共和国在新世纪接待史上的一大盛事——2001年APEC第9次领导人非正式会议。近一年的精心准备、酒店员工刻苦演练、辛勤耕耘，终于换来了成功的硕果。

## 6 礼宾次序——旅游行业接待礼仪

面对挑剔的检查

当上海国际会议中心东方滨江大酒店接到承办2001年APEC系列会议这一重任时，原酒店总经理田锋带着近千名员工的重托，专赴上届会议主办——文莱考察，为酒店圆满完成任务积累了宝贵的资料。2001年3月，在上海市委市政府、市委宣传部、文广集团的关心下，酒店广纳贤才，选调了原和平饭店王济明总经理出任东方滨江大酒店总经理，并引进了一批具有专业水准的高级管理人员以及专业技术、服务骨干人员充实到酒店，奠定了强劲的组织基础。

自年初开始，酒店汇集各路精兵强将投入了大量的前期准备工作，引入了多项在酒店历史上从未有过的设备与装置：国际最先进的DCN数字会议跟踪系统，与会代表只要轻击按钮，执行主席即可遥控与代表们的交流；同步摄像与200英寸超大屏幕背投，使得会议执行主席和与会代表的沟通更加便捷；10加1的红外线同声翻译系统给与会者提供了极大的方便；长50米、宽16米、可容纳300余名演职员并配有高科技音响灯光和影视传输设备的大型舞台，在可容纳3000人的无柱型宴会厅内建立；月牙形的主桌可面对舞台，同时供40余名主宾观看演出和就餐。

为了能使2001年APEC会议办成一个空前的盛会，为了能出色完成会议在酒店的一系列重大活动，酒店除了有一流的硬件设施外，更需要有一流的软件服务使各经济体领导人和贵宾们在会议期间感受到酒店的完美服务。为此，酒店将创建五星级酒店和迎APEC活动环环相扣、紧密相连；以"升五星、迎APEC、做品牌"为主要抓手，贯穿于前期各项准备工作。

"9·11"美国遭受恐怖袭击事件突发后，即将召开的APEC会议为世人所瞩目。作为APEC主会场之一的上海国际会议中心成了世界关心的中心，从安全保卫工作的部署到工程设备的调试，从各会议场所的布置到辅助设施的配合，从宴会使用的器皿到铺台的设计；从舞台的搭建到灯光音响的效果，原先制订的会议服务接待预案按更新更高的要求，以"变"应"变"不断作出相应的调整。如原先卡式炉用于加热的瓦斯罐被禁止使用，并移出店外，餐饮部及时用电磁灶取代加热；原先员工上下班的站点变化，车队及时组织车辆到临时站点去接。宴会厅的台型布置在一次次变化中得到了提高；服务员的操作规范在一次次的演练中得到了长进；酒店的安全工作和食品卫生工作在一次次近乎挑剔的检查、检测中得到了保证。

盛大国宴齿颊留香

10月20日晚，由江泽民主席宴请，各经济体领导人携配偶和高官以及中央和上海市领导共1000余人出席的盛大国宴是此次任务的重头戏。在这期间还穿插了餐前酒会、文艺演出和焰火表演。毫无疑问，这对酒店的菜肴质量、服务质量及各个环节的衔接等方面都提出了极高的要求。

当长达50米的舞台背景——牡丹长卷在变幻的灯光下呼之欲出，当21个经济体著名音乐联奏《太平洋——美丽的风》音乐响起，赢得来宾阵阵掌声的同时，国宴的大菜"鸡汁松茸"也和着美妙的节奏被送到了贵宾们的餐桌上。接着，"青柠明虾""中式牛排""荷花时蔬""申城美点""硕果满堂"等大菜伴着精彩纷呈的节目被适时地送到了餐桌上，使得贵宾们在陶醉于艺术的同时，也能齿颊留香。江主席对此称赞道，"上菜和演出节奏配合得相当好，组织得相当好！"

国宴菜单的制定可谓煞费苦心。每道菜肴选用的原料更是慎之又慎，选之又选。"鸡汁松茸，口味咸中带鲜，扑鼻清香"；"申城美点，极具上海特色，定受欢迎"……在餐饮总监的办公室里，姚总监与苏总厨师长常常为菜单讨论到深夜。仅"鸡汁松茸"这道菜，调制的高汤就用了250只老母鸡，150只鸽子。与此同时，餐饮部还详细地了解与会者的饮食习惯和禁忌，终于研究制订了既具有中国特色，又可"众口能调"的国宴菜单。

柔和明亮的暖色灯光，厚实的红色织花地毯，纯白的桌布和椅套，玻璃转盘中间摆放着白玫瑰和紫红铃兰为主体的鲜花——宴会厅的布置色调和谐，点缀独具匠心。每位贵宾面前有序地摆放着银制的餐具，用鲜红的中国结轻挽着的淡黄色餐布，具有中国特色的节目单……晚9时许，忽如春雷骤响，上百枚的礼花腾空而起，刹那间，火树银花，浦江两岸一片璀璨！

**思考练习**

1. 接待人员应掌握哪些礼宾规格知识?
2. 思考礼宾次序的真正意义是什么。列举进行各种仪式活动中的礼宾次序要求分别有哪些。
3. 旅游接待服务由哪几个环节构成?每个环节中的接待服务要点是什么?
4. 在旅游接待服务中应注意的基本礼仪有哪些?

**课程任务**

拜访当地的1~2家旅行社和酒店经理,请他们讲解旅游接待工作中特别的案例或从业经历,谈谈你对该单位旅游接待服务的认识和印象。

# 7 涉外礼俗——旅游行业国际交往礼仪

**知识概述**

随着我国旅游业的发展,外国游客来华旅游的人数与日俱增,中国人旅游活动的领域也不断扩大。"十里不同风,百里不同俗",在涉外交往中,可能会出现各种各样、错综复杂的情况与问题,因此在解决处理这些问题时,我们必须尊重涉外交际中的礼仪习俗。本章是对国际与国内不同民族、国家、地区的人们之间交往惯例的高度概括,对于参与涉外交际的中国人具有普遍的指导意义。内容主要包括:

◐ 宗教习俗与礼仪。了解在接触宗教人士和外国人时,应当遵守并应用的有关国际交往惯例的基本原则。

◐ 旅游行业主要客源国习俗和礼仪。在学习亚洲、美洲、欧洲等地区主要客源国礼仪的基础上,了解各国历史和文化背景的差异,熟悉主要客源国的宾客在饮食习惯、风俗民情、礼貌礼节等方面存在的区别;掌握这些国家的礼仪与禁忌。

◐ 我国少数民族及港澳台地区传统习俗礼仪。了解我国主要少数民族和港澳台地区的饮食、礼节、民俗、禁忌等习俗礼仪,在旅游服务接待中充分尊重这些地区的风俗习惯。

## 知识导入

张女士随考察团到中东地区某国考察。抵达目的地后，受到东道主的热情接待，并举行宴会招待。席间，为表示敬意，主人向每位客人一一递上一杯当地特产饮料。轮到张女士接饮料时，一向习惯于"左撇子"的张女士不假思索，便伸出左手去接，主人见情景脸色骤变，不但没有将饮料递到张女士的手中，而且非常生气地将饮料重重地放在餐桌上，并不再理睬张女士。

一位纽约商人在周五住进曼谷东方饭店，发现饭店把他安排在二楼靠近楼梯的地方，因为基于宗教的原因，他不能在周五乘电梯。曼谷东方饭店员工的服务可谓到家了，连客人的宗教习惯也一清二楚，这位商人往后成了该店常客。

民族、信仰的不同会造成不同的习俗。交往中，熟悉并灵活运用习俗礼仪，不仅是对交往对象的理解和尊重，更能使对方对你留下深刻的良好印象，使交往效果事半功倍。旅游业从业者会接待来自世界各国的大量宾客，员工要掌握接待外宾所必需的准备、迎送、宴请等礼仪，因为一旦出错，影响的不仅仅是企业的形象。

资料来源：http://www.hotelt.org.cn/newsshow.php?id=384

## 7.1 宗教习俗与礼仪

宗教是一种社会现象和文化现象，无论是人类社会发展的历史，还是当今国际政治生活中种种纷繁复杂的现象，都与宗教的影响息息相关。可以这样说，不了解基督教就不了解欧洲和美洲的历史和现状；不了解伊斯兰教就不了解阿拉伯和伊斯兰国家的社会和人民；不了解佛教、印度教、神道教、犹太教就读不懂信奉这些宗教的国家、民族和社会发展史。

### 7.1.1 佛教礼俗与禁忌

佛教是广泛流行于亚洲的宗教，它对东方世界的宗教、文化、社会生活具有重要影响。佛教起源于公元前6世纪至公元前5世纪的古印度，由古印度迦毗罗卫国（在今尼泊尔境内）的王子乔达摩·悉达多创立，后人称之为释迦牟尼，意为释迦族的圣人。

佛教向古印度境外传播，形成了各具特色的教派：传入中国、朝鲜、日本和越南等国的以大乘佛教为主，称为北传佛教，其经典主要属汉文系统；传入斯里兰卡、缅甸、泰国、柬埔寨、老挝以及中国傣族地区的以小乘佛教为主，称为南传佛教，其经典属巴利文系统；传入中国西藏、蒙古、尼泊尔、锡金、俄罗斯部分地区的以藏传佛

## 7 涉外礼俗——旅游行业国际交往礼仪

教为主,俗称喇嘛教,其经典属藏文系统(图7-1)。

公元1世纪前后,佛教传入中国。魏晋南北朝时期得到发展,隋唐时期达到鼎盛,形成天台宗、三论宗、法相宗、华严宗、律宗、禅宗、净土宗、密宗等中国佛教宗派。

**图7-1 佛教在各国的传播**

> ■ **知识拓展**
>
> ### 佛教的经典、标记及教旗
>
> 大乘和小乘佛教的经典,包括经藏(释迦牟尼说法的言论汇集)、律藏(佛教戒律和规章制度的汇集)、论藏(释迦牟尼后来大弟子对其理论、思想的阐述汇集),故称三藏经。三藏皆分大小乘,即有大乘经、小乘经,大乘律、小乘律,大乘论、小乘论。藏传佛教大藏经称为《甘珠尔》(佛语部)和《丹珠尔》(论部)。
>
>

201

> 佛教的旗帜或佛像的胸前，往往有"卍"（或"卐"）的标记，意为太阳光芒四射或燃烧的火，后来作为佛教吉祥的标记，以表示吉祥万德。佛教的标志也往往以法轮表示。法轮原为古印度一种无坚不摧的战车，佛教用以比喻佛法，一说佛法能摧破众生烦恼邪恶，如法轮摧破山岳岩石一样；另一说是佛法如车轮一般辗转不停。
>
> 佛教的教旗为六色旗。

1. 佛教礼仪

1）佛教的称谓

一般有"四众弟子"、"出家四众"、"出家五众"、"七众"之称。比丘、比丘尼为出家男女二众，优婆塞、优婆夷为在家男女二众，此为"四众弟子"。比丘、比丘尼、沙弥、沙弥尼即为"出家四众"，如加上式叉摩那（学戒尼），则称作"出家五众"，出家五众加在家二众则称为"七众"。

对较高水平的僧人，则根据具体情况称"法师"（通晓佛法的僧人）；"经师"（通晓经藏或善于诵读经文的僧人）；"论师"（精通论藏的僧人）；律师（通晓律藏的僧人）；三藏法师（精通经、律、论三藏的僧人）；"大师"，一般用以尊称著名的僧人；"高僧"，对德行高的僧人的尊称。

还有以职务相称，如住持（方丈）、监院（当家和尚）等。现在一般称和尚为师傅，称尼姑为师太。

2）佛教基本礼仪

羯磨，梵文 karma 的音译，指佛教中按照戒律的规定，处理僧团和个人事务的各种活动，主要有僧人的出家受戒仪式、布萨（诵戒）仪式、安居仪式等（图7-2）。

图7-2　佛教基本礼仪

四威仪：是指僧尼的行、住、坐、卧应保持威仪德相，行如风、立如松、坐如钟、卧如弓，是僧尼日常举止应遵循的礼仪准则。

合十：佛教徒常用的见面礼节，合十可以达到收摄内心的作用，也给人一种谦和的印象，是佛教徒日常生活中最常用的礼节之一。基本做法是，轻轻合起双掌，手指并拢，手肘自然弯曲，置于胸前约呈45°。合双掌时，双眼下垂目光注视合掌的指尖，能够凝聚心神，排除妄念。

顶礼（五体投地）：为佛教最高礼节。"五体"指头、两肘和两膝。按佛教规矩，

# 7 涉外礼俗——旅游行业国际交往礼仪

在行顶礼时，要五体投地。其具体做法是：立正合掌，先以右手撩衣，屈两膝并着地，尔后两肘着地，接着头着地，最后两手掌翻上承尊者之足。礼毕，收顶头，收两肘，收两膝，起立。

问讯：除了在大殿向佛、菩萨、上座行顶礼，平日在正式场合见到师父或长者行顶礼外，在其他时候如师父正在行走、吃饭、说话、演说时，则用问讯表达虔诚的心意。基本做法是，首先虔诚地合起双掌，目光注视中指指尖。然后向下弯腰约90°，当要直起身子来时，合十的双手也同时变换姿势。以左手的中指、无名指、小指，盖住右手的中指、无名指、小指；大拇指指尖轻轻相接触，食指尖也轻轻相接触，食指与大拇指刚好略呈三角形状。双手维持这个姿势经过胸前，一直举高到眉心，但不触到额头，随后再轻轻将手放下，到胸前回复合十姿势，然后放下双掌。

佛教的戒律很多，受戒后的佛教徒必须恪守佛教的各种清规戒律。这些戒律主要有三皈依、五戒、十善、四摄及六度。其中五戒是指戒杀生，戒偷盗，戒邪淫，戒妄语，戒饮酒。十善是指不杀生、不偷盗、不邪淫、不妄语、不两舌、不恶口、不绮语、不贪、不嗔、不邪见。

佛教主要节日包括：佛诞节，以纪念释迦牟尼诞生；成道节，又称腊八节，寺庙诵经礼佛，并效法佛祖成道前牧女献乳糜的传说，取米麦豆谷及干果等煮粥供佛，俗称腊八粥；涅槃节，以纪念释迦牟尼逝世，佛教寺院举行佛涅槃法会，挂释迦涅槃图像"率比丘众，严备香花灯烛茶果珍馐，以申供养"，表示对佛祖的纪念。除上述节日外，在我国和日本等国家颇为流行的还有观音菩萨的诞生、成道节，救度亡灵倒悬之苦的盂兰盆会；在泰国有三重宝节（敬佛、敬法、敬僧）；在斯里兰卡有佛牙节；在老挝有入腊节、出腊节等。

2. 佛教禁忌

对于佛祖、佛像、寺庙以及僧尼，佛教均要求其信徒毕恭毕敬。非信徒对其不得非议。不准攀登、侮辱佛像。遇见僧尼不要直接询问姓名，不行握手礼，一般行合十礼，不准触摸、辱骂僧尼，不得与僧尼"平起平坐"。进入寺庙时，不宜中央直行，进退应依顺序左行；要慢步轻声，不乱动、不乱讲、不乱走、不拍照。入殿门后，帽子及手杖等物品应自己提携或寄放其他房间，不可向佛案及佛桌上安放。佛教仪式进行时，不应对其任意阻挠或者蓄意扰乱。

严禁将一切荤腥食品带入寺庙，佛教信徒要求绝对素食，忌食荤腥。荤专指葱、姜、蒜、辣椒、韭菜等5种有刺激性气味的菜蔬，腥指鱼、肉等食品，因吃荤腥不利修行，所以被佛教严禁。另外，有些教派还规定僧尼过午不食。

**典型案例**

### 不该说出的话

某旅行社小刘第一次到泰国带团。小刘查阅了大量关于泰国的资料，特别是泰国的佛教知识，做好了充分的准备。出行一路十分顺畅，到了泰国的曼谷，遇到了本次泰国旅行社的地陪艾美，艾美热情大方很容易相处。

第三天的行程主要是游览大皇宫，听完艾美的介绍后，小刘为了表现自己的丰富知识，开始对佛教大谈特谈。哪知这一谈惹怒了一旁的艾美，她十分生气地丢下团队走了，人生地不熟的小刘千辛万苦才把客人们领回酒店。接下来泰国旅行社换了地陪。虽然一路上再没有不愉快的事情，但这次旅游令客人们很不满意，在小刘心中也留下阴影。

泰国佛教盛行，而且历史悠久，佛教对泰国人的生活、思想、文化有着深刻的影响。在与泰国朋友交往时，切不可当着他们的面谈论他们的宗教信仰，更不能说一些轻率的话。可见，宗教礼仪的常识虽然不常引起人们的重视，但是极其细微的忽略或是错误都会导致严重的后果。

### 7.1.2 基督教礼俗与禁忌

基督为"基利斯督"的简称，意为上帝差遣的救世主，为基督教对耶稣的专称。现在，基督教是天主教、东正教和新教的统称。

基督教起源于公元1世纪亚洲西部巴勒斯坦地区的犹太人中间，相传为拿撒勒人耶稣所创，与犹太民族的宗教犹太教有着血缘关系。在最初，基督教是犹太教中的一个下层派别。因此，其信仰者大多为贫民和奴隶。到了公元1世纪至2世纪时，逐渐脱离犹太教，成为新的独立的宗教。随着一些中上层人士的加入并取得领导地位，基督教的影响越来越大，并渐渐在地中海沿岸各地流传开来。公元392年，罗马帝国皇帝狄奥多西一世更是把它奉为国教。欧洲中世纪时，基督教成了占统治地位的精神支柱，并把哲学、政治、法学都置于其控制之下。1054年，由于争夺教权，基督教发生第一次大分裂，在西欧北欧的教会称为罗马公教，即天主教；而以希腊语为中心的东部教会包括俄罗斯教会则称为正教，亦称东正教。16世纪时，西部教会内部发生宗教

# 7 涉外礼俗——旅游行业国际交往礼仪

改革运动,分化出了一些新的教派,称为新教。从此以后,就形成了天主教、东正教、新教三足鼎立的局面。

基督教从唐初传入中国以后,其传播的浪潮共有4次。但只是到了近代,在中国封建社会已趋于衰败和解体的时候,同时又在西方列强的炮舰掩护下,才得以打开中国的国门,渗入各地。在我国,新教被称为基督教或耶稣教,罗马公教被称为天主教,东正教人数不多,多集中在东北和新疆一带。

> ■ **知识拓展**
>
> ### 基督教经典和标记
>
> 基督教的经典为《圣经》,由《旧约全书》和《新约全书》两部分构成。《旧约全书》共39卷,原为犹太教经典,原文为希伯来文,成书于公元前400年左右;《新约全书》共27卷,原文为希腊文,成书于公元1世纪中叶至2世纪末。《旧约全书》记载了人类和世界的起源、犹太民族的历史及人物传记、先知的言论以及一些文学作品;《新约全书》则包括耶稣的传记、早期基督教会的历史以及耶稣的门徒们的神学主张和政治态度等。
>
>
>
> 基督教标志为十字架,是为了纪念耶稣为替世人赎罪,被钉于十字架上而死。

1. 基督教礼仪

1) 基督教称谓

天主教最高首领称教皇(图7-3),对全世界天主教教会拥有最高管理权;最高级主教称枢机主教(俗称红衣主教),参与和辅助教皇管理整个罗马天主教行政及宗教事务;管理一个教区的负责人称主教,主教一般有权祝圣神父、施行一切圣事;管理一个堂区的负责人称神父;离家进修会的男教徒称修士;离家进修会的女教徒称修女。

图7-3 基督教称谓

新教称教区负责人为主教,教堂负责人为牧师。修士修女称呼同天主教。

东正教最高首领称牧首;重要城市的主教称都主教;地位低于都主教的称大主教;教堂负责人也有称主教或神父的。修士修女称呼同天主教。

2) 基本礼仪

基督教的一些重要礼仪称为圣事或圣礼,其神学意义是借助可见的形式或表象,将不可见的神恩赋予领受者(图7-4)。天主教和东正教规定7种仪式为圣事。

图7-4 基督教基本礼仪

(1) 洗礼,基督教入教仪式,其目的是洗去入教者的"原罪"和"本罪",并赋予"恩宠"和"印号",使其成为教徒,以后有权领受其他圣事。

(2) 坚振,入教者在领受过洗礼一定时间后,再接受主教所行的按手礼、敷油礼,可使"圣灵"降临于其身,以坚定信仰,振奋人灵。

(3) 告解,基督教认为告解是耶稣基督为赦免教徒在领受洗礼后对上帝所犯各种"罪",使他们重新获得上帝恩宠而设立的。举行告解时,由教徒向神父告明对上帝所犯的罪过,以表示忏悔。神父对教徒所告各种罪过应严守秘密,并指示应如何做礼赎而为自己赎罪。礼赎指以忏悔、修行的方式赎罪。

(4) 圣餐(弥撒),分为两部分,第一部分称预祭,包括诵读《圣经》和讲道;第二部分为圣体圣事,包括奉献(即奉献饼和酒)、弥撒正祭和领圣体圣血。其起源和耶稣最后的晚餐有关。天主教认为举行此仪式，是以不流血的方式，重复进行耶稣在十字架上对圣父的祭献，并认为经过祝圣的饼和酒，实质上已变成了耶稣基督的真正身体和血。

(5) 终傅（临终法事），即临终时敷擦"圣油"。在教徒年迈或病危时，由神父用经过主教祝圣过的橄榄油，敷擦病人的耳、目、口、鼻和手足，并诵念一段祈祷经文，认为借此可帮助受敷者缓解病痛，赦免罪过，安心去见上帝。

(6) 神品，通过主教祝圣仪式领受神职。也称"授神职礼"或"派立礼"。即按照特定仪式，诵念规定经文，主教把手按于领受者头上，以使之圣化而奉献上帝。担任神职者今后有资格主持"圣事"。

(7) 婚配，指基督教男女信徒成婚时，要到教堂举行由神父主持的按规定礼仪进行的结婚典礼，以求得上帝的祝福。神父问男女双方是否同意结为夫妻，在双方肯定回答之后，主礼人诵念规定的祈祷经文，宣布"上帝所配合的人，不能分开"，并为结婚双方祝福。新教徒结婚也有请牧师证婚的习惯，但不视其为圣事。

3）基督教礼拜

礼拜，信徒们在教堂里进行的一项包括唱诗、读经、祈祷、听讲道和祝福的活动，每周一次，由牧师主礼。星期日做礼拜为"主日礼拜"，据《圣经·新约》记载，耶稣在这一天复活。另有少数教派规定星期六（安息日）做礼拜，称为"安息日礼拜"。除每周一次的常规礼拜之外，基督教会还举办结婚礼拜、葬礼礼拜、追思礼拜、感恩礼拜和圣餐礼拜等礼拜活动。

4）主要节日

基督教的主要节日包括很多。一是纪念耶稣诞生的节日，圣诞节。每年的12月25日这一天，人们举行特别的礼拜仪式，互相交换礼物，互赠贺卡，全家人共进圣诞晚餐。二是纪念耶稣复活的复活节。时间在每年春分月圆后的第一个星期日，人们互赠象征生命和繁荣昌盛的复活节彩蛋，寓意耶稣的复活；有些国家还举行庆祝游行活动，气氛热烈欢快；晚上，各家举行复活节晚宴，传统主菜是羊肉和熏火腿。三是在复活节前两天的耶稣受难节。四是纪念耶稣曾三次向世人显示其神性的主显节。每年1月6日这一天，教堂都要举行纪念仪式，并作弥撒。除上述节日外，基督教主要的宗教节日还有圣灵降临节、升天节、棕枝主日和诸圣节等。

2. 基督教禁忌

与基督教人士进行具体接触时，应充分注意到其不同流派的差异，具体情况具体对待，切切不可将其不同的流派混为一谈。

与基督教信徒交往时，不宜对其尊敬的上帝、圣母、基督以及其他圣徒、圣事说长道短；不宜任意使用其圣像和宗教标志；不应对神职人员表现出不敬之意；数字"13"、星期五、十字架均是不祥的象征，不应有意让基督徒接触它们；有些教派的基督徒有守斋之习，守斋时他们绝对不吃肉、不饮酒；基督徒忌食带血的食物，不食用蛇、鳝、鳅、鲶等无鳞无鳍的水生动物；就餐之前，基督徒多进行祈祷，非基督徒虽然不必如此，但也不宜抢在前面进食。

在基督教的专项仪式上，讲究着装典雅，神情庄重，举止检点；奇装异服，神态失敬，举止随便者，均不受欢迎；教堂是基督教的圣殿，进入教堂要注意，禁止打闹喧哗，不能妨碍其宗教活动的进行。

**典型案例**

**这样安排有什么问题？**

旅行社导游小刘，刚刚调到国际部就接到法国某小镇的一个老年团队。为服务好游客，小刘做了周密的准备：在线路的安排上，根据老年人的体质调整了时间和景点；在饮食上，也考虑了欧洲人的饮食习惯。尤其是最后一天晚上，他特别安排了地方风味餐，其中有一道当地的名菜——黄焖鳝鱼。当团队返程后，小刘所在的旅行社收到了团队意见，信心十足的小刘却被经理叫到办公室批评了一顿。小刘自认为对这次团队安排已经十分周到了，但是他忽略了一个重要的问题——游客的宗教习俗。欧洲大多数人信仰基督教，虔诚的基督教徒不食用蛇、鳝、鳅、鲶等无鳞无鳍的水生动物，所以一切的努力都毁在了最后一天的风味餐上。可见，对宗教礼仪和禁忌知识的了解和掌握对于旅游接待是必不可少的。

### 7.1.3 伊斯兰教礼俗与禁忌

伊斯兰教创建于公元 7 世纪初，创始人为穆罕默德。"伊斯兰"是阿拉伯语音译，本意为"顺服"。从宗教意义上讲，"伊斯兰"是指一种顺服唯一的主宰——安拉的旨意和戒律的宗教。其教徒称为"穆斯林"，意为顺服安拉意志的人。

伊斯兰教主要有逊尼派和什叶派两大派。逊尼派是伊斯兰教中人数最多的一派，中国穆斯林大多属于逊尼派；什叶派是伊斯兰教中人数较少的一派，主要分布在伊朗、伊拉克、巴基斯坦、也门，我国新疆塔吉克族也属于什叶派。伊斯兰教主要分布在西亚、北非、中亚等地区，有 20 多个国家将其定为国教。公元 7 世纪中叶，阿拉

## 7 涉外礼俗——旅游行业国际交往礼仪

伯国家通过与唐朝的商业往来和外交活动等渠道，将伊斯兰教传入中国。伊斯兰教在我国俗称回教、清真教等。

> **知识拓展**
>
> ### 伊斯兰教经典和标记
>
> 伊斯兰教的最高经典是《古兰经》。《古兰经》是穆罕默德在610年至632年这23年的传教活动中，根据宗教和政治的需要，以奉真主颁降的名义，陆续发表的有关宗教和社会主张的言论汇编。《古兰经》内容相当广泛，包括伊斯兰教基本信仰、宗教制度、对社会状况分析、社会主张、道德伦理规范、早期制定的各项政策、穆罕默德及其传教活动、当时流行的历史传说和寓言、神话、谚语等。在伊斯兰教国家，《古兰经》中的一些规定已成为人们日常生活中约定俗成的法则。伊斯兰教的标记为新月。
>
>

1. 伊斯兰教礼仪

1）伊斯兰教称谓

宗教领袖、教长、清真寺的主持人、什叶派的政教领导人，尊称为伊玛目。主持清真寺教务者尊称为阿訇。教坊首领，尊称为教长阿訇。经文大师尊称为开学阿訇。伊斯兰学者尊称为毛拉。见到尊长，应志立敬礼。同辈相见，行握手礼。十分亲密的友人，行拥抱吻礼。

2）基本礼仪

伊斯兰教注重人际交往，十分重视礼仪。穆斯林握手、端饭、敬茶均用右手，用左手被视为不礼貌。

穆斯林相见，先要互相问安，后再交谈。伊斯兰教注重称谓，反对在命名中使用吉利和词语，如"发财、得胜、高贵"等，喜欢用"天仆、天悯"等词语。见到尊长，应志立敬礼。见面互相敬礼的同时，还互相用祝词祝贺对方。上门拜访，一定要征得主人家同意，方可入门。按照伊斯兰教的习俗，致祝安词时，年轻者先对年长者说，行进者先对伫停者说，站立者先对已坐者说，进门者先对门内者说，少数人先对多数人说,男子先对女子说。男子在对女子致祝安词时,不能与对方握手,应保持一定距离,以示庄重。

伊斯兰教提介孝敬父母,善待亲属,怜恤孤儿,救济贫民,亲爱近邻、远邻和同伴,款待旅客。尤其是把孝敬父母提到敬拜安拉之后的高度。子女在晨礼前、午时脱下衣装后、宵礼后,要进入长辈卧室,必须先征得长辈同意。

伊斯兰教讲究衣着规矩,提倡衣着要符合自己的社会地位和身份。到清真寺做礼拜,参加葬礼等,则必须戴弁(弁是上小而尖、下大而圆的帽子)。穆斯林妇女有戴面纱、盖头的习惯。

礼拜是穆斯林敬拜安拉的一种仪式,一般在清真寺中集体举行;家中或郊外,只要是干净的地方就可以举行礼拜。礼拜有多种形式:五时礼拜、主麻礼拜(每周五午后的集体礼拜)、节日礼拜、殡礼礼拜等。

净礼是穆斯林在做礼拜之前进行的一种宗教仪式。包括沐浴、洁处、净衣等,目的是使自己和礼拜之处都洁净无污。净礼分为大净和小净两种。无论大净或小净,都必须采取淋浴方式,不能用盆和桶,更不能在池内洗澡。在无水或不能洗涤的情况下,可以用洁净的土、砂等作为代用物,举行象征性的净礼(图7-5)。

**图7-5 伊斯兰教基本礼仪**

3) 主要节日与纪念日

开斋节:在伊斯兰教历10月1日。按伊斯兰教法规定,伊斯兰教历每年9月为斋戒月。凡成年健康的穆斯林都应全月封斋,即每日从拂晓前至日落,禁止饮食和房事等。封斋结束第二日为开斋节,庆祝一个月的斋功圆满完成。是日,穆斯林前往清真寺参加会礼,听伊玛目宣讲教义。

古尔邦节:古尔邦节亦称宰牲节、忠孝节。定于伊斯兰教历12月10日,是穆斯林举行会礼,宰牲献主,朝觐议事。凡朝觐者都要在米那山谷宰牲(羊、牛、骆驼)。未参加朝觐的穆斯林要到清真寺参加会礼、宰牲。在中国,除会礼、宰牲外,庆祝形式多种多样,十分隆重。

圣纪节:伊斯兰教历每年3月12日庆祝先知穆罕默德诞辰。穆罕默德于教历11年(公元632年)3月12日逝世,据说与诞生的月、日相同。因此中国穆斯林的圣纪活动兼有纪念穆罕默德诞生与逝世的双重意义,故又称圣忌、圣祭或圣会。庆祝活动一般在清真寺举行,由阿訇诵经、赞圣,讲述穆罕默德的生平业绩和懿行等。有的穆斯林炸油香、熬肉粥,邀请亲朋聚餐纪念。

7 涉外礼俗——旅游行业国际交往礼仪

2. 伊斯兰教禁忌

伊斯兰教严禁崇拜人物、偶像、鬼神；严禁迷信行为（抽签、算命、卜卦、风水）。饮食禁忌较多，不食猪和不反刍的猫、狗、马、驴、骡、鸟类、没有鳞的水生动物等；不食自死的动物、非穆斯林宰杀的动物和动物的血；不食生葱、生蒜等有异味的东西；禁止饮酒。不得主动向伊斯兰妇女表示热情；提倡衣着要符合自己的社会地位和身份；在伊斯兰国家，外国女士在着装上应避免袒胸露背，忌穿短裤、短裙和无袖衫，即使在游泳时也决不准穿"三点式"泳衣。

进入清真寺，要注意衣着整齐洁净，不袒胸露背，不穿短裤、短裙和无袖衫，不抽烟，不高声喧哗，不唱歌跳舞，不讲污言秽语。非穆斯林不要进入礼拜大殿，更不能在里面放置有偶像的东西。

■ **知识拓展**

### 穆斯林服饰文化

穆斯林服饰文化是宗教礼仪文化与世俗文化的有机结合，体现着穆斯林的智慧与民族精神，具有鲜明的宗教特征。伊斯兰教要求穆斯林穿戴要干净，打扮要得体，服饰应普通化、大众化、不表现特殊的身份，严禁穆斯林男女异性相互模仿，禁止穆斯林穿戴明显有其他宗教标志的服饰。

除这些基本原则外，伊斯兰教对穆斯林男女服饰打扮还有一些其他方面的具体要求。穆斯林男子打扮要尽量体现男子的气质、气概和风度，做到庄重、朴素、简洁，禁止穆斯林男子穿戴金饰和纯丝织品。在男子服饰的颜色选择上，伊斯兰教崇尚白色、黑色和绿色，黄色和红色使用多有限制。伊斯兰教还提倡穆斯林男子留胡须，认为胡须是男性的一个标志，是威武的象征。

穆斯林女子服饰打扮要端庄大方，保护羞体，力戒妖艳和轻佻，禁止妇女穿稀薄、透明或半透明的衣服，或者只穿那种只掩盖身体某些部位的衣服，更不允许穿"三点式"或其他泳装，以免暴露肉体。严禁扎青、文身，限制牙齿美容术和外科整容术。伊斯兰教对妇女的服饰提出一些限制的同时，也给了一定的自由。在服饰的颜色、质地、款式等方面，只要不违背伊斯兰教的伦理道德，可以根据自己的爱好加以选择。如金饰和纯丝织品对妇女是开禁的、允许的，妇女可以借此来打扮自己、美化自己。

### 实训项目一　宗教景点地陪导游训练

**实训目的**：熟练掌握宗教的基本礼仪、主要节日和禁忌，以便旅游从业人员在与宗教人士交往时合乎礼仪，更好地开展旅游接待工作，提高旅游服务质量。

**实训内容**：佛教景点导游服务；伊斯兰教景点导游服务。

**实训步骤**：分组进行（6~8人一组），同学观摩，组员相互评估打分。地陪导游人员应注意塑造端庄整洁的仪容仪表，使用恰当的体态身姿，将讲解内容按照合理的逻辑顺序组织起来，运用不同的讲解方法，通过一定的语言技巧展示出独特的导游服务魅力，同时注意游客心理和游客安全。讲解内容包括：

（1）详细讲解佛教与伊斯兰教的基本礼仪；

（2）简要介绍佛教、伊斯兰教的主要节日；

（3）详细为游客讲解以上宗教的禁忌和进入寺庙、清真寺游览的注意事项。

**实训场地**：导游实训室。

## 7.2　国外习俗与礼仪

世界上有200多个国家和地区，人口约50多亿，分属于2000多个大小民族。由于各国地理位置、气候条件、历史沿革、社会制度的不同，因而有着各自独特的礼节风俗习惯和生活特点。随着科学技术的进步，劳动生产率的提高，人们闲暇时间的增多，加入旅游行列的民众越来越多。我国是东亚和太平洋地区主要接待旅游国之一。了解世界各民族的风俗和习惯及礼节，不仅能帮助我们开阔视野，增长知识，而且更能寓哲理于情趣之中，使我们能透过风俗习惯的表象，深化对不同民族心理素质的认识，深化对世界的认识，也是我们开展对外联络，扩大经济贸易，促进文化交流的重要前提。

### 7.2.1　亚洲国家习俗礼仪

#### 1. 日本

日本是亚洲东部的一个由群岛组成的国家。居民几乎全是大和民族，主要信奉神道教和佛教，少数信奉基督教和天主教。首都东京，国花为樱花，货币名称为日元。日本是工业发达的国家，工业生产能力和国民生产总值均居世界前列。

1）节庆习俗

元旦（相当于中国的春节），除夕前人人要洗澡，除夕晚上全家团聚吃过年面，半夜听钟声"守岁"，各寺庙钟声齐鸣，元旦当天全家出动去亲友家拜年。

樱花节（3月15日至4月15日），在此期间日本各地樱花盛开，男女老幼纷纷参加游园赏花活动，并饮酒跳舞，迎接春天的到来。

敬老节（9月15日），这一天人们都到退休的老人家中表示慰问，在整个社会上形成一种尊重老人的风尚。

文化节（11月3日），政府对知识分子的慰问和授勋活动一般在这天举行，以示对知识分子在发展国家文化方面所作的贡献。

成人节（1月15日），按日本法律规定，年满20周岁为成年（图7-6）。

图7-6　日本成人节

女孩子节（3月3日）又称"雏祭"，凡有女孩子的家庭要陈设穿着民族服装的玩具女娃娃。

男孩子节（5月5日）又称"端午节"，过去与我国端午节相似，门上挂菖蒲叶用来驱鬼。节日里凡有儿子的家庭，家门外要挂上各色大小不一的鲤鱼旗。

2）礼貌礼节

日本人总的特点是勤劳、守信、遵时、生活节奏快、工作效率高、民族自尊心强。日本是一个以注重礼仪闻名的国家。在日常生活中，人们非常讲究礼貌，注重礼节，还形成了某种礼仪规范。如：凡对客人、长者和上级都要用敬语讲话，初次见面时要鞠躬，问候礼是30°，告别礼45°。鞠躬要脱帽，眼睛向下，表示诚恳亲切。如遇女宾，女方主动伸手才可握手，但不要用力或久握。日本人一般不愿在走廊中拉着客人长谈，喜欢在休息室或房间谈。吸烟时应先征得主人的同意，以示尊重。

日本人比较注重仪表，在正式场合一般穿礼服。和服是日本传统的民族服装，在隆重的社交场合或节庆时他们会穿和服出席（图7-7），在天气炎热时，主人未请客人宽衣时，不要随便脱衣。如需要宽衣，应先征得主人的同意。一般场合不允许穿背心或赤脚，否则，会被认为是不礼貌的行为。

3）饮食习惯

日本人的饮食习惯与我国人民有许多相似之处。他们喜欢吃米饭，喜欢吃清淡的菜，忌油腻，爱吃味鲜带甜的菜。副食主要是蔬菜和鱼类，还爱吃牛肉、鸡蛋、清水大蟹、海带、精猪肉、豆腐等，但不喜欢吃羊肉、肥肉和猪内脏。有吃生鱼片的习惯，吃时一定要配辣根，以便解腥杀菌（图7-8）。日本人爱吃面酱、酱菜、紫菜、酸梅等。

图7-7　和服　　　　　　　　　图7-8　日本饮食

日本人喜欢喝酒，一般喝日本清酒、我国绍兴的绍兴酒（喝时要温热）、英国的威士忌、法国的白兰地等，喜欢吃我国广东菜、北京菜和上海菜等。

4）禁忌

日本人忌荷花图案，认为是妖花，忌绿色，认为是不祥之兆。忌"9"、"4"等数字，因"9"在日语中发音和"苦"相同，"4"的发音和"死"相同，故在安排食宿时，要避开相关楼层、房间和餐位。日本商人还忌"二月"、"八月"，因为这是营业的淡季。日本人在吃饭时有"忌八筷"之讲究，即不可舔筷、迷筷、移筷、插筷、掏筷、跨筷、扭筷和剔筷。主人赠送礼品和安排食宿时，要注意回避；不用香烟招呼客人等。

2. 韩国

韩国位于亚洲东北部，与我国山东半岛隔海相望，是我国的近邻。面积99600平方公里，全国为单一的民族朝鲜族，信奉佛教和基督教，通用韩语（朝鲜语）。首都首尔，国花为无穷花（又名木槿花），国歌为《爱国歌》，货币名称为韩元。

1）节庆习俗

韩国的节日与我国的传统节日近似，只是时间有区别。我国用的时间是阴历，而韩国则是公历，主要包括春节、清明节、端午节和中秋节。端午节也是韩国的儿童节，同时妇女们还流行着一种荡秋千的传统习俗。

2）礼貌礼节

韩国人民性格刚强、勤劳勇敢、民族自尊心强，人们普遍注重礼貌礼节，有"礼仪之邦"之称（图7-9）。

图7-9 韩服

韩国人见面时的传统礼节是鞠躬，晚辈、下级走路时遇到长辈或上级，应鞠躬、问候，站在一旁，请其先行，以示敬意。男士之间见面打招呼互相鞠躬并握手，握手时或用双手，或用左手，并只限于点一次头。在社会集体和宴会中，男女分开进行社交活动，甚至在家里或在餐馆里都是如此。

在韩国，如有人邀请你到家吃饭或赴宴，应带小礼品，用双手奉上。受赠者不应当着赠送者的面把礼物打开。进入室内时，要将鞋子脱掉留在门口。席间敬酒时，要用右手拿酒瓶，左手托瓶底，然后鞠躬致祝辞，最后再倒酒。敬酒人应把自己的酒杯举得低一些，用自己杯子的杯沿去碰对方的杯身，敬完酒后再鞠个躬才能离开。

在韩国，晚辈敬重长辈，妇女尊重男子（图7-10）。与长辈握手时，还要以左手轻置于其右手之上，躬身相握，以示恭敬，与长辈同坐，要保持自然姿势端正、挺胸、绝不敢懒散；若想抽烟，须征得在场长辈的同意；用餐时，不可先于长者动筷等。男子见面，可打招呼，相互行鞠躬礼并握手。男女双方见面时，女性总会先向男性行鞠躬礼、致意问候；男女同座时，总是男性在上座，女性在下座；男女同行时，也是男性在前，女性在后（图7-10）。

3）饮食习惯

韩国人以大米、白面为主食，酱菜和泡菜是韩国人最喜欢吃的，汤也是每餐必不可少的（图7-11）。韩国人爱吃辣，以他们热气腾腾的辛辣食物而自豪。韩国人在用餐时很讲究礼节，用餐时不随便出声，不可边吃边谈，否则往往会引起反感。

图7-10 韩国传统礼仪

图7-11 韩国饮食

4) 禁忌

韩国公民对国旗、国歌、国花极其敬重,不但电台定时播出国歌,而且影剧院放映演出前也放国歌,观众须起立。外国人在上述场所如表现过分怠慢,会被认为是对韩国和韩族的不敬。照相在韩国受到严格限制,军事设施、机场、水库、地铁、国立博物馆以及娱乐场所都是禁照对象,在空中和高层建筑拍照也都在被禁之列。

韩国人禁忌颇多。逢年过节相互见面时,不能说不吉利的话,更不能生气、吵架。农历正月头三天不能倒垃圾、扫地,更不能杀鸡宰猪。寒食节忌生火。韩国人认为"4"是个不吉利的数,因此,楼房、医院、军队绝对不用"4"字编号。韩国人也不喜欢双数,而是喜爱单数。韩国人在饮茶或饮酒时,主人总以1,3,5,7的数字编号来敬酒、布菜,并力避以双数停杯罢盏。

与年长者同坐时,坐姿要端正。由于韩国人的餐桌是矮腿小桌,放在地炕上,用餐时,宾主都应席地盘腿而坐。若是在长辈面前应跪坐在自己的脚底板上,无论是

## 7 涉外礼俗——旅游行业国际交往礼仪

谁，绝对不能把双腿伸直或叉开，否则会被认为是不懂礼貌或侮辱他人。未征得同意前，不能在上级、长辈面前抽烟，不能向其借火或接火。吃饭时不要随便发出声响，更不许交谈。进入家庭住宅或韩式饭店应脱鞋。在大街上吃东西、在人面前擤鼻涕，都被认为是粗鲁的。

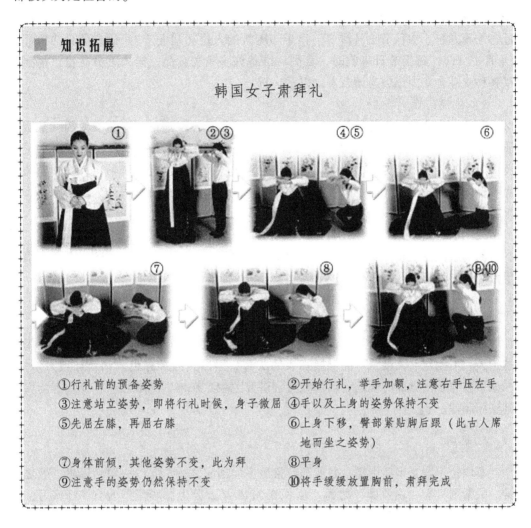

■ 知识拓展

### 韩国女子肃拜礼

①行礼前的预备姿势　　　　　　　　②开始行礼，举手加额，注意右手压左手
③注意站立姿势，即将行礼时候，身子微屈　④手以及上身的姿势保持不变
⑤先屈左膝，再屈右膝　　　　　　　⑥上身下移，臀部紧贴脚后跟（此古人席地而坐之姿势）
⑦身体前倾，其他姿势不变，此为拜　⑧平身
⑨注意手的姿势仍然保持不变　　　　⑩将手缓缓放置胸前，肃拜完成

### 3. 新加坡

新加坡是马来半岛南端的小国，面积 682.7 平方公里，风景优美，气候宜人，是以"花园城市"享誉世界的国家。新加坡一词来自梵文，是"狮子城"之意。人口中华人占 76.9%，马来人口占 14.6%。华人多信奉佛教，马来血统和巴基斯坦血统的人信奉伊斯兰教，印度血统的人信奉印度教。首都新加坡，国语为马来语，英语、华语、马来语、泰米尔语为官方语言。国花为兰花（又名胡姬花）。国歌为《前进吧，新加坡》，货币名称为新加坡元。新加坡经济主要以转口贸易、加工出口、航运、金融为主，旅游事业十分发达。

1）节庆习俗

新加坡尊重各个民族，重视民族平等，各个民族的重要节日都要全国放假。新加坡华裔很多，过春节时相当隆重。除夕有守岁、祭神祭祖、燃放鞭炮等习惯，新年期间，人们爱吃炸糯米糕，男女老幼穿着盛装，带上礼品，走亲访友，长辈给孩子压岁钱。元宵节有迎神、看戏、赶庙会、赏灯会等活动。端午节，家家户户吃粽子，有的还参加赛龙舟。中秋节吃月饼等。信奉印度教的人过"屠龙节"。固定节日为食品节（4月17日），每当节日来临时，食品店准备许多精美食品，国人不分贫富，都要购买各种食品合家团聚或邀请亲友，以示庆贺。

2）礼貌礼节

新加坡人非常讲究礼貌礼节，该国旅游业得以迅速发展的一个重要原因就是服务质量高，其风俗习惯因民族及宗教信仰而异。来华的旅游者中，多数人华语水平很高，华人的传统习俗与我国相似。印度血统人仍保留着印度礼节和习俗，妇女额头上点着檀香红点，男人扎白色腰带，见面时合十致意。马来血统的人则先接触双手，再把手收回到自己胸前，按伊斯兰教的礼节行事。

3）饮食习惯

新加坡人的主食为米饭、包子，副食品主要为鱼虾，并偏爱中国的广东菜。信奉伊斯兰教的人喜欢吃咖喱牛肉。

4）禁忌

新加坡人忌说"恭喜发财"之类的话，认为"发财"两字有"横财"之意。新加坡人视紫色、黑色不吉利。新加坡忌讳的数字是"7"、"13"。在新加坡不能用食指指人，不能双手叉腰，不能触摸别人的头部。黑白黄为禁忌色。和新加坡人谈话，忌谈宗教与政治方面的问题。新加坡特别讲究卫生，在该国随地吐痰、弃物者均要受到法律制裁。

4. 泰国

泰国位于印支半岛中部，是亚洲产象最多的国家之一，尤以白象为珍贵，敬之如神，故泰国又有"白象国"之称。面积513115平方公里。华裔泰人有300多万，佛教为国教，泰国上至王公，下至土民，90%以上居民信奉佛教。僧人身穿黄衣，故有"黄衣国"之称（图7-12）。泰国是多民族国家，首都曼谷，泰语为国语，国花为睡莲，国歌为《天降甘霖》，货币名称是铢，佛教为国教（图7-12）。泰国是王国制，国王及王室重要成员都享有特权，等级制度严格。

1）节庆习俗

泰国的主要节日有：元旦，又称佛历元旦，庆祝十分隆重；送干节（泰历4月3日~16日），即"求雨节"，这个节日和缅甸的泼水节相似，故又称"泼水节"；水灯节，又称佛光节（泰历12月15日），是泰国传统节日之一，它不仅是喜庆丰收、感谢河神的节日，也是青年男女追求爱情和祈求神佑的欢乐日子；春耕礼（泰历五月），是由国王亲自主持的宫廷大典之一。

图 7-12 泰国僧人

2）礼貌礼节

泰国人在待人接物中，有许多约定俗成的规矩。朋友相见，双手合十，互致问候，晚辈向长辈合十行礼，双手要举到前额，长辈也要合十回礼，以表示接受对方的行礼（图 7-13）。年纪大或地位高的人还礼时，手部不必高过前胸。行合十礼时双掌举得越高，表示尊敬的程度越深。在特定场合下，平民、贵官直至总理拜见国王及其近亲时行跪拜礼。国王拜见高僧时也须下跪，儿子出家为僧，父母亦跪拜于地。

图 7-13 合十礼

3）饮食习惯

泰国人主食为大米，副食主要是鱼和蔬菜，特别喜爱吃辣椒、鱼露，不爱吃牛肉和红烧的菜肴，也不习惯放糖（图 7-14）。泰国人爱喝啤酒、白兰地和苏打水。

图7-14 泰国饮食

4）禁忌

泰国人非常重视头部，认为头颅是智慧所在，是神圣不可侵犯的。传递东西时不能超过头顶。如果用手触摸泰国人的头部，则被认为是极大的侮辱，如果用手打了小孩的头部，则认为小孩一定会生病。

睡觉忌头向西方，因日落西方象征死亡。忌用红笔签名，因有人死后用红笔将其姓氏写在木棺材上的习俗。

脚被认为是低下的，忌用脚踢门，否则会受到人们的指责；此外，泰国人就座时，最忌跷腿，把鞋底对着别人，被认为是把别人踩在脚底下，是一种侮辱性的举止。

在泰国，男女仍然遵守授受不亲的戒律，所以男女不能过于亲近。妇女就座时，双腿要靠拢，否则被认为缺乏教养。

5. 澳大利亚

澳大利亚位于太平洋西南部和印度洋之间。国土面积7692300平方公里，95%的居民是英国及其他欧洲国家移民的后裔，98%的居民信奉基督教，其余信奉犹太教、佛教和伊斯兰教。首都堪培拉，国花为金合欢花，国歌为《澳大利亚，前进》，通用英语。货币名称为澳元。

1）节日习俗

国庆日（1月2日），纪念首批移民到澳大利亚定居。

圣诞节（12月25日），因澳大利亚是南半球的国家，正当西欧各国在寒风呼啸中欢度圣诞节时，澳大利亚却是仲夏时节。酷暑和严冬景象的强烈对比，使澳大利亚庆祝圣诞节活动别有一番情趣。

澳大利亚人酷爱体育活动，他们认为，如无体育活动，生活就会空虚。游泳及日光浴是人们的癖好，若有谁不会游泳，则不仅自以为耻，而且必成为众人嘲讥的笑料。

澳大利亚的墨尔本市，每年1月份的第一个星期日都要举行一次跑马大赛。届

# 7 涉外礼俗——旅游行业国际交往礼仪

时,弗莱明顿跑马场,观众如潮。众多买不到票的人,则围在电视机或收音机旁,如醉如痴地收看或收听跑马大赛实况。

2)礼貌礼节

澳大利亚人办事认真爽快,喜欢直截了当,待人诚恳、热情,见面时喜欢握手,以名相称。乐于结交朋友,即使是陌生人,也一见如故。他们有崇尚友善精神,并有谦逊礼让习性,重视公共道德,组织纪律性强,赴约准时并爱惜时间。女性较保守,接触时要谨慎。做客可送葡萄酒和鲜花。

3)饮食习惯

澳大利亚人的饮食习惯和口味与英国人较相似。菜要清淡,不吃辣。家常菜有煎蛋、炒蛋、火腿、脆皮鸡、油爆虾、糖醋鱼、熏鱼、牛肉等。当地的名菜是野牛排。餐桌上调味品种类多,澳大利亚人食量较大,啤酒是最受欢迎的饮料。

## 7.2.2 欧洲国家习俗礼仪

欧洲位于东半球西北部,其面积仅大于大洋州。那里国家众多,人口相当密集,民族多,语言要用语系分类。习惯上,人们还可以把欧洲细分为东、南、西、北、中5个区域,其中北欧的瑞典、芬兰、丹麦、挪威,西欧的英国、荷兰、法国、比利时;中欧的德国、奥地利、瑞士以及南欧的意大利、西班牙等国家不但自然环境优美,文化古迹多,而且工业相当发达,国民生活水平高,既吸引世界各地游客去欧洲观光游览,同时每年大量的欧洲游客也涌向世界各地,它是世界上最大的旅游客源地区。

### 1. 英国

大不列颠及北爱尔兰联合王国简称英国。位于欧洲西部大西洋的不列颠群岛上。国土只有242000平方公里,其中英格兰人占80%以上,其余为苏格兰人、威尔士人和爱尔兰人等。居民绝大部分信奉基督教,少部分人信奉天主教。首都伦敦。国花为蔷薇花,国歌为《神佑女王》,英语为国语,货币名称为英镑。英国是工业发达最早的国家,是世界大贸易国之一。

1)节庆习俗

在英国,圣诞节是一年中最重要的节日,4月的复活节是仅次于圣诞节的第二大传统节日。除了宗教节日之外,在全国性的节日中,国庆和除夕之夜是最热闹的。国庆是每年6月的第2个星期四。按历史惯例定在英王生日那一天。除夕之夜全家围坐,举杯畅饮,为辞旧迎新,人人高唱"辞岁歌"。除夕夜必须瓶中有酒,盘中有肉,象征着来年富裕有余。苏格兰人则提着煤块去拜年,把煤块投入亲友家的炉子里,并说:"祝你家的煤长燃不熄。"以求吉利。此外还有情人节、愚人节、降灵节等。

2)礼貌礼节

英国人讲究文明礼貌,注重礼节和自我修养,尤其讲究"绅士"、"淑女"风度,认为这种风度是他们的骄傲。他们感情内向,不轻易动感情或表态。特别是受过高等教育的英国人,更是谈吐幽默、高雅脱俗、谦虚谨慎。他们视夸夸其谈为缺乏教养,视自吹自擂为低级趣味。

英国人时间观念很强,而且照章办事。若请英国人吃饭,必须提前通知,不可临时匆匆邀请。到英国人家去赴宴,不能早到,以防主人还未准备好,导致失礼。

与英国人谈话不要涉及政治、宗教和有关皇室的小道消息,也要避免使用 English(英格兰人)这个词,而要用 British(不列颠人),这样说大家都高兴。英国人不喜欢被问及家事、私事、个人职业、收入、年龄、婚姻等。

英国人注意衣着打扮,尤其重视着装的场合。人际交往时常用"请"、"对不起"、"谢谢"等礼貌用语,即使家庭成员之间也是如此。用表示胜利的手势"v"时,对英国人一定注意手心对着对方,否则会招致不满。

3)饮食习惯

英国人不爱辣味,喜欢口味清淡。讲究一些的英国人通常还要把午后茶也算一餐,英国人做菜时很少用酒作调料,调味品大都放在餐桌上,由进餐者自由挑选。

英国人爱喝茶,把茶当做每天必不可少的享受,还喜欢喝威士忌、苏打水、葡萄酒和香槟酒,有时还喝啤酒和烈性酒。彼此间不劝酒。在斋戒日或星期五,英国人正餐一律吃鱼,不食肉,因为这是耶稣的受难日。

4)禁忌

英国人忌用人像、大象、孔雀作服饰图案和商品装潢。他们认为大象是愚笨的,孔雀是淫鸟、祸鸟,连孔雀开屏也被认为是自我吹嘘和炫耀。忌"13"、"3"等数字。与英国人坐着谈话忌两腿张得过宽,更不能跷起二郎腿。若站着谈话,不可把手插入衣袋。忌当着英国人的面耳语和拍打肩背。忌送百合花,他们认为百合花意味着死亡。

### 知识拓展

## 优雅的英国茶文化

历史上从未种过一片茶叶的英国人,却用舶来品创造了内涵丰富、形式优雅的"英式下午茶"文化。英国人将茶叶与牛奶调制成可口的"英国茶",调出了清香与可口,也调和了两种文化。

以茶开始每一天,以茶结束每一天,英国人乐此不疲地重复着茶来茶去的作息规律。清早刚一睁眼,就靠在床头享受一杯"床前茶"(early morning tea);早餐时再来一杯"早餐茶"(breakfast tea),又名开眼茶,精选印度、锡兰、肯亚各地红茶调制而成,气味浓郁,最适合早晨起床后享用。搭配培根香肠和蛋,是一种能去油解腻的浓茶配方。上午再繁忙,也得停顿20分钟啜口"工休茶"(tea break);下班前又到了喝茶吃甜点的法定时刻(afternoon tea),这时,香气特殊的伯爵茶成为首选,伯爵茶是以中国茶为基茶,加入佛手柑调制而成,闻起来芳香,尝起来也不算浓;回家后晚餐再来一次有肉食冷盘的正式茶点(high tea);就寝前还少不了"告别茶"。

# 7 涉外礼俗——旅游行业国际交往礼仪

此外,英国还有名目繁多的茶宴(Tea-Party)、花园茶会(Tea in Garden)以及周末郊游的野餐茶会(Picnic-Tea),真是花样百出。除了传统的英国茶外,如今,英国人又在红茶中添加了各类鲜花、水果及名贵香料,配制成当今非常流行的花茶、果茶和香料茶。要不要加糖、加奶或柠檬,正统的英式下午茶并无严格规定,只看个人喜好。不过基本原则是:浓茶加奶精口感润滑,淡茶或加味水果茶要喝原味。

### 2. 法国

法兰西共和国位于欧洲大陆的西部,国土面积551602平方公里,其中法兰西人约占94%。绝大多数居民信奉天主教。首都巴黎,国花为鸢尾花,国歌为《马赛区》,法语为国语。

1)节庆习俗

法国主要节日除了国庆节(7月14日)、圣诞节、复活节外,还有停战节(5月8日)、体育节(每年3月中旬的第一个星期日)等。万灵节(11月1日)也称诸圣节,是祭奠先人及为国捐躯的先烈的节日。

2)礼貌礼节

法国人具有骑士风度,极其尊重妇女。法国人的见面礼节主要是握手、拥抱和吻面颊。法国人喜欢行亲吻礼。据考证:法国是世界上最早公开行亲吻礼的国家,也是使用亲吻礼频率最高的国家。

法国人热情开朗,谈问题开门见山,但不急于作出结论,作出结论后都明确告知对方,法国人讲究服饰美,尤其是法国妇女衣着非常时髦,特别是使用化妆品,光口红就有早、中、晚之分,是世界上最爱打扮的妇女。

法国人注重人情味,收到礼物应立即表示感谢并当面打开看。与法国人约会必须事先约定时间,准时赴约是有礼貌的表现,但不要提前,送鲜花给法国人也是很好的选择。

223

法国人非常讲究公共卫生，同时在公共场所不能有懒散动作，也从不大声喧哗。

3）饮食习惯

法国人的烹调技术世界闻名，用料讲究，花色品种繁多，其口味特点是香浓、鲜嫩、味美，注重食品的色、形和营养。法国人烹调时用酒较多，肉类菜不烧得太熟，牡蛎一般都喜欢生吃，配料爱用蒜、丁香、香草、洋葱、芹菜、胡萝卜等。法国人不吃辣的食品，喜欢酥食点心和水果。爱喝啤酒、葡萄酒、苹果酒、牛奶、红茶、咖啡、清汤等。

4）禁忌

法国人忌讳13和星期五，送花宜送单数；法国人忌黄色的花，认为是不忠诚的表示；忌黑桃图案，认为不吉利；忌墨绿色，因二次世界大战期间德国纳粹军服是墨绿色；忌仙鹤图案，认为是蠢汉和淫妇的象征；忌送香水和化妆品给女士，因为它有过分亲热或图谋不轨之嫌。

3．德国

德意志联邦共和国位于中欧西部，国土面积357020.22平方公里。居民绝大多数是德意志人，信奉基督教的人口约占一半，另有约46%的人信奉天主教。首都柏林，国语德语，国花为矢车菊，国歌为《德意志之歌》。

1）节庆习俗

除欧洲地区的一般节日外，德国主要节日有：慕尼黑啤酒节（每年9月最后一周到10月第一周），节日期间，人人举杯开怀畅饮，啤酒的消费量为世界第一，所以称慕尼黑为"啤酒之都"。狂欢节（每年11月11日11时11分开始，到次年2月复活节前夕结束），狂欢节最后一个星期四称为"妇女节"。

2）礼貌礼节

德国人勤勉、矜持、有朝气、守纪律、好清洁、爱音乐。

德国人颇为注重衣着打扮，外出时必须穿戴整齐、清洁；穿衣风格是庄重、朴素、整洁。德国人对发型较为重视。男士不宜剃光头，少女的发式多为短发或披肩发，烫发的妇女大半都是已婚者。

德国人见面打招呼须称头衔，不要直呼其名；约会讲准时，时间观念强；待人热情、好客、态度诚实可靠；重视称呼，称"您"表示尊重，称"你"则表示地位平等、关系密切。

在宴席上，男子坐在妇女和地位高的人的左侧，女士离开和返回饭桌时，男子要站起来以示礼貌。

3）饮食习惯

德国人最爱吃猪肉，其次是牛肉。菜肴喜清淡、酸甜、不宜辣。晚餐一般吃冷餐。此外，德国人在外聚餐，在不讲明的情况下要各自付钱。如果同时喝啤酒和葡萄酒，要先喝啤酒，然后再喝葡萄酒，否则被视为有损健康。

4）禁忌

德国人忌茶色、红色、深蓝色。服饰和其他商品包装上忌用纳粹标志或类似符号，忌食核桃，忌送玫瑰花。

# 7 涉外礼俗——旅游行业国际交往礼仪

### 4. 意大利

意大利共和国国土面积 301318 平方公里。主要是意大利人，90%以上居民信奉天主教。首都罗马，国花为雏菊、玫瑰，民间公认紫罗兰，国歌为《马梅利之歌》，意大利语为官方语言，货币名称里拉。旅游资源丰富，旅游业十分发达。

1）节庆习俗

意大利人过圣诞节、复活节、降灵节的盛况为世人瞩目。此外意大利还有：国庆节（6月2日）、建城节（4月21日）、狂欢节（每年2月中旬进行）、情人节（2月14日）等。意大利过除夕之夜别具一格，人们燃放爆竹烟火，并在一起唱歌跳舞。午夜时分，家家户户将旧瓶、旧盆、旧坛、旧罐等全部扔出户外摔碎，这是意大利人过新年的传统方式。

2）礼貌礼节

意大利人热情好客，亲友之间经常互相跳舞联欢，待人接物也颇多艺术情调，见面礼是握手或招手示意。说话喜欢靠的近一些，对长辈、有地位和不太熟悉的人，须称呼其姓，并冠以"先生"、"太太"、"小姐"和荣誉称谓。在正式场合，穿着十分讲究。女士受到尊重，特别是在各种社交场合，女士处处优先。与意大利人谈话要注意分寸，一般谈论工作、新闻、足球皆可，但不要谈论政治、宗教等话题。

3）饮食习惯

意大利人喜欢吃面食，如通心粉、馄饨、葱卷等。爱吃牛（羊）肉、鸡、鸭、鱼、虾、海鲜等。菜肴特点是味浓，尤以原汁原味闻名。烹调以炒、煎、炸、焖著称。

意大利人嗜酒，但不劝酒。酒是意大利人离不开的饮料（特别是葡萄酒），不论男女几乎每餐都要喝酒，甚至在喝咖啡时，也要掺上一些酒。每逢节日，更是开怀痛饮。

4）禁忌

意大利人忌菊花，因菊花盛开季节，正是他们扫墓祭奠亡灵之时。

---

**典型案例**

### 一份不该送的礼物

国内某家旅行社准备在接待来华的意大利游客时送每人一件小礼品。于是，该旅行社订购制作了一批杭州制作的纯丝手帕，每个手帕上绣着花草图案，十分美观大方。手帕装在特制的纸盒内，盒上又有旅行社社徽，显得很是精致，料想会受到客人的喜欢。接待人员带着盒装的纯丝手帕，到机场迎接来自意大利的游客。在车上他代表旅行社赠送给每位游客两盒包装精美的手帕，作为礼品。没想到车上一片哗然，议论纷纷，游客显出很不高兴的样子。特别是一位夫人，大声叫喊，表现极为气愤，还有些伤感。旅游接待人员心慌了，不明白为什么好心好意送人家礼物，不但得不到感谢，还出现这般景象？

在意大利和西方一些国家有这样的习俗：亲朋好友相聚一段时间告别时才送手帕，取意为"擦掉惜别的眼泪"。那位大声叫喊而又气愤的夫人，是因为她所得到的手帕上面还绣着菊花图案。菊花在中国是高雅的花卉，但在意大利则是祭奠亡灵的。人家怎不愤怒呢？本案例告诉我们：旅游接待与交际场合，要了解并尊重外国人的风俗习惯，这样做既对他们表示尊重，也不失礼节。

5. 俄罗斯

俄罗斯联邦位于欧洲东部和亚洲北部，国土面积 17075400 平方公里，人口 80%以上是俄罗斯人，主要宗教为东正教，首都莫斯科，国花为向日葵，俄语为官方语言，货币名称卢布。1991 年 12 月，苏联解体，俄罗斯联邦宣告独立。俄罗斯是一个大国，有着悠久的历史和深厚的传统文化。

1）节庆习俗

俄罗斯人除重视宗教节日之外，还把圣诞节的传统习俗与过新年结合起来，身穿皮袄的圣诞老人称冬老人，代表旧岁；体态轻盈的雪姑娘，代表新年，这一老一少在辞旧迎新的晚会上，给人们分发礼物，受到大家欢迎。大多数俄罗斯人喜欢在家乡过年，男子们痛饮伏特加，当电视广播里传出克里姆林宫的钟响了 12 下后，男女老少互祝新年快乐。

2）礼貌礼节

俄罗斯人性格开朗、豪放、集体观念强。俄罗斯人比较开放。他们和人见面时，大都行握手礼，有时行拥抱礼和吻礼，但吻礼在不同场合、不同人员之间也有一定的区别：一般朋友或长辈对晚辈之间，以吻面颊者为多；男子对特别尊敬的已婚女子，一般多行吻手礼，以示谦恭和崇敬。吻唇礼则只是在夫妇或情侣间流行。

男人外出活动时，十分注重仪表仪容，一定要把胡子刮净；赴约准时，在社交场合，处处表现尊重女性。主人给客人吃面包和盐，是最殷勤的表示。

3）饮食习惯

俄罗斯人以面包为主食，肉、鱼、禽、蛋为副食，喜食牛、羊肉，爱吃带酸味的食品，口味偏咸、油腻。菜肴喜欢熟透和酥烂。喜吃焖、煮、烩、烂的菜，也吃烤、炸的菜，非常喜欢中餐。俄罗斯人爱喝酒，酒量一般较大，对名酒诸如伏特加、中国的茅台、西凤等烈性酒也颇感兴趣。不爱喝葡萄酒、绿茶，喜欢喝加糖的红茶。

4）禁忌

俄罗斯人偏爱"7"，把红色视为美丽和吉祥的象征。应邀作客时可带上鲜花或烈性酒，送艺术品或图书作礼品同样是受欢迎的。女主人喜欢单数鲜花，而男主人则喜欢高茎、艳丽的大花。

他们重视文化教育，喜欢艺术品和艺术欣赏。对盐十分崇拜，并视盐为珍宝，认为盐具有驱邪除灾的力量。认为打翻盐罐或是将盐撒在地上是家庭不和的预兆，应将打翻在地的盐拾起来撒在自己的头上以摆脱凶兆。认为兔子是不祥的兆头。忌讳黑色，对黑猫更为厌恶，视黑猫为不幸的象征。

与俄罗斯人说话，要坦诚相见，不能在背后议论第三者，更不能说他们小气。对妇女要十分尊重，忌问她们的年龄和衣饰价格等。

### 7.2.3 美洲国家习俗礼仪

美洲是亚美利加洲的简称。以巴拿马运河为界，分为北美洲和南美洲。北美洲主要包括美国、加拿大等国家和地区，拉丁美洲包括北美国家墨西哥及其以南的美洲各国和地区。这里介绍北美洲主要国家美国、加拿大及墨西哥。

1. 美国

美利坚合众国地处北美洲中部，国土面积9372615平方公里。人口80%以上是欧洲移民的后裔，12.1%为黑人，其余的为墨西哥人、阿拉伯人、印第安人及华裔等，有"民族熔炉"之称。50%的居民信奉基督教和天主教，其次为信奉犹太教和东正教。首都华盛顿，国花为玫瑰花，国歌为《星条旗歌》，英语为国语，货币名称为美元。

1）节庆习俗

在美国，主要节日有：国庆节或称独立日（7月4日）；感恩节，又叫火鸡节，是北美独有的节日，在每年11月的第4个星期四举行，现已成为家人团圆、朋友相聚的全民性节日；母亲节（5月的第2个星期日）和父亲节（6月的第3个星期日），都是表示对双亲含辛茹苦养育的崇敬和感激，并经美国总统的批准，为全国重要的节日；植树节（4月22日），为美国农学家莫尔顿所创立；情人节（2月14日），情人之间互赠礼物。

2）礼貌礼节

美国人以不拘礼节著称于世。因为他们一般性格开朗、举止大方，即使素不相识，谈笑间也毫不拘束。美国人第一次同他人见面常直呼对方的名字，不一定握手为礼；在分手时也不一定跟别人道别或握手，只是大家挥挥手，或者说声"再见"。

如有客人在夜间来访，不能身穿睡衣去迎客。当被邀去朋友家做客时，应预备小礼物送给主人。在朋友家做客时，打长途电话要经主人同意。离开时，应留下电话钱。

美国人在接到礼物、参加宴会、得到朋友帮助时，都要写信致谢，赠送亲友礼品也要写信，或者在礼品上附礼物片。美国人一般有晚睡晚起的习惯，因此，在外出参观时，需及时提醒他们。

美国人一般乐于在自己家里宴请客人，喜食"生"、"冷"、"淡"的食物，外出就餐时往往各付各账。

3）饮食习惯

美国人吃饭非常随便。口味特点是咸中带甜，喜爱生、冷、清淡。也爱吃中国的川菜和粤菜，还喜欢吃中国北方的甜面酱、南方的蚝油、海鲜酱等。烹调方法注重煎、炸、炒。一般不在厨房用调料，而是把酱油、醋、盐、味精、胡椒面、辣椒粉等放在餐桌上自行调味。他们对带骨的肉类要尽量剔去骨头后才做菜，如鸡、鸭要去骨，鱼要斩头去尾，剔除骨刺，虾要剥壳，蟹要拆肉等。美国人一般不爱喝茶，爱喝冰水和矿泉水、可口可乐、啤酒等，平时把威士忌、白兰地等酒类当饮料喝。

4）禁忌

美国人忌讳数字"3"、"13"，不喜欢"星期五"。不适宜的礼品有香烟、香水、内衣等。美国人忌蝙蝠图案，认为它是凶神恶煞的象征。忌问个人收入和财产状况，忌问妇女婚否、年龄及衣饰价格等。忌食各种动物的内脏。

美国人偏爱山楂花和玫瑰花，喜欢白色，认为是纯洁的象征；偏爱黄色，认为是和谐的象征；喜欢蓝色和红色，认为是吉祥如意的象征；认为白猫可以给人带来运气。

2. 加拿大

加拿大位于北美洲北半部，东临大洋洲，西濒太平洋，北滨北冰洋，面积9984670平方公里。人口大部分是欧洲英法等国家移民的后裔，居民大部分信奉天主教与基督教。首都渥太华。国花为枫叶，国歌为《啊，加拿大》，官方语言为英语和法语，货币为加元。

1）节庆习俗

国庆日（7月1日）、元旦。人们将瑞雪作为吉祥的征兆，新年期间，不但不去铲平积雪，而且还将白雪堆积在住宅四周，筑成雪岭。据说，这样可以防止邪魔入侵，永保安宁。

枫糖节，每年3、4月间在春意犹浓之时，几千个生产枫糖的农场粉饰一新，披上节日的盛装，以吸引众多的旅游者。

冬季狂欢节。在魁北克市，每年2月从第一个周末开始，要举行为期10天的冬季狂欢节。冰雕比赛是节日的主要活动内容，在一条被称为"狂欢大街"的两旁，人们到处可以见到千姿百态、晶莹剔透的各种冰雕艺术品。

2）礼貌礼节

加拿大人朴实热情，即使互不相识，相遇时也会主动打招呼问好。

## 7 涉外礼俗——旅游行业国际交往礼仪

加拿大人上班时一般要穿西服、套装，参加社交活动时往往穿礼服或时装，在休闲场合则自由穿着。

3）饮食习惯

在饮食上，加拿大人与英、美、法相似，对法式菜肴特别偏爱。口味偏重甜酸，喜欢清淡的，不辣的食品，烹调中不用调料，上桌后由用餐者随意自由选择。以肉食为主，特别爱吃奶酪和黄油。由于天气寒冷的缘故，不少加拿大人嗜好饮酒，他们对威士忌、红葡萄酒、樱桃白兰地、香槟酒等十分喜爱。

4）禁忌

加拿大人有邀请朋友到自己家中共进晚餐的习惯，被邀时应送鲜花给主人，但白色的百合花除外，在葬礼上才使用这种花。加拿大人一般不喜欢黑色和紫色，视白雪为吉祥的象征和辟邪之物。忌讳"13"和"星期五"。忌食各种动物的内脏，也不爱吃肥肉。

### 3. 墨西哥

墨西哥合众国位于北美洲西南部。面积1964735平方公里，绝大多数人口是印欧混血种人。89%居民信仰天主教，35%居民信奉基督教。首都墨西哥城。西班牙语为官方语言，国歌为墨西哥合众国国歌，国花为仙人掌，货币名称为比索。1972年2月14日同中国建交。

1）节日习俗

主要节日有：国庆日（9月16日）；纪念亡人节（11月2日），与我国清明节扫墓习俗相似；圣船节，是拉美最古老的节日，也是墨西哥古老文化的象征之一；军士狂欢节（2月底），是为纪念墨西哥人民1826年反抗法国入侵者的民间传统节日，主要盛行于墨西哥普韦布拉州；玉米粽子节（10月收获玉米的季节），又称"乌切布瓜"节，每当玉米收获季节来临，在米却肯州巴拉乔地区，以自然村为单位，由一位村民做召集人，邀请村民们将采摘的嫩玉米加工包成粽子，集中到召集人家中煮熟品尝，并举行盛大舞会庆祝。

2）礼貌礼节

墨西哥人爱好音乐，能歌善舞，热情好客，对老人和妇女十分尊重，平时见面大都以握手为礼，如遇熟人，好朋友还要拥抱接吻。在墨西哥，除上层官方人士外，一般都不说英语，因此，如果与墨西哥人交往，能学会些西班牙语与之交流会被当做是一种礼貌。交谈时，墨西哥人不喜欢听别人说他们受到美国的影响而取得进步，更不喜欢听到别人对他们自知依然存在的不平等和贫困的社会状况加以评论。因为他们只为依靠自力更生取得成绩而感到骄傲，而且正在做出巨大努力缩小迄今尚存的贫富差别。

3）饮食习惯

墨西哥人口味清淡，喜欢咸中带甜酸味的菜肴。烹调以煎、炒、炸为主。大多数人吃西餐，也爱吃中国的粤菜。他们爱喝冰水、矿泉水、可口可乐、啤酒、威士忌和白兰地。

4）禁忌

忌菊花，认为是"妖花"，只有在人死后，才拿它放在灵前作祭奠之用。还忌送手帕和刀剪，因为手帕与眼泪联系在一起，刀剪是友谊破裂的象征。

## 实训项目二　主要客源国日常见面礼节训练

**实训目的：**熟练掌握我国主要客源国的基本礼仪，通过使用客源国特色服务礼仪，让宾客产生亲切感，提高旅游服务质量。

**实训内容：**练习掌握亚洲、欧洲、美洲等主要客源国的日常见面礼节。

**实训步骤：**分组进行（6~8人一组），通过各种媒体搜集相关知识，将不同国家的日常见面礼节组织汇编，以礼仪宣讲的形式配乐展示表演，还可以编成小品形式演出，教师进行指导，其他同学观摩。

**实训场地：**形体实训室。

---

### ■ 知识拓展

#### 吻手礼

吻手礼是流行于欧洲上层社会的一种礼节，据说这个礼节由维京人发明，因为维京人有一种风俗，就是向他们的日耳曼君主"手递礼物"，而领主离开后，他走过的门、他摸过的锁和他碰过的门闩上，都要求臣民们亲吻，所以这种礼节特点，决定了它宜在室内进行。而吻手礼的受礼者，只能是女士，而且应是已婚女士，手腕及其以上部位，是行礼时的禁区。

如果女方先伸出手作下垂式，男方则可吻之；但如果女方不伸手表示则不吻。行吻手礼时，若女方身份地位较高，要屈膝作半跪式后，再行吻手礼。并且女士不可以主动抬手，应该是男士主动抬起女士的手到一定程度，然后弯腰完成。且禁忌真的吻上女士的手背，而只能近似的贴近，迅速地离开，女士回以微笑，以表示对尊重的感谢。而且吻手礼既不能在公众场合下进行，也不可以在露天进行，并且不能吻戴手套的手，否则会被视为对这位女士的不尊重，也会被其他人视为没有礼貌修养的表现。

# 7.3 我国少数民族及港澳台地区传统习俗礼仪

民族习俗，指的是一个民族的人们在生产、居住、饮食、衣着、婚姻、丧葬、节日、庆典、礼仪等物质文化生活上的共同喜好、习尚和禁忌。由于自然环境、社会条件、经济水平的差异，中国各民族和地区在饮食、服饰等方面形成了各自独特的习俗与禁忌，这些区域性的传统习俗也成为旅游目的地的重要旅游特色。保存和了解这些传统习俗，对于民族团结、社会稳定乃至国家安全都有重要意义，同时也有助于塑造一个旅游接待大国的良好形象，传承民族和区域文化，提升旅游服务质量。

## 7.3.1 我国主要少数民族地区的传统礼俗

1. 壮族

壮族，是中国人口最多的少数民族，主要分布在广西、云南、广东和贵州等省区。壮歌久负盛名，定期举办对歌赛歌的"歌圩"盛会；壮族的铜鼓、壮锦、竹芒编及"干栏"建筑艺术等也名扬远近。壮族主要节日有"三月三"歌节、中元鬼节、牛魂节等，最隆重的节日莫过于春节。

1）饮食习惯

大米、玉米是壮族地区盛产的粮食，自然成为他们的主食。日常蔬菜以水煮最为常见，也有腌菜的习惯。壮族对任何禽畜肉都不禁吃，如猪肉、牛肉、羊肉、鸡、鸭、鹅等，喜爱猎食烹调野味、昆虫，还擅长烤、炸、炖、腌、卤成熟法，嗜酒，口味辣麻偏酸，喜食酥香菜品。壮族自家还酿制米酒、红薯酒和木薯酒，度数都不太高，其中米酒是过节和待客的主要饮料。

2）礼貌礼节

壮族是个好客的民族，过去到壮族村寨任何一家做客的客人都被认为是全寨的客人，往往几家轮流请吃饭，有时一餐饭吃五、六家。招待客人的餐桌上务必备酒，方显隆重。敬酒的习俗为"喝交杯"，其实并不用杯，而是用白瓷汤匙。

尊老爱幼是壮族的传统美德。用餐时须等最年长的老人入席后才能开饭；长辈未动的菜，晚辈不得先吃；给长辈和客人端茶、盛饭，必须双手捧给，而且不能从客人面前递，也不能从背后递给长辈；先吃完的要逐个对长辈、客人说"慢吃"再离席；晚辈不能落在全桌人之后吃饭。路遇老人要主动打招呼、让路，在老人面前不跷二郎腿，不说污言秽语。遇客人或负重者，要主动让路，若遇负重的长者同行，要主动帮助并送到分手处。

3）禁忌

壮族人忌讳农历正月初一这天杀牲；有的地区的青年妇女忌食牛肉和狗肉。登上壮族人家的竹楼，一般都要脱鞋，忌坐门槛中间。火塘、灶塘是壮族家庭最神圣的地方，禁止用脚踩踏火塘上的三脚架以及灶台。

忌筷子跌落地上，认为不吉利。吃饭时忌用嘴把饭吹凉，更忌把筷子插到碗里。夜间行走忌吹口哨。

壮族是稻作民族，十分爱护青蛙，有些地方的壮族有专门的"敬蛙仪"，所以到壮族地区，严禁捕杀青蛙，也不要吃蛙肉。

每逢水灾或其他重大灾害时，壮族都要举行安龙祭祖活动，乞求神龙赈灾。仪式结束后，于寨口立碑，谢绝外人进寨。

2. 回族

回族是中国分布最广的少数民族，全民主要的生活方式为伊斯兰，在居住较集中的地方建有清真寺，又称礼拜寺。回族信仰伊斯兰教，民族整体为穆斯林民族。回族的通用语为华语，第二语言为阿拉伯语，在族群内部占有举足轻重的地位。在日常交往及宗教活动中，回族保留了大量阿拉伯语和波斯语的词汇，在边疆民族地区，回族人民还通晓并使用当地民族的语言。

1）饮食习惯

回族分布较广，食俗也不完全一致。油香、馓子是各地回族喜爱的特殊食品，是节日馈赠亲友不可少的。城市的回族一年四季早餐习惯饮用奶茶，肉食以牛、羊肉为主，有的也食用骆驼肉，食用各种有鳞鱼类，如北方产的青鱼、鲢鱼、鲤鱼等。鸽子在甘肃地区的回族中被认为是圣鸟，可以饲养，但不轻易食用。

回族长于以煎、炒、烩、炸、爆、烤等各种烹调技法，风味迥异的清真菜肴中，既有用发菜、枸杞、牛羊蹄筋、鸡鸭海鲜等为主要原料，做工精细考究，色香味俱佳的名贵品种，也有独具特色的家常菜和小吃。西北地区的回族民间还喜食腌菜。

回族饮料较讲究，凡是不流的水、不洁净的水均不饮用。回族喜饮茶和用茶待客，西北地区回族的盖碗茶、宁夏回族的八宝茶、罐茶都很有特色。

2）民族节日

回族有三大节日，即开斋节、古尔邦节、圣纪节。这些节日和纪念日都是以伊斯兰教历计算的。

3）民族禁忌

回族在饮食方面最突出的习惯就是禁食一些食物，而且有比较严格要求。在肉食方面，回族只食蹄分瓣反刍的动物肉。如牛、羊、骆驼、鹿、山兔的肉等；禽类中只食鸡、鸭、鹅、鸠、鸽的肉等；在水产中只食鱼、虾。回族除了不吃猪肉外，还不吃下列动物的肉：有爪子的、不反刍的兽类，如马、骡、驴、猫、狗、象、虎、豹、熊、狼、狐狸、鼠、貉；性情凶暴的禽类，如鹰、鹞、鹫、枭、乌鸦；两栖类的蟒，爬行类动物中的蛇；水产类中奇形怪状的生物，如龟、泥鳅、鱼、蛙、蚌、海参、蜇、蟹等（但海产品的禁食范围有些变化），不吃动物的血，在可食动物中，不吃自死的，也不吃外族人屠宰的；必须是清真寺四掌教（刀师傅）或阿訇屠宰的方可食用。忌讳别人在自己家里吸烟、喝酒。禁用食物开玩笑，也不能用禁食的东西作比喻，如不得形容辣椒的颜色像血一样红等。

凡供人饮用的水井、泉眼，一律不许牲畜饮水，也不许任何人在附近洗脸或洗衣服。取水前一定要洗手，盛水容器中的剩水不能倒回井里。凡有条件的地方，饭前、饭后都要用流动的水洗手，多数回族不抽烟，不饮酒。就餐时，长辈要坐正席，晚辈不能同长辈同坐在炕上，须坐在炕沿或地上的凳子上。另外，舀水、舀饭均不得往外舀。

回族服饰除了保护身体和装饰的作用外，还有信仰的因素，禁止在人前袒胸露臂。

3. 维吾尔族

在中国西北边陲新疆的天山脚下聚居着一个能歌善舞的民族——维吾尔族。全民族使用维吾尔语，该语言属于阿尔泰语系、突厥语族。维吾尔族以农业为主，种植棉花、小麦、玉米、水稻等农作物。此外还擅长园林艺术。维吾尔族有属于自己独特的文化艺术，如故事集《阿凡提的故事》、音乐舞蹈史诗《十二木卡姆》、维吾尔族舞蹈等闻名中外。维吾尔族古代信仰过萨满教、摩尼教、景教、祆教和佛教。当前，维吾尔族多数信仰伊斯兰教，多属于逊尼派。

1）民族节庆

维吾尔族信奉伊斯兰教。传统节日有：肉孜节、古尔邦节、诺鲁孜节等。维吾尔族十分重视传统节日，尤其以过"古尔邦节"最为隆重。届时家家户户都要宰羊、煮肉、赶制各种糕点等。

肉孜节意译为"开斋节"。按伊斯兰教教规，节前一个月开始封斋。即在日出后和日落前不准饮食，期满30天开斋，恢复白天吃喝的习惯。开斋节前，各家习惯炸馓子、油香、烤制各种点心，准备节日食品。节日期间人人都穿新衣服，戴新帽，相互拜节祝贺。节日期间杀羊或骆驼，到清真寺去作聚礼，唱歌跳舞，并举行赛马、叼羊和摔跤等活动。

2）礼仪礼貌

维吾尔人非常重视礼貌，见到长者或尊敬的客人时，要以右臂抚胸行抚胸礼，身体前倾30°，然后握手，并连声说："撒拉木"或"亚贺西姆塞斯"，意为你好、你们好。

到维尔吾族人家里做客时，进门前和用餐前女主人要用水壶给客人冲洗双手，一般洗3次。在屋里就座的时候，要跪坐。接茶碗时要用双手，吃烤馕时要先把馕掰碎、小块而食。吃完饭后由长者领着行"接都瓦"，来为亲友祈祷祝福。

3）饮食习惯

维吾尔族人一日食三餐，以面食为主，喜食牛、羊肉。主食的种类有数十种。最常吃的有馕、羊肉抓饭、包子、面条等。维吾尔族喜欢饮茯茶、奶茶。夏季多伴食瓜果。新疆盛产绵羊，由此维吾尔族便有了烤羊肉的习俗，烤羊肉肉质鲜嫩，味咸辣，孜然的特殊味浓郁。

与羊肉串相媲美的手抓饭，也是维吾尔族的传统风味食品。在新疆维吾尔、乌孜别克等民族地区，逢年过节，婚丧娶嫁的日子里，都必备抓饭待客。他们的传统习惯是请客人围坐在桌子旁,上面铺上一块干净的餐巾。随后主人一手端盘,一手执壶,逐个让客人净手,并递给干净毛巾擦干。然后主人端来几盘抓饭,置餐巾上(习惯是2~3人一盘),请客人直接用手从盘中抓吃,故取名为"抓饭"。维吾尔族抓饭的种类很多,花色品种十分丰富。

4) 民族禁忌

吃饭时,客人不可随便拨弄盘中食物、随便到锅灶前去,一般不把食物剩在碗中,同时注意不让饭屑落地,如不慎落地,要拾起来放在自己跟前的"饭单"上。共盘吃抓饭时,不将已抓起的饭粒再放进盘中。客人不能东张西望或站起。饭前饭后必须洗手,洗后只能用手帕或布擦干,忌讳顺手甩水,会被认为那样不礼貌。

院落的大门禁忌朝西开,睡觉时忌讳头朝东脚朝西,忌随便走近灶台、水缸等。衣忌短小,上衣一般过膝,裤脚到脚面,最忌讳户外穿着短裤。

4. 藏族

藏族主要是居住在中国境内的操藏语的民族,主要聚居在西藏自治区以及青海、甘肃、四川、云南等省。中国境内有人口约541万余人(2000年),以从事畜牧业为主,兼营农业。另外,尼泊尔、巴基斯坦、印度、不丹等国境内也有藏族分布。藏族信仰大乘佛教。大乘佛教吸收了藏族土著信仰本教的某些仪式和内容,形成具有藏族色彩的"藏传佛教"。著名的寺庙有甘丹寺、哲蚌寺、色拉寺、扎什伦布寺和布达拉宫。

1) 饮食习惯

绝大部分藏族以糌粑为主食,即把青稞炒熟磨成细粉。特别是在牧区,除糌粑外,很少食用其他粮食制品。食用糌粑时,要拌上浓茶或奶茶、酥油、奶渣、糖等一起食用。藏族过去很少食用蔬菜,副食以牛、羊肉为主,猪肉次之。最常见的另一种食品是从牛、羊奶中提炼的酥油,除饭菜都用酥油外,还大量用于制作酥油茶。在藏族民间,无论男女老幼,都把酥油茶当做必需的饮料,此外也饮奶。酸奶、奶酪、奶疙瘩和奶渣等也是经常制作的奶制品,作为小吃或其他食品搭配食用。

藏族的炊餐灶具自成一体。在藏族地区,家家都备有酥油茶筒、奶茶壶。大部分地区的藏族都以干牛粪为燃料,以铁三脚架为灶。云南藏族茶具、酒具、餐具喜用铜制。其他地区的藏族喜用木碗并漆上红、黄、橙色的油漆。比较讲究的还要在碗上包银。

2) 礼貌礼节

献哈达是藏族待客规格最高的一种礼仪,表示对客人热烈的欢迎和诚挚的敬意。藏民们见到长者或尊敬的客人,要脱帽躬身45°。帽子拿在手上接近地面;见到平辈,头稍低就行,帽子拿在胸前,以示礼貌。有客人来拜访,藏民们等候在帐外目迎贵客光临。男女分坐,并习惯男坐左女坐右。敬献"哈达"是藏族对客人最普遍、最隆重的礼节,哈达有白、蓝、黄等几种颜色,献的哈达越宽长,表示敬意越深厚,五彩哈达用于最高最隆重的仪式如佛事等。对尊者、长辈,献哈达的时候要双手举过头,身体略向前倾,把哈达双手捧献于对方手里、献放在方桌上或通过代理人转献,对方通常并不回赠哈达;平级、同辈之间则把哈达捧送对方手中,接受者将哈达顺手绕过头顶挂在自己颈上，往往还当场回献一条哈达，以重礼尚往来；对晚辈或下属，一般要把哈达系于对方脖子上。如果不鞠躬或用单手送，都是不礼貌的。接受哈达的人最好做和献哈达的人一样的姿势，并表示谢意。

藏民对客人有敬献奶茶、酥油茶和青稞酒的礼俗。接受敬酒时，客人须先用无名指蘸一点酒弹向空中，连续3次，以示祭天，地和祖先，接着轻轻呷一口，主人会及时添满，再喝一口再添满，连喝3口，至第4口时，必须一饮而尽；敬献客人喝茶时，客人坐在藏式方桌边，主妇或子女会来倒酥油茶，客人必须等主人把茶捧到面前才能伸手接过饮用，这样才算懂得礼貌。

3）民族禁忌

接待客人时，无论是行走还是言谈，总是让客人或长者为先，并使用敬语，如在名字后面加个"啦"字，以示尊敬和亲切，忌讳直呼其名；迎送客人，要躬腰屈膝，面带笑容；室内就座，要盘腿端坐，不能双腿伸直，脚底朝人，不能东张西望；敬茶，酒，烟时，要双手奉上，手指不能放进碗口；用羊肉待客，以羊脊骨下部带尾巴的一块肉为贵，要敬给最尊敬的客人，制作时还要在尾巴肉上留一绺白毛，表示吉祥；接受礼品，要双手去接；赠送礼品，要躬腰双手高举过头。

客人进门时不要踩踏门槛；吃饭时要食不满口，咬不出声，喝不出响；藏族人绝对禁吃驴肉、马肉和狗肉，有些地区也不吃鱼肉。

藏民禁止一切对经典、寺庙和喇嘛的不敬重，最忌讳别人用手抚摸佛像、经书、佛珠和护身符等圣物，认为是触犯禁规，对人畜不利。行路遇到寺院，玛尼堆，佛塔等宗教设施，必须从左往右绕行；不得跨越法器，火盆；经筒，经轮不得逆转；忌讳别人用手触摸头顶。

5. 蒙古族

蒙古族，主要居住在内蒙古、新疆等地，以畜牧业为主，兼营农业，信仰喇嘛教，多住蒙古包。

1）礼貌礼节

蒙古族传统礼节，主要有献哈达、递鼻烟壶、敬茶和敬烟等。献哈达的礼仪和藏族一样。蒙古族牧民十分热情好客，即使主人不在，也可自己进入蒙古包内进餐。客人到来时，主人要迎出门外，进入蒙古包时，主人立在门外西侧，右手放在胸部微微躬身，请客人先进门。沏新茶，以示尊重客人，以"满杯茶"为敬。敬茶之后敬烟。蒙古族人多以奶制品和手抓羊肉招待来客，全羊席是最隆重的待客礼仪。送客的时候，主人送客人到蒙古包外面或本地边界。

客人接过主人的奶酒时，最得体的方式是，左手捧杯，用右手的无名指蘸一滴酒弹向头上方，表示祭天，第二滴弹向地，表示祭地，第三滴酒弹向前方，表示祭祖先，随后把酒一饮而尽。

2）主要节日

那达慕大会是蒙古族传统节日，一般在农历七、八月份举办，是蒙古族庆祝丰收、进行物资交流和举行民间体育活动的隆重集会。

3）民族禁忌

路过蒙古包，要轻骑慢行。进蒙古包前，要把马鞭子放在门外，从左边进门，入包后坐在右边，离包时走原来的路线。出蒙古包后，应步行一段路，等主人回去后，再上马上车。蒙古包内有病人时，要在蒙古包前左侧缚一条绳，绳子的一头埋在地下，表示谢绝会客。蒙古人不吃鱼、飞禽和马肉，忌讳打狗，蒙古人以火为神，不得跨越火盆，不得在火盆内乱拨。在寺院不能乱摸、乱动、大声喧哗。

6. 满族

满族人大部分聚居在东北三省，以辽宁省最多。主要从事农业，兼营渔牧业。信仰萨满教。传统节日有春节、元宵节、二月二、端午节和中秋节。颁金节是满族"族庆"之日。1989年10月，正式把每年的12月3日定为"颁金节"。

1）饮食习惯

满族以稻米面粉为主食，肉食以猪肉为主，喜吃酸菜，酸菜馅饺子是满族人春节必吃的食品。他们还保留了饽饽、酸汤子、沙其玛等有民族特色食品。

2）礼貌礼节

满族非常重礼节，是一个尊老、敬上、好客的民族。请安礼是满族人日常相见的礼节。如果遇到长辈，要请安后才能说话。最隆重的礼节是抱腰礼。其他相见礼节还有执手礼、顶头礼、叩头礼等。

满族人家重客，每逢年节必宴请宾客。待客不避内眷。如果接受妇女的敬酒，就必须沾唇一饮而尽。饮酒结束后才可进食。满族人家里一般一房西、南、北三面都是土炕，以西炕最尊贵，用来供奉祖先。留宿客人时，让客人宿南炕，自家人宿北炕。

3）民族禁忌

满族最突出的禁忌是不准打狗、杀狗、吃狗肉，不使用狗制品，禁穿戴带有狗皮的衣帽。

知识拓展

少数民族服饰

# 7 涉外礼俗——旅游行业国际交往礼仪

壮族服饰：男子多穿对襟上衣，纽扣以布结之。胸前缝一小兜，与腹部的两个大兜相配，下摆往里折成宽边；下裤短而宽大，有的缠绑腿；扎绣花纹的头巾。妇女穿藏青色或深蓝色矮领、右衽上衣，衣领、袖口、襟边都绣有彩色花边；下着黑色宽肥的裤子。也有穿黑色百褶裙，上有彩色刺绣，下有彩色布贴，色彩绚灿耀眼。扎布贴、刺绣的围腰，戴绣有花纹图案的黑色头巾。节日或赶墟歌场穿绣花鞋，披戴绣花垫肩。妇女的发式各地有所不同。壮族服饰一般都用自织的土布制成。

回族服饰：与汉族基本相同，所不同者主要体现在头饰上。回族男子多戴白色或黑色、棕色的无沿小圆帽。妇女多戴盖头，特别是在西北地区：少女及新婚妇戴绿色的，中年妇女戴黑、青色的、老年妇女戴白色的。回族男子在节日或遇有红白喜事时，喜戴白色小帽，妇女则戴披搭式巾帕，巾帕前端遮至下巴，后面披垂于肩头。

维吾尔族服饰：花帽，是维吾尔族服饰的组成部分，也是维吾尔族美的标志之一。早在唐代，西域男性多戴卷檐尖顶毡帽，款似当今的"四片瓦"。冬用皮，夏用绫，前插禽羽。女帽皆用金银线绣花点缀与装饰，喀什干的四楞花帽脱颖而出几乎成了维吾尔族花帽的主流而延续至今。经过各地维吾尔族人民的不断创新，花帽做工愈益精细，品种更为繁多。但主要有"奇依曼"和"巴旦姆"两种，统称"尕巴"（四楞小花帽）。

藏族服饰：藏族服饰无论男女至今保留完整。不同的地域，有着不同的服饰。特点是长袖、宽腰、大襟。妇女冬穿长袖长袍，夏着无袖长袍，内穿各种颜色与花纹的衬衣，腰前系一块彩色花纹的围裙。藏族同胞特别喜爱"哈达"，把它看作是最珍贵的礼物。"哈达"是雪白的织品，一般宽约二、三十厘米、长约一至两米，用纱或丝绸织成，每有喜庆之事，或远客来临，或拜会尊长、或远行送别，都要献哈达以示敬意。

蒙古族服饰：首饰、长袍、腰带和靴子是蒙古族服饰的4个主要部分，妇女头上的装饰多用玛瑙、珍珠、金银制成。蒙古族男子穿长袍和围腰，妇女衣袖上绣有花边图案，上衣高领，似与族相似。妇女喜欢穿三件长短不一的衣服，第一件为贴身衣，袖长至腕，第二件外衣，袖长至肘，第三件无领对襟坎肩，钉有直排闪光钮扣，格外醒目。

> 满族服饰：20世纪30年代，满族男女都穿直统式的宽襟大袖长袍。女性旗袍下摆至（左骨右干）（小腿），有绣花卉纹饰。男性旗袍下摆及踝，无纹饰。40年代后，受国内外新式服饰新潮的冲击，满族男性旗袍已废弃，女性旗袍由宽袖变窄袖，直筒变紧身贴腰，臀部略大，下摆回收，长及踝。逐渐形成今日各色各样讲究色彩装饰和人体线条美的旗袍样式。
>
> 苗族服饰：苗族姑娘喜戴银饰制做精美的银花冠，花冠前方插有6根高低不齐的银翘翅，上面大都打制着二龙戏珠图案。有的地区，银冠上除插银片外，还插高约1公尺的银牛角，角尖系彩飘。银冠下沿，圈挂银花带，下垂一排小银花坠，脖子上戴的银项圈有好几层，多以银片打制花和小银环连套而成。前胸戴银锁和银压领，胸前、背后戴的是银披风，下垂许多小银铃。耳环、手镯都是银制品。只有两只衣袖才呈现出以火红色为主基调的刺绣，但袖口还镶嵌着一圈较宽的银饰。苗家姑娘盛装的服饰常常有数公斤重，有的是几代人积累继承下来的。素有"花衣银装赛天仙"的美称。苗家银饰的工艺，华丽考究、巧夺天工，充分显示了苗族人民的智慧和才能。苗家姑娘的裙子叫百褶裙，但实际上一条裙子上的褶有500多个，而且层数很多，有的多达三、四十层。这些裙子从纺织布到漂染缝制，一直到最后绘图绣花，都是姑娘们自己独立完成，再加上亲手刺绣的花腰带，花胸兜，真是异彩纷呈，美不胜收。
>
> 朝鲜族服饰：喜穿素白衣服，一般为短衣长裤。男子上衣斜襟无扣，用布条打结外加坎肩，下衣裤裆肥大，裤脚系带。妇女短衣斜襟无钮扣，以彩带为结，长裙分缠裙、筒裙（只限婚前）。老年妇女多穿白色长裙，中年妇女多穿缠裙，长及脚跟。年轻妇女的裙幅多为色彩鲜艳的绸缎。近代男子多穿平面白胶鞋，劳动时穿草鞋。女子穿船形胶鞋。现在除节日或民族集会外，朝鲜族基本不穿民族服装，和汉族已无甚差别。
>
> 资料来源：http://aaaasaa.blog.163.com/blog/static/1767193612010111921315166/

### 7.3.2 港澳台地区礼俗

**1. 香港地区礼俗**

香港位于中国南海之滨珠江口东侧，北隔深圳河与广东省深圳经济特区相接（图7-15）。以华人占大多数（95%），其次为菲律宾人（1.9%）、印尼人（1.5%）、美国人（0.4%）、泰国人（0.4%）、加拿大人（0.4%）及印度人（0.3%）。香港的法定语言为中文及英文。政府机关、法律界、专业人士和商界均广泛使用英文。随着同大陆交往的日益增多，汉语也变得越来越重要。人们大多信奉宗教，包括佛教、天主教和基督教。

**1）礼貌礼节**

香港是中西文化交汇的典型地区。香港作为中国领土的一部分，在迅速发展的过程中，仍保留着丰富的中国传统文化，与英国殖民统治时代遗留下来的风俗习惯巧妙地相互协调着。因此香港人身上既有中华民族传统文化的根，又受西方文化的深刻影响。

7  涉外礼俗——旅游行业国际交往礼仪

图 7-15  香港夜景

香港人普遍使用西式称呼，即"先生"、"夫人"、"太太"、"小姐"；人们见面、告别时行握手礼。香港人的服饰观念总的来看是比较自由的，人们对奇装异服和叛逆传统的打扮都能接受。登门拜访要事先电话预约。初次见面最好送些包装精美的小礼品。如果有人送给你礼物，不要当面打开，要按中国传统致谢。探望病人时，礼品不可用白色或红色包装，因为白色为丧色，红色象征流血。

在香港接受各种服务，付小费已属一项必不可少的礼仪。香港的大多数饭店都在规定的价格上加收10%的服务费，而服务员还希望得到小费。在中高档餐厅用餐一般给10%左右的小费；客房服务给5~10港元即可；行李搬提给10~20港元的小费；洗手间的服务员、门童起码得给5港元的小费。

2）饮食习惯

香港家庭大多以中国菜为家庭菜。他们大多保留了自己民族传统饮食特色。在华人社区内，以广府人、客家人（以新界的原居民尤甚）、潮汕人、蛋家人为主。因此广府菜、客家菜、潮州菜等被视为本地菜色。盆菜是新界原居民在节日时的传统菜。西贡市、南丫岛、流浮山和鲤鱼门则以海产闻名。传统食肆则可到古渔村如长洲和大澳里寻找。

3）重要节日

中国的传统节日，是家庭团聚欢宴的日子。香港人每年庆祝的主要中国节日有5个，其中以农历正月初的农历新年最为重要。家家户户都在节日里与亲友互相拜年送礼，小孩和未婚的成年人更会收到"利市"（即红包）。

香港将春节、清明节、端午节、中秋节、重阳节列为公众假日。不属于法定公众假日，但市民仍然过得有滋有味的节日有：母亲节（5月的第2个星期日）、父亲节（6月的第3个星期日）、情人节（2月14日）、愚人节（4月1日）、万圣节（10月31日，又称"鬼节"）等。回归以后，增加了"五一"劳动节、"十一"国庆节和"七一"回归纪念日。香港的圣诞节过得也很隆重。

4）地区禁忌

香港位于东西两大文明交融与传播的枢纽位置，既有西方现代化大都会的风范，又保留着中国传统的生活方式和生活习俗，充满浓厚的东方神秘色彩。即使在繁华的

239

闹市,至今也保留着中国传统文化的民风民俗,如送礼时忌送钟(送终)、书籍(输)、毯子(压财)。赌马打麻将,忌人来借钱、取钱。做生意,第一宗必望其成交,多减些价也在所不惜,最忌客人讲价而不买。此外,港人也颇迷信,除参神求签外,风水掌相之类盛行,笃信神鬼轮回之说也不乏其人,比较忌讳不吉利同音字。过年互相说"恭喜发财",而不说"节日快乐",因为"快乐"与"快落"同音,不吉利。喜"8"忌"4、13、38、49",忌梅花茉莉等。

香港人忌讳当众顶撞、指责或其他有失对方面子的事;交谈的话题一般不涉及较深的私人问题和进行生活水平的对比。接受称赞时,应礼貌地加以否定,不可像西方人那样说"谢谢"。会见亲朋忌空手上门,称为"香蕉手",意为两手空空。

2. 澳门地区礼俗

澳门,古称濠镜澳、濠镜,别称濠江、镜湖等,简称澳,是我国的一个特别行政区,位于珠江口岸,毗邻珠海,东距香港约42海里(图7-16)。澳门地处东南亚交通要道,素有"海上丝绸之路"之称,是太平洋西岸有多年历史的著名国际商埠。澳门现有人口44万,其中中国人占96.5%,葡萄牙人占3%,其他国籍的占0.5%。居民信奉的宗教有佛教、伊斯兰教、道教、天主教、基督教等。在澳门,华语、葡语两种语言并存,1999年12月20日回归后普通话逐渐普及。澳门素有"赌埠"之称,与美国的拉斯维加斯和摩纳哥的蒙特卡洛并称为世界三大赌城。

图7-16 澳门夜景

1) 礼貌礼节

澳门是一个饮食文化比较发达的城市,中西美食任选。无论是菜肴、汤类还是点心,做工都很精细,色香味俱佳。

随着社会的变迁和中西文化的交流,澳门居民的传统礼仪习俗也在悄悄地发生变化。澳门临近广东,广东人的生活习惯和风俗礼仪在澳门的影响最大。土生葡人世代居住澳门,兼有中西血统;能操葡语和粤语;信奉天主教,保留欧洲生活方式,又受中国文化习俗的影响,是一个融合了中葡文化的特殊的社会群体,因经受了各种社会和经济的压力而在澳门自成一体。他们的风俗习惯构成了澳门民俗独特的风景线。

澳门人爽快热情、开朗真诚，说话干脆，善于结交朋友，喜欢相聚。对吉祥话、吉祥物和吉祥数字较为偏爱，如"恭喜发财"、"鱼"、"8"、"6"等。

澳门人不习惯在家中招待客人。开张庆典要舞狮耍龙，摆放供台，点香乞求保佑。新船下海，要燃放鞭炮，求助平安。生儿育女要设汤饼宴，分送姜醋与邻里或亲友品尝，外省人则分送红鸡蛋。

2) 主要节日

澳门的节日、假日具有中西合璧的特点，大体上可分为政治、宗教、节令、习俗几类。政治节日有：4月25日葡萄牙的"自由日"、5月1日国际劳动节、6月10日葡国日（即贾梅士日）、10月1日中华人民共和国国庆节、10月5日葡萄牙国庆日、12月1日葡萄牙恢复独立纪念日。

澳门96%的居民是中国人，中国文化在澳门得以弘扬光大，尤以民间节日文化最为丰富，保持了独特的传统色彩，而且有的节日活动具有国际性。澳门属于民俗、节令的假日有：元旦1日、春节3日、清明节1日、端午节1日、中秋节1日、重阳节1日、冬至1日。在这些节日里，还要举行各种各样的庆贺活动，如清明节澳门居民多去祭祀祖先。春节，澳门人与香港人一样，讲究好兆头，万事如意，如年糕即寓意年年收入步步高等。他们燃放鞭炮、封"利是"、舞龙舞狮贺岁。元宵佳节，人们吃了汤团之后，喜洋洋地到灯会赏灯。端午节，澳门各界在海上举行龙舟赛。中秋之夜，吃月饼赏月。

属于宗教的节日有：复活节2日、追思节1日、圣母无原罪瞻礼日1日、圣诞节2日。此外，市政假期有2日，公务员还有2日特别豁免上班的假期。澳门还有多项宗教色彩浓厚的节日和一些传统的农历节日，但不列入公众假期，如每年农历3月23日的"天后诞"，农历七月十四日的盂兰节（俗称鬼节）等。

妈祖崇拜是澳门重要的民间信仰之一。妈祖（亦称天后）是中国渔民和船民奉祀的海神，至今仍屹立在澳门海岸的妈阁庙是澳门悠久历史的象征，也是澳门与中国传统文化密不可分的明证。

3) 主要禁忌

澳门人忌讳"13"和"星期五"，忌讳询问他们的年龄及婚姻状况、经济收入等。

3. 台湾地区礼俗

台湾位于中国大陆东南沿海的大陆架上，它东临太平洋，东北邻琉球群岛，相隔约600公里；南接巴士海峡，与菲律宾相隔约300公里；西隔台湾海峡与福建相望，最窄处为130公里，是中国与太平洋地区各国海上联系的重要交通枢纽。两岸同胞同宗同文。台湾文化无论从根源还是从内容上、素质及存在方式和表现形态上，都与中华文化属于同一系统，就其本质而言，是中华文化的重要组成部分，尤其和福建文化更是密不可分。台湾的戏剧，最受民众欢迎的是歌仔戏和布袋戏，皆起源于福建。总人口2300万，汉族占98%，高山族占2%，居民多讲普通话，但闽南语也颇为流行。

图 7-17 台湾风景

1）饮食习惯

台湾自从明末清初福建、广东人民大规模移居开垦，才逐步被开发。除原住民外，台湾汉族同胞的许多生活习惯和社会风俗与大陆基本相同，一般保持着闽、粤地区的特征。

台湾居民一日三餐以大米为主食。节日喜庆时，多用丰盛酒菜宴请客人。饮食风味类似闽、粤，但加以变化而有台湾特色：佐料常用沙茶、咖喱、花生酱等，甜味更重，多用清汤炖煮。当地风味小吃品种极多。闽客饮食文化是最主要的台湾饮食文化，是从福建与广东饮食文化发展而来的，成为今天的"台湾菜"，其主要特色是强调海鲜，餐厅酒店多设佛龛，以求保佑发财。

台湾居民嗜酒，祭祀神明，宴请客人，必备良酒。与福建、广东一样，台湾具有浓厚的饮茶文化，喜欢冲饮壶茶，讲究茶具的精美和冲泡方法，特别流行"功夫茶"。在历史上，台湾还生产过供春、秋圃、潘壶等几种质坚耐热、外观雅致的紫砂名壶。

台湾居民饮食非常讲究食补。目前台湾食物养生方式主要有素食、生食、有机饮食、断食疗法及传统中医食疗。台湾民间常有以"四神汤"（淮山、芡实、莲子与茯苓）作滋补饮料，是著名的滋补小吃。民间食补习俗中最独特的是所谓的"半年补"，即在每年的农历六月初一，家家户户用米粉搓丸子，做成甜粱丸，吃后可除炎夏百病。另外，台湾还有"补冬"或"养冬"，即立冬日进补。

2）主要节日

台湾庆典活动可分为中华传统节庆、地方民俗庆典与原住民祭典等种类。台湾的主要传统节日与大陆几乎一样，但也形成了浓郁的地域文化氛围。传统节庆春节、端午节及中秋节为三大主要传统节庆，元宵节也非常受重视。除夕之夜，全家人都要欢聚在一起"围炉"，即一家男女老少团团围坐在火炉或火锅旁吃年夜饭，年夜饭过后便是守岁。在台湾，"守岁"也叫"长寿夜"，象征晚辈祝愿父母长寿。"交时"（凌晨12点）一过，进入初一，人们就集合老少，用红白米糕来敬祀神明，祭拜公妈（即祖公祖婆），然后燃放鞭炮，以迎春接福。接踵而来的"元宵节"，乃是整个春节的最后一幕。这天，每个家庭都要按传统习惯吃汤圆、赏花灯，并有舞狮子、耍龙灯、迎"鼓仔"等活动，丰富多彩，令人炫目耀眼。

# 7 涉外礼俗——旅游行业国际交往礼仪

除了一般的神明、祖先灵魂祭奠外，农历三月二十三日妈祖诞辰日的妈祖祭，农历三月二十一日为保生大帝回福建家乡过生日，三月二十五日举行的回乡谒祖祭，农历四月二十九日纪念郑成功的盛大祭奠，农历五月十三日的城隍爷出巡盛典和九月二十八日为孔子诞辰而举行的祭孔大典，规模宏大，颇具特色。

3）主要禁忌

日常生活中，禁以手巾、扇子、剪刀、雨伞、镜子、钟、粽子等作为礼物送人。

## 实训项目三　我国少数民族的传统礼节

**实训目的**：了解和熟悉我国少数民族的传统礼节和民族禁忌，提高旅游服务质量。

**实训内容**：练习掌握我国主要少数民族待客时及日常生活中的传统礼节。

**实训步骤**：分组进行，收集我国少数民族传统礼仪、礼节的相关知识，座谈或请教少数民族人士示范演示，练习不同民族的待客礼节和传统礼仪，采取各种形式进行展示、表演，教师进行指导。

**实训场地**：形体实训室。

**延伸阅读**

参加 BLACK TIE PARTY 的国际交往礼仪

BLACK TIE PARTY 翻译成中文，是指"正式的晚宴或宴会"。以前，BLACK TIE PARTY 是欧洲贵族王公皇室用来进行社交的一种途径。随着社会的发展和文明的进步，今天，BLACK TIE PARTY 已经变得非常普及，而此类宴会的主题也变得更为丰富，庆生，毕业，婚礼，新店开张，都可以作为主题而举办 BLACK TIE PARTY，而唯一没有改变、一直延续下来的就只有 BLACK TIE PARTY 的一些规矩和国际礼仪了。

1. 一张精美的邀请函和两位"合适"的人

通常正式的晚宴由发起人制作邀请卡，确定主题，时间，地点，邀请人名单，然后发出邀请。在被邀请人接受到邀请卡的第一时间，应该立刻检查自己的日程安排，然后按照卡片上的电话打过去，确认自己是否会准时参加，同时可以询问一些其他的信息和细节，然后就应该确定同伴和准备赴会服装了。通常邀请参加正式宴会的人数都是双数，如果你已婚了，则赴会的最佳同伴为你的配偶，如果你单身，则你需要邀请一个与你一同前往的同伴，可以是亲人和朋友。忌一个人前往，否则会非常尴尬，同时也会让主办人觉得非常不受尊重。

2. 女士着装细节

女士的着装要求比较多样化，BLACK TIE PARTY 是女士穿戴自己名贵珠宝首饰的最佳场合，但是也不能过多。着装的色彩则以正式的色彩为主，最佳的服装颜色为黑或红色晚礼服。香水不可以过浓，以清淡或不喷香水为佳。原因是：第一，此类正式宴会一般在室内举行，自身味道过浓会引起其他人的不适；第二，这类宴会一般以进餐品食为主，自身香味会改变其他人对食物的欣赏，影响大家的食欲。优雅的谈吐和博学的知识自然能够引起别人的充分注意，次要的不必需的修饰则变成一种不礼貌的禁忌了。

3. 哪些行为不该有？

到达后由主人引路入厅，或者入座，在各个座位前一般会有来宾的姓名，各自按名字入座即可，切忌随意落座、非请即坐、抢先入座等行为，而且男主人应该先为来宾的女士服务入座安顿好后，才可以自行入座，否则会令他人对你产生不礼貌、没教养、不尊重女性的印象。说到这里，值得一提的是一些人们通常习惯会犯的小错误，比如在上下楼梯的时候，很多男士喜欢或习惯于走在女士的后面，而这是错误的，男士在上下楼梯的时候，如果不能并排走在一起，则必须走在前面，而女士紧随其后。这么做的原因是，男士可以更好地保护女士，以避免发生紧急事情的时候女士受伤或摔倒。而其他一些事情上则遵循女士优先的原则。同时值得一提的是，当男女并排走的时候，男士应该是走在略微前面一点而女士应该略微靠后，而在非同伴的时候，则长者、身份地位高的人略前，晚辈和身份地位低的人略微走在后面。

4. 宴会期间的谈话技巧

在宴会期间的谈话技巧是非常重要的，这里就简单地提几个最为关键的问题。首先，不能谈论任何与宗教、政治或其他相关的敏感话题，任何容易破坏气氛和影响其他来宾心情和兴致的谈话内容都需要尽量避免。第二，谈话时候要以听为主，说的时候要顾及所有的来宾，说话声音以轻柔、标准为主，通常这类聚会不可以声音过大，或者说话没有重点，以简单明了轻松为佳。而在听其他人讲话的时候，尽力表现出自己的兴趣和尊重。

不难发现，BLACK TIE PARTY 其实除了正式以外，也是对一个人修养和礼仪的检验，在这类场合里，你无法靠着装和特色来突出自己，你只能靠自己的品位细节和谈吐学识，来赢得别人对你的重视。

资料来源：http://artdoor.cc/article.php?id=200&type=technology

**思考练习**

1. 谈谈佛教、基督教和伊斯兰教的主要礼俗与禁忌。探讨在为有宗教信仰的宾客进行旅游服务时，如何避免不得体的服务语言和服务活动。
2. 列举我国主要客源国的节日庆典有哪些。设想在这些节日与纪念日中如何为宾客提供令他们感到惊喜的服务。
3. 收集并讨论你所知道的有趣的少数民族习俗与禁忌。
4. 在接待西方客人时，如何体现"女士优先"这一原则？
5. 围绕我国主要客源国的习俗，谈谈在为宾客提供餐饮服务时应注意哪些问题。
6. 请思考并分析以下案例，回答问题。

# 7 涉外礼俗——旅游行业国际交往礼仪

**典型案例**

来自美国、信仰基督教的布朗先生和太太到中国来旅行纪念他们结婚20周年的纪念日。晚上他们随旅行团入住了上海有名的玫瑰大酒店。但当接过客房钥匙牌一看，两人惊愕地对望一下，脸色顿时改变，露出不悦的神情。原来布朗先生和太太被安排住在13号房间，他们立刻拒绝入住，并坚持要求前台给他们调换房间。前台小姐听后向他们介绍道："先生太太，其实你们被安排住进的13号房是我们酒店里最好的客房之一。不但景色优美，而且既舒适又宽敞，相信你们看过后一定会很满意的。而现在我们酒店其他的客房也差不多全满了，要再作安排实在不容易，请你们能够见谅。"布郎先生和太太却越听越反感，坚持不肯入住。

资料来源：http://blog.sina.com.cn/s/blog_5d08a5750100mtk6.html

（1）通过以上案例分析酒店应如何处理这件事，并思考在接下来的入住过程中应怎样更好地安排好这对客人的周年纪念之旅。

（2）当接待来自欧美、日韩、港澳台等不同国家和地区的目标客源时，酒店员工应分别做哪些方面的准备？

**课程任务**

1. 以涉外礼俗为主题，组织演讲与讨论活动。
2. 训练学生在真实工作环境中具备涉外礼仪服务能力，培养学生良好的跨文化沟通能力。

# 8 优质服务——旅游行业岗位礼仪

## 知识概述

随着社会经济的发展,旅游业已成为全球经济中发展势头最强劲和规模最宏大的产业之一。旅游业在城市经济发展中的产业地位、经济作用逐步增强,旅游业对城市经济的拉动性、对社会就业的带动力以及对文化与环境的促进作用日益显现。因此,与旅游相关的旅游业服务礼仪势必成为现代服务礼仪的重要内容。本章所讲授的旅游行业主要岗位服务礼仪,主要包括:饭店、旅行社等各岗位的工作规程和服务礼仪。

◉ 餐饮服务礼仪。要求明确并牢记餐饮服务人员的基本素质,如餐饮、领台、值台、走台、厨台等部门员工的岗位礼仪规范。

◉ 客房服务礼仪。熟悉饭店客房各岗位工作流程和基本技巧,掌握相关服务礼仪。

◉ 导游服务礼仪。主要讲授了导游员服务的基本礼仪要求,重点掌握导游员迎送和沟通协调讲解礼仪。

# 8 优质服务——旅游行业岗位礼仪

## 知识导入

### 超值服务

日本人讲礼貌,行鞠躬礼是司空见惯的,可是我国某留学生在日本期间看到的一次日本人鞠躬礼却在脑海中留下了深深的印象。一天,这位留学生来到了日航大阪饭店的前厅。那时,正是日本国内旅游旺季,大厅里宾客进进出出,络绎不绝。一位手提皮箱的客人走进大厅,行李员立即微笑地迎上前去,鞠躬问候,并跟在客人身后问客人是否要帮助提皮箱。这位客人也许有急事吧,嘴里说了声:"不用,谢谢。"头也没回径直朝电梯走去,那位行李员朝着那匆匆离去的背影深深地鞠了一躬,嘴里还不断地说:"欢迎,欢迎!"这位留学生看到这情景困惑不解,便问身旁的日本经理:"当面给客人鞠躬是为了礼貌服务,可那位行李员朝客人的后背深鞠躬又是为什么呢?""既是为了这位客人,也是为了其他客人。"经理说,"如果此时那位客人突然回头,他会对我们的热情欢迎留下印象。同时,这也是给大堂里的其他客人看的,他们会想,当我转过身去,饭店的员工肯定对我一样礼貌。"

阅读以上案例,讨论:在对客服务中,应如何及时捕捉客人的需求信息,增强热情主动地为客服务意识,提供超出顾客期望值的服务?

## 8.1 餐饮服务礼仪

随着现代社会餐饮服务业日益发展,人们对餐饮服务水平的要求也越来越高,餐厅是客人用膳的主要场所,它具有直接对客人提供面对面服务、面广量大、时间长、需求多的服务特点。餐饮业的服务礼仪是服务质量、服务态度的直接表现,所以餐厅服务水准更是餐饮业服务水平的缩影,讲究餐饮服务礼仪对于提高饭店声誉、促进社会文明具有重要意义。餐厅的服务礼仪主要由领台、值台、账台、走菜、厨台等服务礼仪构成。

### 8.1.1 领台服务人员礼仪

领台服务人员包括:迎宾服务人员和引位服务人员。

1. 迎宾服务礼仪

(1) 领台服务人员上岗时应做好个人卫生工作。着装整洁挺括,仪容端庄,站姿优美。开餐前恭候在餐厅大门两侧,做好拉门迎宾的准备(图 8-1)。

(2) 神情专注,反应灵敏。注视过往客人,当客人走近餐厅约 3 米时,应面带微笑注视客人;约 1.5 米时,热情问候客人,对熟悉的客人宜用姓氏打招呼。如是男女客人一起进来，按先女后男礼仪规范问候。客人离开餐厅时，应礼貌地道别："小姐（先生），请慢走，欢迎下次光临！"

（3）迎宾服务人员在接待中要积极主动，答问热情适度，耐心周到，虚心听取客人意见，遇事要冷静、沉着、表情要含蓄大方；保持良好的心态，从而给客人留下良好的第一印象。

2. 引位服务礼仪

（1）客人进门后，立即迎候并面带微笑礼貌问候："您好！"或"晚上好！"，"请问有预定吗？请问一共几位？"

（2）引位时应说："请跟我来"、"这边请"、"里边请"，并用手示意，把客人引领到适当的位置入座或进入包房。不同的客人引领到不同的位置，如：重要客人可引领到餐厅最好的靠窗的位置，以示恭敬；夫妇或情侣到来，可引领到一角安静的餐桌就座，便于小声交谈；年老、小孩、弱者的客人，尽可能安排在离入口较近的位置便于他们出入等（图8-2）。

图8-1　迎宾服务礼仪

图8-2　引位服务礼仪

（3）当客人要求指定位置，应尽量满足其要求，如其他客人已占用时，应抱歉地说明："小姐（先生），很抱歉！因今天就餐客人太多，委屈您了，下次光临时一定为您安排个好座位！还请您多多包涵！"

### 8.1.2　值台服务人员

值台人员服务礼仪主要包括开菜、点菜、斟酒、派菜以及其他的服务礼仪。

1. 迎宾开菜

（1）当客人走近餐桌时，要微笑问候，按先主宾后主人，先女宾后男宾的顺序拉椅让座。

（2）主动协助客人脱衣摘帽，并按顺序挂好。注意不要将衣服倒提，以防衣袋内的物品掉落。贵重衣服要用衣架挂好，以防衣服折皱走样。

（3）递送菜单，端茶送巾（图8-3）。客人坐下后，应不失时机地将菜单递上（图8-4），在客人看菜单的同时，按顺时针方向递送香巾。递送香巾要用毛巾夹，并招呼客人："请用香巾。"为客人上茶时，须注意将茶杯放在托盘里，轻轻放置在餐桌上。放茶杯时，切忌以手指接触茶杯杯口。需要续茶时，应右手握壶把，左手按茶壶，将茶水徐徐倒入杯内，注意不要将水倒得太满，以免外溢，约占水杯的四分之三即可。

图8-3　送香巾礼仪

图8-4　送菜单礼仪

2. 恭请点菜

（1）当客人点菜时，应面带微笑地站在客人侧面（图8-5），上身稍向前倾，认真、准确地记录下客人所点的每一道菜并伺机向客人介绍、推销菜点。如点的菜已暂时售完，应立即向客人表示歉意，并婉转地向客人建议其他类似的菜肴。如有些菜烹制时间较长，应向客人说明原因。服务员要做到神情专注，有问必答，百问不烦，主动推销。

（2）当客人点的菜在菜单上没有列出来，应尽量设法满足，不可一口回绝"没有"，可以说"对不起，这道菜菜单上没有，请稍等，我马上和厨师商量一下，尽量满足您的要求。"

（3）当客人点完菜后，还应主动征询客人需要什么酒水饮料。全部记好后，要将记录下的菜点、酒水复述核对一遍，经客人确认后，将菜单一联送到厨房备餐，一联送收款员结账。

3. 斟酒服务

（1）斟酒前，左手拿一条干净的餐巾将瓶口擦干净，右手握住酒瓶下半部，将酒瓶上的商标朝外显示给客人确认。

（2）开拉酒水饮料瓶盖时，应在客人的侧后方朝外拉开，倒香槟酒或其他冰镇酒时，要用餐巾包好酒瓶再倒，以免酒水喷洒或滴落在客人身上。

（3）站在客人右边按先宾后主再按顺时针方向斟倒的次序，不能站在一个位置为左右两位宾客斟酒（图8-6）。中餐以八成满为准。斟酒时，酒标朝向客人，杯子不倒，瓶口与杯口距2cm，不滴酒，不溢出。

图8-5 点菜服务礼仪

图8-6 斟酒服务礼仪

（4）斟酒完毕，将瓶口稍稍抬高，顺时针45°旋转，提瓶，再用左手的餐巾将残留在瓶口的酒液拭去（图8-7）。

图8-7 斟酒服务流程仪

4. 派菜服务

（1）派菜服务员上前向客人报菜名并展示菜品。

（2）派菜服务员左手垫上餐巾将菜盘托起，右手拿派菜用的筷、匙，腰部稍弯，稳站在客人左侧进行分派。

（3）边派菜边向客人介绍菜品的特色和风味，注意讲话时头部不要距离客人太近，呼吸要均匀（图8-8）。

（4）派菜时要掌握好分量，做到分配均匀。

（5）派菜时要做到一勺准，不可将一勺菜分给两位客人，更不允许从宾客盘中向外拨菜。

5. 其他服务

（1）宾客不慎将餐具掉到地上，服务员应迅速上前取走，马上为其更换干净餐具，绝不可抱怨客人不当心，或当众提出赔偿问题。

（2）宾客掏出烟时，服务员应及时主动上前帮忙点火，将烟灰缸放到客人旁边。用火柴点烟时，划火后要稍停，待火柴气味散发后再给客人点烟。一根火柴只给一位客人点烟，不要为更多客人重复点烟。烟缸内如已有二三个烟头应及时更换，更换时单手将干净的烟缸压在用过的烟缸上，将两个烟缸同时拿走，放在托盘上，然后将干净的烟缸放在台上，把用过的烟缸端走。

（3）如果有电话找用餐的客人，服务员应走到客人身边，轻声告诉客人，不可在餐厅内高声呼唤，以免引得其他客人的注目。如有客人对某道菜特别喜爱，想再买一份带走，应尽量满足要求，并主动为其菜品打包。客人用餐没有结束，即使营业时间已过，也不可催促客人，或有忙于收盘、打扫等逐客的行为。整个餐厅的清扫，应在所有客人离开后进行（图8-9）。

图8-8 派菜服务礼仪

图8-9 其他服务礼仪

（4）客人撤席，应为离座客人拉开座椅，提醒他们别忘带自己的物品，且送客人到餐厅门口，礼貌道别，欢迎下次光临。

### 8.1.3 走菜服务人员礼仪

走菜主要指端菜、上菜和撤换餐具。

1. 上菜服务

上菜位置在陪同（或副主人）右边，在地点上应灵活掌握，以不打扰客人为宜，但严禁从主人和主宾之间上菜。每上一道新菜，须将前一道菜移至副主人一侧，将新菜放在主宾、主人面前，以示尊重。

上菜应按照顺序进行，冷菜→例汤→热菜→汤→面点→水果（要先冷后热，先高档后一般，先咸后甜）。宴会在开餐前8分钟上齐冷盘，上冷盘的要求：荤素搭配，盘与盘之间间距相等，颜色搭配巧妙；所有冷菜的点缀花垂直冲向转盘边缘，入座10分钟后开始上热菜，并要控制好出菜和上菜的快慢。

上菜要报菜名，必要时简要介绍所上菜肴的特色、风味特点等。菜上齐后要告诉客人："菜已上齐，请慢用。"上菜时要核对，注意认真把关（图8-10）。

图8-10 上菜服务礼仪

注意菜肴台面摆放格局。摆菜基本要求是：讲究造型艺术，注意礼貌，尊敬主宾，方便食用。冷菜摆放时要注意荤素，色彩、口味的搭配。

鸡鸭鹅鱼等带头尾的菜，应根据当地的上菜习惯摆放。如鸡不献头，鸭不献掌，鱼不献脊。

上配有佐料、小料的热菜时，要一次上齐，切勿遗漏。

上需手剥的菜品时，如虾、蟹类，要先上洗手盅后上菜。

## 2. 端菜服务

端菜一定要用托盘，不可用手直接端拿，更不允许大拇指按住盘边或插入盘内。端菜的姿态是既稳又美，具体要求是用五指和手掌托起，托盘不过耳，托盘不能太低，托盘边太靠近于耳及头发是不雅的，重托时可用另一只手扶着托盘（图 8-11、图 8-12）。

图 8-11　端菜服务礼仪

图 8-12　端托服务礼仪

## 3. 撤菜服务

及时撤下不用的和用过的餐具。撤换餐具时要先征得客人同意。撤换时一定要小心，不可弄倒其他新上的菜、汤。撤换的餐具要从一般客人的右侧平端出去。如果菜汤不小心洒在同性客人的身上，可亲自为其揩净，如洒在异性客人身上，则只可递上毛巾，并表示歉意。

### 8.1.4 账台服务人员礼仪

当客人示意结账时，服务员迅速到收款台领取客人账单。核对主账单和各分单所开项目与价格是否相符。将账单放入账夹内，并准备结账用笔。从客人右侧躬身礼貌地将账夹打开递给客人，并说明是该客人用餐账单（图8-13）。客人如愿意去账台结账，应指明账台位置。

（1）如客人以现金结账，用账夹把从收款台找回的零钱及账单红联送还客人，向客人唱收唱付并致谢，注意假币。

（2）如客人以信用卡结账，须礼貌请客人出示身份证并在账单上签名，将信用卡、账单及身份证交收款员处理后，再把信用卡签付单及笔递交客人签名，如客人签字与信用卡一致，则将所有证件、签付单存联及发票交还给客人并致谢。

（3）如客人以签单结账，须将账单及笔递给客人，礼貌地要求客人出示开房欢迎卡并在账单上签名，写上房号，然后将房卡及账单交收款员处理，核对无误后再将房卡递还给客人并致谢。

### 8.1.5 厨台服务人员礼仪

上岗前首先要整理工作环境卫生和个人卫生。厨台卫生主要包括：厨台、砧板、刀、地面和墙壁卫生。厨台要清洁、整齐、美观。服务员要彻底洗手，梳理头发，整理面容，戴上工作帽，穿上白上衣，系上围裙，工作服一定清洁（图8-14）。在操作时，一定要养成良好的卫生习惯。如不用袖子擦脸、擦汗，不能在工作现场打喷嚏等，也不允许边操作、边吸烟等。

图8-13 结账服务礼仪

图8-14 厨师服务礼仪

## 实训项目一　餐饮部主要岗位接待流程练习

**实训目的：** 通过模拟一次宴会服务流程，熟悉和掌握餐饮服务中各岗位服务礼仪规范。

**实训内容：** 模拟迎宾员迎接VIP客人，并引客入座；模拟值台员为客人点菜、斟酒、上菜的情景；模拟就餐过程中处理宾客投诉的情景；模拟传菜员传送菜品的情景；模拟结账和送别客人的服务。

**实训场地：** 餐饮实训室。

**考核要求：** 掌握规范的餐饮服务礼仪。

**实训步骤：** 把同学分成几个小组，分组进行（6~8人一组），每组分配不同场景，分角色扮演，交换练习。

**所需道具：** 迎宾台、菜单、各种餐饮服务用品。

**实训要领：**

（1）迎宾员：带着饱满热情的工作态度向宾客鞠躬15°；问候并主动称呼客人，询问客人预订情况；引领客人时，注意方位在宾客的左前方；使用"里面请"、"那边请"的手势；送客时鞠躬30°，使用恰当的告别语。

（2）值台员：注意为宾客推拉椅子的力度、技巧，斟茶时由主宾开始按照顺时针方向进行，把握上茶时机，从右手边上茶，倒水应轻、准、慢，将水徐徐倒入，七分满；点菜时注意上菜单方位在客人左手边，站在客人左后方离客人一步左右向宾客推荐并介绍菜肴。

（3）传菜员、上菜员：上菜方位应从客人左边用右手上；注意清楚报菜名及菜肴特色介绍，菜上齐后告知客人。撤盘时由客人右边撤下，注意先询问再撤盘。斟酒时注意启盖讲究；按照先宾后主、先女后男、先老后少的顺序从宾客右侧斟酒；斟倒酒水注意白酒满杯、啤酒3/4杯、红酒1/2杯。另外，及时撤换骨碟。

（4）结账员：报账声低沉、清晰；费用结算快捷、准确；使用礼貌送别语，提醒客人检查有无遗落物品。

# 8.2　客务服务礼仪

客务部主要包括前厅部、客房部。前厅服务是饭店服务的第一站。主要负责宾客进出大门的迎送工作，客人对饭店服务质量优劣评价和最终满意程度都要从这里开始，所以各岗位服务人员务必认真履行职责，做到文明服务。饭店的客房，是客人的临时之家，是客人逗留时间最长的地方，也是客人主要的休息场所。宾客希望在酒店住宿期间能拥有个人空间，受到尊重，感受到自在、舒适、方便、安全。因此，注重礼仪的客房服务，应在提供优质服务的同时，尽量避免与宾客过多接触，以免打扰宾客。

### 8.2.1 前厅服务礼仪

**1. 迎宾员迎送服务礼仪**

（1）迎宾员着制服上岗，按站立服务规范要求立于门厅两侧，仪表整洁、仪容端庄大方，面带微笑，全神贯注观察来往车辆和进出客人，恭候宾客的光临（图 8-15）。

图 8-15　恭迎宾客

（2）见到宾客抵达时，负责外车道的门卫迎送员应立即主动迎上，引导车辆停妥，接着一手拉开车门（图 8-16），一度鞠躬礼；问候客人要面带微笑、热情地说："您好，欢迎光临！"并致15°鞠躬礼。如遇老人、儿童、残疾客人，则要主动搀扶，热情照顾。

图 8-16　拉车门

① 当宾客较集中到达时，要尽可能让每一位宾客都能看到热情的笑容和听到亲切的问候声。

② 凡来店的车辆停在正门时，必须趋前开启车门，迎接客人下车。一般先开启右车门，用右手挡住车门的上方，提醒客人不要碰头。佛教客人不愿意让他人护顶，以免遮住"佛光"。对老弱病残及女客人应予以帮助，并注意门口台阶。及时为客人开店门。

③ 遇到车上装有行李，应立即招呼门口的行李员为客人搬运行李，协助行李员装卸行李，并注意有无遗漏的行李物品。如暂时没有行李员，应主动帮助客人将行李卸下车，并携行李引导客人至接待处办理登记手续，行李放好后即向客人交接及解释，并迅速到行李领班处报告后返回岗位。

（3）门卫要牢记常来本店客人的车辆号码和颜色，以便提供快捷、周到的服务。

（4）如遇雨天没有雨篷，要撑伞迎接，以防客人被雨淋湿。

（5）客人离店时，负责离店的门卫应主动上前向客人打招呼并开店门，若代客人叫车，须待车停稳后，替客人打开车门，请客人上车；如客人有行李应主动帮客人将行李放上车并与客人核实行李件数。待客人坐好后，为客人关上车门，但不可用力过猛，不可夹住客人手脚。车辆即将开动，门卫躬身立正，站在车的斜前方一米远的位置，上身前倾15°，双眼注视客人，举手致意，微笑道别，说："再见"、"一路平安"、"一路顺风"、"欢迎您再来"、"祝您旅途愉快！"等道别语。在送别团体客人和重要客人时，还要负责引导车辆和整顿门口的交通秩序。

2. 行李部服务礼仪

行李服务总称为"luggage service"，主要负责客人的行李接待工作。行李服务人员应着装整洁，仪表端庄，精神饱满，礼貌值岗（图8-17）。其服务礼仪规程如下：

图8-17 行李员仪容仪表

1）为到店或离店的客人运送行李

（1）首先向抵店的客人微笑点头，表示欢迎，然后帮卸行李，请客人一起清点行李件数并检查行李有无破损，并记下客人乘坐到店的车号，所属单位及特征，然后引导客人到登记处办理住手续。

（2）以正确的姿势站立于客人身后，替客人看管行李并随时听从客人吩咐和总台服务员的提示。

（3）待客人办妥手续后，应主动上前向客人或总台服务员取房间钥匙，护送客人到房间。迎领客人时，要走在离客人两三步远的前方，步子应稳，遇有拐弯时，应回头微笑向客人示意。对于客人的各种行李物品要轻拿轻放，对易碎的和贵重的物品尤其要加以爱护。

（4）进房间前，先按门铃，再敲门，房内无反应，再用钥匙开门。

（5）开门后，先开总开关，（此时房间大部分灯即亮），立即退出，将钥匙交回客人，请客人先进入房间。

（6）待客人进入房间后，将行李放在行李架上或按客人吩咐将行李放好。

（7）询问客人是否还有吩咐，在客人无其他要求时，即向客人告别，并加以祝福的话语："再见""若您有什么需要，请召唤楼层的报务员或打电话到总台""祝您有一个愉快的旅程"，迅速离开（面对客人后退）将房门轻拉上。

（8）服务员帮客人送行李，西方客人都会给小费。服务员接受小费后，要向客人道谢，不要当着客人的面数小费，小费无论多少，都是客人的心意，绝对不能向客人伸手索取小费，这是非常失礼的行为，有损酒店的形象。

（9）如是团队行李，应收到按客人入房时的分房名单，服务员应核对每个房间各人的行李件数，装车后应核对行李数量，并在团体行李进出店登记簿上签名备查（图8-18）。

注意：当进出客人较多时，切勿搞错行李。行李排放应有间隔，并及时挂上行李牌。如果客人行李物品上有"易破""小心轻放"等字样，应特别小心。

图8-18 行李服务流程

### 2）寄存行李服务

前厅服务员除了在客人入住、离店时为客人运送行李以外，还要负责客人行李的寄存服务。行李寄存分为长时间寄存和临时寄存两种。

（1）首先向客人了解寄存物品的情况，如果发现有易碎或不予保管物品，应礼貌地向客人作解释并提议客人与有关部门（保安部、财务部）联系。在收存行李前应向客人报明行李件数，并对行李做大略检查，如发现有破损，立即向客人说明。

（2）在行李卡上填上以下内容：日期，经手人，行李件数，"提示牌"编号，提取时间，记下客人的房间号码，将行李卡下联撕下交给客人保管，告知客人届时凭行李卡下联提取行李。如客人寄存行李的提取时间超过一天，则请客人在行李卡上联签名。

（3）对寄存的易碎物品应挂上"小心轻放"的标志，把行李卡上联和"提示牌"挂在寄存的行李显眼的位置上。

（4）对集中堆放的寄存行李，要用绳子绑好。

（5）凡进入行李房的行李，均要在"存放行李登记本"上登记。

### 3）提取行李服务

（1）当客人持行李卡提取行李时，应问明客人原住房间号和行李特征，行李件数等相关问题。进入行李房后，迅速寻找行李卡下联所记的"提示牌"编号，再核对行李卡的上下联号码，行李件数，房间号码是否一致无误，如无差错则把行李上的行李牌，提示牌摘下，连同所取的行李一起送到前台。

（2）如有他人代寄存者提取行李时，应将两份寄存单核实准确，再将代取者的姓名，住址，单位，证件号填写清楚，请代取者签名，如代取者无另一寄存单，客人又无来电吩咐，不要将行李转交他人。

（3）非当天存取的行李卡下联丢失，则要求客人说出姓名，房间号码，行李件数和行李特征，如与所要取的行李及行李卡上联的记录无误时，先要客人拿出能证明身份和签名的证件，如护照，信用卡（上有客人签名）等，连同行李卡上联复印在一起，要求客人在复印本上写下收条并签名，然后才把行李交回客人核对，随后由经手人签名，写上日期等，与行李牌上联一起钉在收条右上角，收入"无卡提物登记本"存档。

### 3. 梯口服务员

现代饭店均使用自动电梯，一般不需要专人看管，但饭店为了对客人显示礼遇的高规格，专派梯口迎接员为客人提供方便，在服务中应做到以下几点：

（1）服务人员在引导客人搭乘电梯时，符合礼仪规范的做法是：用一只手按住电梯门，请客人先进入电梯；服务人员进电梯后应靠近电梯控制台站立，以便操纵电梯；如是电梯专职服务人员，客人乘坐电梯时，要向其问好，询问他要去的楼层，并启动电梯控制钮。

（2）到达时服务人员按开电梯门，让客人先走出电梯门。出电梯后继续引导客人到所要去的地方。如是电梯专职服务人员，客人走出电梯时，说："再见，请慢走。"面带微笑目送客人出电梯。

### 8.2.2 总台服务礼仪

饭店总台是饭店的"窗口",又称之为饭店的"神经中枢",是客人进店和离店的必经之地。能否使客人来时有"宾至如归"之感,离别时有"宾去思归"之念,很大程度上取决于总服务台的服务质量。因此,总台各岗位的服务人员必须认真履行职责,做到以下几点:

**1. 登记接待服务礼仪**

(1) 着装整齐,仪容端庄,礼貌站立,思想集中,精神饱满地恭候宾客的光临。

(2) 客人来到总台,应面带微笑,热情问候招呼:"小姐(先生),您好!欢迎光临""请问,您有预定吗?""我能为您做些什么?"(图8-19)

**图8-19 前台接待员**

(3) 有较多客人抵达而工作繁忙时,要按先后顺序办理住宿手续,做到办理一个,接待一个,招呼后一个。以使客人不受冷落。

(4) 敬请客人填写住宿登记表后,应尽可能按客人要求(楼层、朝向等)安排好房间,提供满意服务。

(5) 验看、核对客人的证件与登记单要注意礼貌,正确无误后,要迅速交还证件,并表示感谢:"××小姐(先生),让您久等了,谢谢!"当知道客人姓氏后,要尽早称呼为好,这是尊重客人的一种表现。

(6) 把住房钥匙交给客人时,不可一扔了之,而应有礼貌地说:"××小姐(先生),我们为您准备一间朝南房间,安静舒适,房号是×××,这是房间的钥匙,这位服务员马上陪您去,祝您愉快!"或说:"请慢走!"

(7) 如客房已客满,要委婉地向客人耐心解释、致歉,并且要设身处地地替客人着想，尽量帮助联系其他饭店，如："很遗憾，今天客房已满，我帮您联系附近的其他饭店好吗？"

（8）重要客人进房后，要及时用电话询问："××小姐（先生），您对这个房间满意吗？""有事请您吩咐，我们随时为您服务！"以体现对客人的尊重。

（9）对来总台投诉的客人，也要面带微笑，要凝视倾听，绝不与客人争辩；要以真挚的歉意，妥善处理。

（10）及时做好客人资料的存档工作，以便在下次接待时，能针对性地提供服务（图 8-20）。

图 8-20　前台登记接待服务流程

2. 预订服务礼仪

（1）客人到柜台预订，要热情接待，主动询问需求及细节，并及时予以答复（图 8-21）。若有客人要求的房间，要主动介绍设施、价格，并帮助客人填写订房单；若没有客人要求的房间，应表示歉意，并推荐其他房间；若因客满无法接受预订，应表示歉意，并热心为客人介绍其他饭店。

（2）客人电话预订时，要及时礼貌接听，主动询问客人需求，帮助落实订房。订房的内容必须认真记录，并向客人复述一遍，以免差错。因各种原因无法接受预订时，应表示歉意，并热心为客人介绍其他饭店。

（3）受理预订时应做到报价准确、记录清楚、手续完善、处理快速、信息资料准确。

（4）接受预订后应信守订房承诺，切实做好客人来店前的核对工作和接待安排，以免差错。

图8-21 客人门市预订

### 3. 外币兑换礼仪

外币兑换员在服务中应做到以下几点（图8-22）：

（1）客人到来，礼貌问候，主动招呼，并提供迅速、准确、周到的服务。当客人兑换外币时，当场各自填写兑换单，经过认真复核后，兑换员必须当面点清外币数目，并唱收唱付。给客人一种服务态度认真负责的信任感。

（2）对兑换的外币如有疑点，应由识别机鉴别。切忌武断处置或与客人争吵，应立即与主管或同事商讨，妥善解决。

（3）坚持原则。执行外汇政策，讲究职业道德，不得与客人私下交易，暗中套汇谋利，做出有损人格国格的事来。

（4）客人离去，热情告别。

图8-22 外币兑换业务

### 4. 结账服务礼仪

（1）客人来总台付款结账时，应微笑问候。为客人提供高效、快捷而准确的服务。切忌漫不经心,造成客人久等的难堪局面(图8-23)。

(2) 确认客人的姓名和房号,当场核对住店日期和收款项目,以免客人有被酒店多收费的猜疑。

(3) 递送账单给客人时,应将账单文字正对着客人;若客人签单,应把笔套打开,笔尖对着自己,右手递单,左手送笔。

(4) 当客人提出酒店无法满足的要求时,不要生硬拒绝,应委婉予以解释。

(5) 如结账客人较多时,要礼貌示意客人排队等候,依次进行。以避免因客人一拥而上,造成收银处混乱引起结算的差错并造成不良影响。

(6) 结账完毕,要向客人礼貌致谢,并欢迎客人再次光临。

5. 其他服务礼仪

(1) 如果有客人的邮件,特别是快件,应立即想办法送交客人,不得无故拖延。如果确定客人外出不在,应把邮件妥善放置,等客人回来时及时送交。收发邮件,一定要迅速、准确。

(2) 在承揽了为客人代购各种机票、船票、车票的业务时,应尽力按客人的需求去办。

(3) 在为客人代办事项时,应问清代办事项的品名、数量、规格尺寸、颜色、形状及时间要求,并向客人预收款项(图8-24)。

图8-23 结账服务

图8-24 其他服务礼仪

6. 电话总机服务礼仪

(1) 坚守岗位,集中精神,在接待服务中坚持使用礼貌用语,避免使用"喂"、"我不知道"、"我现在很忙"、"什么"等语句。

（2）接听电话动作要迅速，不让电话铃响超过3声；主动问候对方"您好"，自报店名和岗位，热诚提供帮助。如果业务繁忙，在铃响3声后接听，应向顾客致以歉意："对不起，让您久等了！"

（3）用电话沟通时，宜保持嘴唇与话筒约1寸距离，若靠得太近，声音效果不好；使用左手接听电话（图8-25），以方便右手做必要的记录。

图8-25　总机服务礼仪

（4）要面带微笑，使语言热忱亲切、甜美友善，语调不宜太高，语速不宜太快，用词要简练得当。

（5）熟悉常用号码，按客人的要求迅速准确地转接电话。若转接的电话无人接听，忌用"不在"打发客人，应主动询问是否需要留言。

（6）随时在电话旁准备好便条纸和笔，当客人留言时，要认真倾听和记录，留言要重复一遍确认，并跟进、履行对客人的承诺，做到热心、耐心和细心。

（7）为客人接转电话和查找资料时，不能让对方等候电话超过15s。要求对方等候电话，应向其表示歉意："对不起，请您稍候。"如果一时未能查清，应及时向对方说："正在查找，请您再稍等一会。"

（8）讲究职业道德，尊重他人隐私，不偷听他人电话。

（9）通话结束后，应热情道谢告别，待对方挂断电话后，方可关掉电键。

7. 问讯服务语言

为了体现"客人至上、便利客人"的服务宗旨，一些较大规模的饭店专门设有问讯处，为客人提供咨询服务。其服务人员因注意以下几点：

（1）着装整齐，仪容端庄，礼貌站立，思想集中，精神饱满地恭候宾客的光临。

（2）客人走近时，主动亲切问候："您好。""我能为您做什么？"

（3）宾客询问时，不要打断客人的叙述，应认真聆听，做好记录，以"嗯"、"我明白"、"对"等话语表示了解客人的意思，不要心不在焉，反应迟钝。如没有听清，应说："对不起，请您再说一遍好吗？"或"对不起，能否请您说慢一点。""很对不起，我没听清，请重复一遍好吗？"

（4）要有问必答，百问不厌。回答问询简洁明了，用词准确，口齿清晰。除对本饭店、商场的各部门位置、服务时间、各种设施了如指掌外，还要熟悉本地其他服务性行业的有关情况，如旅游景点、往返路线、交通工具、购物场所等有关信息，以便随时为宾客提供服务，避免一问三不知和用"可能"、"也许"、"大概"等模糊词语回答宾客问讯。对自己不知道的事不要不懂装懂，但也不能轻率地说"不知道"，应请宾客稍候一下，尽快向有关人员请教，给宾客一个满意的答复。常用语如："对不起，我对这里不是十分了解，请让我询问一下有关人员。""我会尽快给你满意的答复。"如宾客的问题经努力仍无法解答，应向宾客解释致歉，求得谅解，但应尽量避免这种情况发生。

（5）回答问题时要自动停下手中的其他工作，语调柔和，音量适中。如有众多宾客同时问询，应从容不迫一一回答，不能只顾其一，冷落其他。

（6）当宾客感谢您的良好服务时，应微笑致谢："谢谢您的夸奖，这是我应该做的。"或"非常高兴为您服务。""请别客气。"

（7）问讯处要把信件、电报、邮件迅速交给住店客人，递送时要微笑招呼、敬语当先。对离店客人的信件要及时按客人留下的新地址批转或退回原地，时时处处体现对客人认真负责的精神。

**典型案例**

### 记住客人的姓名

一位常住客人从饭店外面回来，当他走到服务台时，还没有等他开口，接待员就主动微笑地把钥匙递上，并轻声称呼他的名字，这位客人大为吃惊，由于饭店对他留有印象，使他产生一种强烈的亲切感，旧地重游如回家一样。

一位客人在服务台高峰时进店，服务员突然准确地叫出："××先生，服务台上有您一个电话。"这位客人又惊又喜，感到受到了特殊礼遇。

一位客人第一次前往住店，前台接待员从登记卡上看到客人的名字，迅速称呼他以表欢迎，客人做客他乡的陌生感顿时消失，显出非常高兴的样子。

一位VIP客人随陪同人员来到前台登记，服务人员通过接机人员的暗示，得悉其身份，马上称呼客人的名字，并递上打印好的登记卡请他签字，使客人感到自己的地位不同，由于受到超凡的尊重而感到格外的开心。

学者马斯洛的需要层次理论认为，人们最高的需求是得到社会的尊重。当自己的名字为他人所知晓就是对这种需求的一种很好地满足。

摘自 http://bog.sina.com.cn/s/blog-48763149010009pu.html

### 8. 大堂副理服务礼仪

（1）接待客人要积极热忱，精力集中，以谦和、富有同情心的态度认真倾听，让客人把话讲完（图8-26）。

（2）对于客人投诉所反映的问题，要详细询问，并当面记录，以示郑重。

（3）能够设身处地为客人考虑，以积极负责的态度处理客人的问题和投诉。在不违反规章制度的前提下，尽可能满足客人的要求。

（4）当客人发脾气时，要保持冷静，待客人平静后再做婉言解释与道歉，要宽容、忍耐，绝对不能与客人发生争执。

（5）尽量维护客人的自尊，同时也要维护好酒店的形象和声誉，原则问题不能放弃立场，应机智灵活处理。

（6）对客人的任何意见和投诉，均应给予明确合理的交代，力争在客人离开酒店前解决，并向客人表示感谢。

图8-26 大堂副理服务礼仪

## 8.2.3 客房服务礼仪

客房服务工作人员应保持仪表整洁自然，举止端庄大方，礼貌周到，尊重宾客，精神饱满地为客人提供优质服务。

### 1. 楼层接待服务礼仪

（1）在客人抵达前，要整理好房间，检查设备用品是否完好、充足，调节好房间的温度和湿度，为客人提供清洁、整洁、卫生、舒适、安全的客房（图8-27）。

8 优质服务——旅游行业岗位礼仪

图 8-27 客房服务员

（2）楼层服务员接到来客通知，要在电梯口迎接，主动问候客人："先生（小姐）您好，一路辛苦了，欢迎光临！"如果是常客，要称呼客人的姓氏（图8-28）。

图 8-28 问候客人

（3）引导客人出电梯，主动帮助客人，征得同意后帮助提携行李。

（4）引领客人到客房，到达房间门口时先开门、开灯，侧身一旁，敬请客人进房，然后放置好客人的行李物品。

（5）客人进房后，根据人数和要求，灵活递送香巾和茶水，递送时必须使用托盘和毛巾夹，做到送物不离盘。

（6）根据客人实际情况，礼貌介绍房间设备及其使用方法，简要介绍饭店内的主要服务设施及其位置、主要服务项目及服务时间，帮助客人熟悉环境。对房内需要收费的饮料食品和其他物品，要婉转地说明。

（7）接待服务要以客人的需要为准，体现为客人着想的宗旨（图8-29）。若客人不想被打扰，需要安静的休息时，服务人员应随机应变，简化某些服务环节。

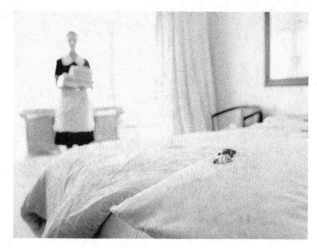

图8-29 开夜床服务

（8）在问清客人没有其他需求后，应向客人告别，立即离开。可说"请好好休息，有事尽管盼咐，请打电话到服务台"，并祝客人住宿愉快。退出房间后，轻手将门关上。

2. 日常服务礼仪

宾客住店期间的日常服务范围广、项目多、劳动强度大、服务繁重琐碎，需要工作人员有良好的身体素质、较强的责任感和动手能力，工作要细致耐心。

1）客房清洁服务礼仪

客人一旦入住，客房即成为其私人空间，服务人员不能随意进出该房间。整理房间应尽量避免打扰客人的休息与工作，最好在客人外出时进行；动用客房内的任何一样东西，都应事先征得客人同意。

（1）有事需要进入客房时，必须讲究礼貌。先按门铃两下，未见动静，再用中指关节有节奏地轻敲房门，每次为3下，一般为两次，同时自报"Housekeeping"，在听到客人肯定的答复或确信房间内无人后方可进入。进入客房，不论客人是否在房间，都应将房门敞开。

（2）敲门时，对可能出现的各种情况应该灵活处理：敲门时，门已经打开或客人来开门，要有礼貌地向客人问好，并征得客人允许，方可进入客房服务。房间内无人答应，进房后发现客人在房间或在卫生间，若客人穿戴整齐，要立即向客人问好，并征询客人意见，是否可以开始工作；若客人衣冠不整，应马上道歉，退出房间并把门关好。

（3）打扫客房时，不得擅自翻阅客人的文件物品，打扫完后物品应放在原处，不能随意扔掉客人的东西，如便签、纸条等；不可在客人房间看电视、听音乐；不可用客人的卫生间洗澡；不可取食客人的食品；不得接听客人的电话（图8-30）。

图 8-30　整理客房

(4) 清扫时，如宾客在交谈，不要插话，更不能趋近旁听，不向客人打听私事；如客人挡道，应礼貌打招呼，请求协助。

(5) 客房清洁过程中，遇到客人回来，服务员要礼貌地请客人出示房间钥匙或房卡，确定是该房间的客人，并询问客人是否可继续整理。如果客人需要整理，应尽快完成，以便客人休息。

(6) 打扫完毕，不要在客房逗留。如客人在房间，离开时应轻声说："对不起，打扰了，谢谢！"然后礼貌地后退一步，再转身走出房间，轻轻关上门。

(7) 清扫时，遇到宾客外出或回房间，都要点头微笑问候，切勿视而不见，不予理睬。在楼道中遇到客人，在离客人 3 米远处开始注视客人，放慢脚步，1m 远时向客人致以问候，楼道狭窄时要侧身礼让客人。

(8) 工作时，不能与他人闲聊或大声说话，做到说话轻、走路轻、操作轻。在过道内行走，不要并行，不得超越同方向行走的客人。遇事不要奔跑，以免造成紧张气氛，如有急事需要超越客人应表示歉意。

2) 访客接待礼仪

尽量记住住宿客人的姓名、特征等，并注意保守客人的秘密，不将客人的房号、携带物品及活动规律等告诉无关人员，不要给客人引见不认识的人员。

访客来访时，应礼貌问好，询问拜访哪位客人，核对被访者姓名、房号是否一致。在征得客人同意后，请访客办理登记手续，才能指引访客到客人房间。未经客人允许，不要将来访者带入客人房间。

访客不愿意办理来访登记手续，应礼貌耐心地解释，并注意说话技巧，打消来访者的顾虑，求得对方配合；如访客执意不登记，应根据来访者与被访者的身份、来访目的与时间，酌情处理。

若住客不愿见访客时，要礼貌委婉说明住客不方便接待客人，不要将责任推给住客，同时不能让访客在楼层停留等待，应请访客到大堂问询处，为其提供留言服务。

住客不在，若有访客带有客房钥匙要进房取物时，服务人员要礼貌了解访客对住客资料的掌握程度及与住客的关系；若有访客带有住客签名的便条但无客房钥匙时，服务员应将便条拿到总台核对签名。确认无误后办理访客登记手续，然后陪访客到客房取物品。住客回店后，服务员应向住客说明。

客人外出，交代来访者可以在房内等待，服务员应仔细询问来访者的姓名及特征，经过辨别确认后，请来访者办理访客登记。如访客要带物品外出，服务员应及时询问，并做好记录。

宾客接待来访者时，要按客人的要求，备足茶杯、供应茶水。

服务员在岗时要保持相应警觉，对可疑来访者应上前有礼貌地询问清楚，坚持原则、刚柔相济，杜绝不良人员制造事端。

3）其他服务礼仪

客人需要送洗衣物时，应认真核对件数、质料、送洗项目和时间，检查口袋里有无物件、纽扣有无脱落、衣物有无破损或严重污点等（图8-31）。

图8-31 其他客房服务

客人委托代订、代购和代修的事项要询问清楚，详细登记并重复确认，及时为客人服务。客人合理的随机服务要求，要快捷高效完成，不可无故拖延。

服务员不得先伸手与客人握手，不抱玩客人的孩子，不与客人过分亲热；与客人接触，应注意文明礼貌，有礼有节，不卑不亢。

3. 离店服务礼仪

（1）得知客人离店的日期后，服务员要热情关照客人，仔细检查客人委托代办的项目是否已经办妥，主动询问是否需要提供用餐、叫醒、出租车等服务，主动询问客人意见，认真记录，并衷心感谢，但不要强求或过多耽误客人时间。

（2）客人离房要送至电梯口，礼貌道别，并欢迎客人下次光临。对重要客人和老弱病残者要送至前厅，并给予特别照顾。

（3）客人离房后要迅速检查房间，查看有无遗忘遗留物品，房间内的各种配备用品有无损坏或缺失，各种需要收费的饮料食品和物品有无消耗。如果发现遗留物品应尽可能归还原主，如果客人已走，则按酒店的遗留物品处理规定保管和处理。如果发现物品缺失或损坏，应立即打电话与总台联系，机智灵活处理，不可伤害客人的感情和自尊心。

4. 特殊情况服务礼仪

（1）宾客在住宿期间生病，服务员应主动询问是否需要到医院就诊，并给予热情关照，切不可自行给客人用药或代客买药。若客人患突发性疾病，应立即报告上司与大堂副理，联系急救站或附近医院，不可拖延时间。

（2）宾客住店期间，若发生酗酒现象，服务员应理智、机警地处理，尽量安置酗酒客人回房休息，并注意房内动静，必要时应采取措施。对醉酒吵闹的客人，要留意其动静，避免出现损坏客房设备、卧床吸烟而引起火灾、扰乱其他住客或自伤等事件，必要时通知上司和保安部人员。对醉酒酣睡的客人，要同保安人员一起扶客人进房，同时报告上司，切不可单独搀扶客人进房或为客人解衣就寝，以防客人醒后产生不必要的误会。

（3）客人称钥匙遗忘在客房，要求服务员为其开房门时，应请客人出示住房卡，核对日期、房号、姓名等无误后，方可为其开门。若客人没有住房卡，应请客人到总台核对身份无误后，方可为其开门。

（4）客人在客房内丢失财物，服务员应安慰并帮助客人回忆财物丢失的过程，同时向上司和保安部报告，协助有关人员进行调查，不能隐情不报或是自行其是。

## 实训项目二　前厅部主要岗位接待流程练习

**实训目的**：通过模拟前厅接待流程，熟悉和掌握前厅接待中各岗位迎客和送客的服务礼仪规范。

**实训内容**：模拟酒店门童、行李员、前台服务员迎接 VIP 客人、团队客人入住的不同情况；设计情节，模拟大堂副理处理宾客投诉的情景；模拟送别客人的整个服务流程。

**实训场地**：前厅实训室。

**考核要求**：掌握规范的前厅接待服务礼仪。

**实训步骤**：把同学分前厅接待组、行李组等几个小组，分组进行（6~8人一组），每组分配不同场景，分角色扮演，交换练习。

**所需道具**：前厅实训室、行李箱、行李车。

**实训要领**：

（1）门童：开拉车门，使用"请"的手势，鞠躬，15°。问候客人，注意表情、态度，确保每位客人感受到你的欢迎和热情。

（2）行李员：开拉车门，问候客人，注意开拉门顺序，为客人护顶，注意行李搬运时的服务语言。

（3）前台接待：问候客人，注意微笑和表情的使用，注意物品交递、填写指导等细节，耐心、细致解答客人疑难。

## 实训项目三　客房部主要岗位接待流程练习

**实训目的**：通过模拟客房服务的主要服务流程，熟悉和掌握客房工作中各岗位服务礼仪规范。

**实训内容**：模拟客房服务员在走廊遇见宾客问候的情景；模拟在宾客房间清洁房间的情景；模拟为宾客送客衣的情景。

**实训场地**：客房实训室。

**考核要求**：掌握规范的客房部服务礼仪。

**实训步骤**：把同学分成几个小组，分组进行（3~4人一组），分角色扮演，交换练习。

**所需道具**：客房清洁车。

**实训要领**：

（1）进门前，先看清房门是否挂有"请勿打扰"的牌子，不可擅自入门。进房时，首先必须先按门铃；如未见动静，再用中指或食指的关节轻敲房门3下，同时自报："Housekeeping"，若无回音，过5秒再敲3下，第二次敲后无回音，便可开门进房。

（2）在客房内工作时，要把房门打开，工作车置放于房门口。打扫客房时，不得擅自翻阅宾客的物品，打扫后物归原处，不可移位或摔坏。

（3）路遇宾客，要向客人微笑点头示意问候，不可主动先伸手与宾客握手；若宾客要超越，应主动站立一侧让道。不可在客房的走廊上奔跑，以免造成气氛紧张。

## 8.3 导游服务礼仪

导游服务时导游人员代表旅行社，接待或陪同旅游者旅行、游览，按照组团合同或约定的内容和标准向其提供的旅游接待服务。由于导游服务贯穿于旅游活动的全过程，因此导游服务在旅游服务礼仪中占有十分重要的地位。

### 8.3.1 导游迎客礼仪

导游的迎接对象就团队而言，可分一般旅游团队和重要旅游团队（VIP）两种。由于对不同类别的客人具有不同的接待规格，因此在迎接时存在不同的礼仪要求。

1. 对一般旅游团队的迎接礼仪

1）带团前准备

（1）了解基本情况。包括旅游团名称、领队情况、旅游团人数、团员姓名、性别、年龄、职业、国籍、民族、饮食习惯、宗教信仰及受教育程度等。

（2）了解接待标准。包括该团的费用标准和住房情况。

（3）掌握团队的游览日程和行程计划。包括抵、离旅游线路各站的时间和交通工具类型以及航班车次、接站地点等。

8 优质服务——旅游行业岗位礼仪

（4）熟悉景点介绍。熟悉旅游团途经的各城市和旅游点的情况，包括历史、地理、人口、风俗、民情等。了解客人所在国家或地区的历史、地理、文化、政治、经济及近期重要新闻等（图8－32）。

图8－32 导游带团前准备

（5）领取和备齐身份证、工作证、导游证、导游图、导游胸卡、个人名片、通讯录、记事本、喇叭、导游旗、接站牌和旅途备用金。若去边境口岸、特区等地，还需事先办理有关的通行证。

（6）地陪要适时核对接待车辆、就餐安排、交通购票等落实情况，要确定与接待车辆司机的接头时间和地点。

2）接站服务

（1）导游员应按规定着装，佩戴导游胸卡、打社旗和持接站牌提前至少30分钟到达机场、车站或码头（图8－33）。

图8－33 导游接站服务

（2）客人抵达后，导游员要主动持接站牌上前迎接，先自我介绍，再确认对方身份，寒暄问候，核对团号、实际抵达人数、名单及特殊要求等。

（3）引导客人乘车。要尊重老人和女性，爱护儿童。

（4）导游协助客人上车就座后，应礼貌地清点人数，注意不要用手指点数，待一切无误后请司机开车。

3）赴饭店的途中服务

（1）在乘车赴饭店途中，地陪首先应热情、友好地向游客致欢迎词，欢迎词一般包括：

① 代表所在的旅行社、本人及司机欢迎客人光临本地；

② 介绍自己的姓名和所属单位；

③ 介绍司机；

④ 简介日程安排，希望得到大家的配合；

⑤ 表示提供服务的诚挚愿望；

⑥ 预祝各位旅途愉快，一切顺利。

（2）调整时间。对入境旅游团，应介绍两国（两地）时差，请旅游者调整好时间。

（3）首次沿途导游。首次沿途导游，主要向客人介绍沿途风光、当地风情。抵达客人下榻的饭店前，应介绍饭店的名称、星级、位置及一些明显的标记。沿途导游语言节奏应明快、清晰，内容要简明扼要，做到景物取舍得当，随机应变，见人说人，见物说物，与旅游者观赏同步，避免介绍那些客人看不到的东西。

（4）导游人员在沿途导游时，应注意灵活，必须根据游客的精神状态进行。如果是白天，游客的精神状态较好，导游人员则可就沿途街景、下榻饭店等做一些介绍；如客人较为疲惫，尤其在夜晚，则尽可能地让客人休息。

（5）宣布集合地点及停车位置。当车行至下榻饭店，在游客下车前，应向全体成员讲清并记清车牌号码、停车地点和集合时间。

4）入住服务

（1）导游员要协助团队办理入住手续，协助领队分配住房。分发房号后，导游员要了解客人住房位置、安全通道等，记住领队房号，同时将自己房号、电话告之领队及游客。

（2）核对客人的行李件数，同时督促行李员把客人的行李送至客人房间。

（3）要了解客人的健康状况，以便给予适当的照顾和安排。

（4）客人进房前应先介绍就餐形式、地点、时间及有关规定（如酒水费用是否需要自付等），并简单介绍游程安排，宣布第二天日程细节。

（5）客人用第一餐时，导游员要亲自带领他们进入餐厅，介绍用餐的有关事项。

（6）及时处理客房存在的问题。客人进入客房后，导游员应对客人行李是否未到或发错，房间是否清洁卫生，门锁有无故障，热水供应、空调运转是否正常等问题再次核实。

（7）如有需要，安排好叫早服务。

2. 对VIP旅游团队的迎接礼仪

VIP指的是重要客人，VIP团队即指由重要客人组成的旅游团队。对旅行社而言，VIP主要指4种人：一是对本旅行社经营和管理有极大帮助者；二是各国部长级以上的领导人；三是社会知名人士；四是旅游行业和旅游企事业单位的各级经理和高级官员。

对VIP旅游团队的迎接应注意以下几个方面（图8-34）：

图8-34 贵宾团队导游服务

（1）迎接贵宾时，旅行社的总经理及相关人员一般应亲自率领导游人员到机场（车站、码头）迎接客人；并应事前在机场（车站、码头）安排贵宾休息室并准备好饮料和接待人员。

（2）如有条件，在客人到达之前可将饭店的客房号码及所乘车辆的牌号通知客人。

（3）派专人协助办理出入关手续。

（4）客人抵达前，应派专人配合饭店对客人准备入住的客房卫生和布置进行检查，并通知饭店在客人准备入住的房间摆放鲜花、水果等。

（5）注意陪同车辆的礼仪。客人上车时，旅行社的迎宾人员或导游人员要主动帮助打开车门，立于车门一侧，恭请客人上车，并要注意护顶；上车的顺序要遵循"尊者优先"原则；应先宾后主，先女宾后男宾，先首长后随员。不论乘坐何种轿车，都应请客人坐尊位。到达饭店时，陪同人员要先下车，打开车门，做好护顶手势照顾好下车的客人。

（6）客人抵达住所后，一般不宜马上安排活动，导游人员不宜在房间久留，以便客人休息或更衣。

### 8.3.2 带客游览服务礼仪

**1. 出发前服务**

（1）导游员应提前到达集合地点，并督促司机做好出发前的各项准备工作。

（2）核对、商定活动安排。在带客游览之前，导游员应与领队商定本地活动安排并及时通知客人。

（3）出发前，导游员应在客人就餐时向客人表示问候，向客人报告当天天气情况，并了解客人身体状况，重申出发时间，乘车或集合地点，提醒客人加带衣服、换鞋，带好必备用品如手提包、摄像机、照相机及贵重物品等（图8-35）。

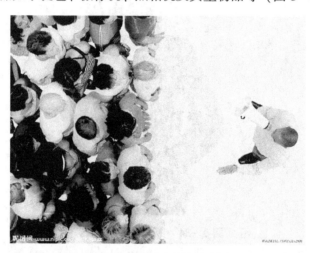

**图8-35 导游带队游览服务**

（4）客人上车后，导游员应及时清点人数，若发现有人未到，应向领队或其他团员问清原因，并将不参加活动的客人人数、姓名、原因及房号通知旅行社；若有有病不能参加活动的客人，须交代清楚是否需要医生治疗等；若出发时间已过，又不知未到者在何处，则应征求领队意见决定是否继续等候，若决定不等，导游员必须将情况通知旅行社内勤处理。

**2. 乘车服务**

（1）出发乘车时，导游员应站在车门口照顾好客人上车，要主动帮助客人提拿物品，并轻轻放在车上。对客人中的老幼弱残者，要特别细心地予以照顾，上下车时，应主动照顾搀一把或扶一程。客人中有男有女时，应照顾女士先上车。

（2）引导客人乘车，要注意位次。若乘小轿车，应安排年长或位尊者坐在车后排右边位置，导游员坐在后排左手位置或司机旁边。乘面包车，其座位，以司机之后车门开启处第一排座位为尊，后排次之，司机座位前排座位为小；中型或大型巴士，以司机座后第一排，即前排为尊，后排依次为小。其座位的尊卑大小，依每排右侧往左侧递减。

3. 途中服务

(1) 在去旅游点的路上,导游员切忌沉默不语,要向客人介绍本地的风土人情、自然景观,特别是沿途的景象,回答客人提出的问题(图8-36)。

图8-36 导游途中服务

(2) 抵达景点前,应向客人简要介绍景点的概况,尤其是景点的历史、价值和特色。还可根据客人特点、兴趣、要求穿插一些历史典故、社会风貌等,以增加客人的游兴。

(3) 到达景点时,应告诉客人该景点停留的时间、集合的时间和地点以及有关注意事项,如卫生间位置、旅游车车号以及保管好钱物等。

4. 游览服务

(1) 带客游览过程中,导游员要认真组织好客人活动。应保证在计划的时间与费用内让客人充分地游览、观赏,做到讲解与引导游览相结合、适当集中与分散相结合、劳逸适度,并特别照顾老、弱、病、残的客人。导游过程中要照顾全体客人,不可只和一两个人说话而冷落了其他人。

(2) 游览过程中,导游员的讲解要力求准确,应包括该景点的历史背景、特色、地位、价值等方面的内容,做到条理清楚、繁简适度。语言要生动形象,富于表现力。

(3) 导游讲解时,表情要自然大方,声音大小要适中,使用话筒音量、距离要适当,讲解时可适当做些手势,但动作幅度不宜过大,不得手舞足蹈、指手画脚。

(4) 游览途中,导游员要特别注意客人的安全,要自始至终与客人在一起并随时清点人数,以防客人走失。要提醒客人看管好所带财物,防止发生丢失、被盗现象。对于行走困难的地方,要陪伴照顾好年老体弱者,以防发生意外,客人提出要求需要帮助时,应尽可能使客人满意。

(5) 与客人交谈时，一般不要涉及疾病、死亡等不愉快的话题；不谈荒诞离奇、耸人听闻、黄色淫秽的事情；对方不愿回答的问题，不要追问；遇到客人反感或回避的话题，应表示歉意，立即转移话题；与外宾交谈，一般不议论对方国家的内政；不批评、议论团内任何人；不随便议论宗教问题；与女宾交谈要谨慎，不要开玩笑；对宾客不要询问对方收入、婚姻状况、年龄、家庭、个人履历等私人问题。

5. 返回途中服务

（1）全天活动结束后，返回途中，导游员要向客人宣布第二天的活动日程，早餐的时间与地点以及出发时间、地点等。

（2）抵达饭店后，导游员要主动向领队征求意见，了解客人对当天活动安排的反应，对当天遇到的问题要与领队和客人共同协商解决。

（3）与客人告别时，要表达良好的祝愿。

（4）向饭店前台确认叫早服务时间。

### 8.3.3 带客购物服务礼仪

（1）根据旅游团客人的要求，合理安排客人购物。如无此要求，不得强加于人。

（2）去购物途中，要向客人介绍本地商品的特色，教客人鉴别商品的知识，当好客人的购物顾问。下车前，要交代清楚停留时间及有关购物的注意事项（图8-37）。

**图8-37 导游带队购物服务**

（3）注意前后态度要一致，不能介绍景点时简单、敷衍，讲到购物就热情高涨，这样，会引起客人的猜疑和不信任。

（4）导游员应严格遵守导购职业道德，应将客人带到商品质量好、价格公平合理的商店，而不应该唯利是图，为了一点"好处费"，昧着良心违背职业道德，与不法经营者相互勾结，从而损害旅游者的利益。

（5）如遇小贩强拉强卖，导游员有责任提醒客人不要上当受骗，导游本人不得向客人直接销售商品，不能要求客人为自己选购商品。

## 8.3.4 导游送客礼仪

在旅游接待工作中,合乎礼仪的迎接与送客同等重要,只有这样,一次成功的旅游接待才算画上完美句号(图 8‑38)。

**图 8‑38 导游送站服务**

(1) 旅游团离开本地之前,导游员应根据客人离去的时间,提前预订好下一站旅游或返回的机(车、船)票;客人乘坐的车厢、船舱尽量集中安排,以利于团队活动的统一协调。

(2) 送客前安排好结算、赠送礼品、摄影留念、欢送宴会等事宜。赠送礼品应方便携带,突出地方特色,具有保存价值。

(3) 协助办好行李交接。离开饭店前,导游员应提醒客人整理好自己的物品,打好托运的行李。

(4) 出发前,要提醒客人不要遗忘自己的物品,不要带走房卡。上车后,仔细清点客人人数。要将客人的各种证件、护照等,亲手交给客人或领队。

(5) 致欢送辞,应使对方感受到自己的热情、诚恳、有礼貌和有教养,祝大家旅途愉快。

(6) 按导游工作程序规定的时间要求到达机场(车站、码头):送国内航班,应提前 90 分钟到达机场;送国际航班,应提前 2 小时抵达机场;送火车或轮船应提前 60 分钟到达车站或码头。

(7) 火车、轮船开动或飞机起飞后,应向客人挥手致意,祝客人旅途一路顺风,然后再离开。若客人乘坐的车、船、飞机晚点,应主动关心客人,必要时须留下与领队共同处理有关事宜。

### 8.3.5 导游人员服务礼仪

**1. 导游服务礼仪规范**

导游工作独立性强,由于服务对象复杂多变,其性别、年龄、学识、兴趣、爱好、要求各不相同。游客素质参差不齐,要使每位旅游者都满意确实很难,但对导游人员而言,都应做好沟通协调工作,尽可能地照顾到各方,使之玩得开心,游得尽兴。要做到这些就必须遵循一定的礼仪规范,重点应把握好以下几个方面:

1)善于洞悉游客心理

俗话说:"凡事预则立"。一名优秀的导游员应该对所接团队成员的姓名、性别、年龄、职业、身份、国籍及所属阶层等方面的情况进行详细了解。全面把握他们的出游动机及旅游活动各个阶段的心理变化,善于察言观色,从游客的言谈举止上洞察其性格特征、兴趣爱好、旅行期望与要求等。恰当地处理不同游客的交际关系,合理分配景点停留时间,确定景点介绍的侧重点。

为满足旅游者在旅游中的各种心理需求,导游员应学习并掌握相关旅游心理学知识,用以研究和把握旅游者的行为与心理规律,利用心理策略完善整个旅行过程。

(1)尊重游客。古人云:"礼者,敬人也!"是说与人交往,要尊重他人,互谦互让,友好相待。就导游从业人员而言,即要在合理的情况下尽可能地满足旅游者的需求。旅游者希望得到尊重是合理的、最起码的要求。在旅游活动中,导游员要妥善安排,让旅游者进行"参与性"活动,使其获得自我成就感,增强自豪感,从而在心理上获得最大的满足。礼貌待客、热情服务,倾听游客的意见及要求,时刻把对游客的重视、恭敬、友好放在第一位,才能获得他人的尊重,促成旅行的交际成功。

(2)使用柔性语言。导游员在与游客交流时必须时刻注意自己的言行举止,尽量使用询问式、征求式的方式,让游客心里感到备受尊重的语言,即"柔性语言"。柔性语言表现为语气亲切、语调柔和、措辞委婉、说理自然,常用商讨的口吻与其交流,此种语言可拉近彼此的心理距离,具有亲和力和较强的征服力,有时能达到以柔克刚的交际效果。

(3)微笑服务。微笑是没有国籍的语言,是最有价值的面部表情,也是表现人际关系友善、诚信、谦恭、和蔼、融洽等最为美好的感情因素,所以它已成为世界各国宾客都能理解的心理性"语言"。眼睛是心灵的窗户,导游服务中应善于运用微笑眼神的魅力,真诚愉快的微笑是欢迎词,是架起和谐情感交流的桥梁,也能使旅游者迅速消除生疏感,所以导游服务成功的心理秘诀之一就是"微笑服务"、"笑迎天下客"。只要养成逢人就亲切微笑的好习惯,导游就会广结良缘,事事顺利成功。

(4)与旅游者建立"伙伴关系"。旅游活动中,旅游者不仅是导游员的服务对象,还是合作伙伴,只有旅游者的通力合作,旅游活动才能顺利进行并达到预期的效果。导游员诚恳的态度、热情周到的服务、谦虚谨慎的作风,让游客获得自我成就感的做法都是与之建立良好"伙伴关系"的前提。此外,导游员应对每一位旅游者保持一视同仁的观点,不能因对方地位、身份、等级的不同厚此薄彼。

(5) 提供"超常服务"。超常服务是指导游员向旅游者提供的细微化、人性化、超出顾客期望值的周到服务。如在带团旅行中,一旦遇有游客患疾病,导游应立即想办法联系医院就诊,并给予必要照料;老弱人群或残疾人等行动不便,导游在游览途中理应多一份嘘寒问暖,使之与其他游客一样游览美景。如此细小之事,足以显现出导游员的细心之处,且真正站在"假如我是一个旅游者"的立场上考虑问题的态度,于细微之处见真情!

(6) 善于学习和研究,提供具有针对性的服务。导游员要养成主动学习和研究的习惯,同时可以自如地应对各种层次旅游者的提问。学习史地文化知识,以提高艺术鉴赏能力和艺术修养,提高讲解的层次;关心时事政治,熟悉国际国内大事以把握正确的舆论导向,正确评价社会热点和焦点问题;学习政策法规知识以做到知法、懂法、守法,并有理、有利、有节的处理问题;学习心理学知识,随时了解旅游者的心理活动,激发和保持旅游者的兴趣,并适时提供心理服务。不断深入了解旅游者的需求,有针对性地提供人性化的服务。对特殊人群(老弱病残者、知名人士等)在充分尊重其人格的前提下给予特别关照,对个别旅游者的"特殊需求"在合理且可能的情况下给予满足,以增强旅游者心理满足感和完成旅游活动的信心。其次,还要处理好强和弱的关系,多数和少数的关系以及劳和逸的关系等,在活动的安排中做到求同存异、区别对待、劳逸结合。

2) 善于激发游客情趣

游客游兴如何是导游工作成败的关键。游客的游兴可以激发导游的灵感,使导游在整个游程中和游客心灵相犀,一路欢声笑语;相反,如果游客兴味索然,表情冷漠,尽管导游竭尽所能,也会毫无成效。激发游客游兴的因素来自两个方面:一是景观本身的吸引力,二是导游借助语言功能调动和引导的作用。例如:在介绍不同的景点时(人文景观如故宫、颐和园,自然景观如桂林山水)应进行详略不同的介绍,注重讲解的针对性、科学性和语言表达主动性的完美结合,始终以游客的兴趣为前提。

此外,在旅游过程中,要善于变换游客感兴趣的话题,可根据不同游客的心理特点,做如下选择:满足求知欲的话题;刺激好奇心理的话题;决定行动的话题;满足优越感的话题;娱乐性话题。

3) 善于调节游客的情绪

情绪是人对于客观事物是否符合本身需要而产生的一种态度和体验。旅游活动中,由于有相当多的不确定因素和不可控制因素随时都会导致计划的改变。例如,有时由于客观原因游览景点要减少,游客感兴趣的景点停留时间要缩短;预定好的中餐因为某些不可控的因素临时改为西餐,订好的机票因大风、大雾停飞,只得临时改乘火车。类似事件在接团和陪团时会经常发生。这些都会直接或间接影响到游客的情绪。

导游人员应该善于从言谈、举止、表情的变化去了解旅游者的情绪变化。因此,在发现旅游者有焦虑、不安、烦躁、不满、气愤等否定情绪后，要及时找出原因，采取措施来消除或调整其情绪。

（1）补偿法。就是找出旅游者不快的原因，迅速加以弥补，从而使旅游者的需要得到满足，情绪好转。如旅游者丢失物品，神情沮丧，导游人员应迅速同各方面联系，迅速找回。如果是由于导游人员解说不清，旅游者听不懂解说内容造成骚动、不满意，导游人员则应扼要地重复一次，或旁征博引，加以解释。

（2）分析说服法。由于某种不可改变造成旅游者不快，而又无法补偿时，导游人员应着重加以分析，讲清道理，争取旅游者的理解与合作，缓解或消除否定性情绪。由于交通工具拥挤等原因而不得不改变日程时，旅游者要多花时间于旅途之中，常常会引起旅游者不满，甚至大嚷大叫，愤怒抗议。导游人员应耐心地向旅游者解释造成改变日程的客观原因，并表示歉意；分析改变日程的利弊，强调有利的一面，或强调改变日程新增的游览项目的有趣之处，如此效果可能会得到游客的理解。

（3）转移注意法。是指在旅游者产生郁闷或不快情绪时，导游人员运用转移注意的方法使旅游者不再注意不愉快、不顺心的事，而注意愉快的事情，转忧为喜。例如，旅游者由于对参观什么内容意见不统一，有人因此不高兴，或者在游览中不小心碰坏了相机，或者触景生情，产生令人伤感的回忆或联想等，导游人员除了同情、安慰旅游者以外，还可用说些民间故事、讲笑话、组织唱歌、学会本地话或幽默生动的解释等方式来活跃气氛，使其注意转移到当前有趣的活动上来，忘记不快，体验愉快之旅。

2. 突发事件处理礼仪

1）路线与日程变更

旅游计划和活动日程一旦商定，各方面都应严格执行，一般不轻易更改。但是有时一些天气突变、交通问题等不可预料的因素会迫使旅游计划、线路和活动日程变更（图8-39）。

图8-39　导游突发事件处理

## 8 优质服务——旅游行业岗位礼仪

如遇接团社没有订上规定的航班、车次的机（车）票，而更改了航班（车次）或日期，应向客人作好解释，并提醒接团社，及时通知下站。

如遇天气或其他原因，临时取消航班，不能离开所在城市时，应注意争取领队合作，稳定客人情绪，并立即与内勤联系，配合民航安排好客人的用餐和休息问题。

如遇景点关闭等特殊情况，不得不改变活动项目，导游员应该以精彩的介绍、新奇的内容和最佳的安排激起客人的游兴，让他们高兴地随导游员去游览替代的景点。

2）行李丢失和损坏

当在机场发现行李丢失，应凭机票及行李牌在机场行李查询处挂失，并保存好挂失单和行李单，将失主所下榻的饭店的名称、房间号、电话号码告诉查询处，并记下查询处的电话、联系人和航空公司办事处的地址、电话，以便联系。

如行李在接团后丢失，应冷静分析情况，先设法寻找。若未找到，应把详细情况向旅行社领导汇报，由旅行社安排内勤、外勤和其他工作人员帮助寻找丢失的行李。

行李损坏，应掌握谁损坏谁赔偿的原则。一时查不清责任，应答应给受损失者修理或赔偿，费用掌握在规定标准内，请客人留下书面说明，发票由地陪签字，以便向保险公司办理索赔。

3）旅游者病危或死亡

旅游者病危时，导游员要及时向接团社汇报，积极组织抢救。尽快与旅行社取得联系，报告情况，并请社里派人到医院照料病人。如患者病危而其亲属又不在中国者，应请领队迅速与患者所属国家的驻华使、领馆联系，请其做主或电告病人家属，凡事听他们的意见，导游人员从旁协助。患者需要住院动手术时，应征得患者亲属、领队或使、领馆代表同意并签字后方可进行。如在医院抢救无效死亡，由参加抢救的医师向死者亲友、领队、当地旅行社代表详细报告抢救经过，并写出《抢救经过报告》及《死亡诊断证明》，由主治医师签字盖章后交领队或死者亲属，同时复制3份交给有关部门和人员收存。如果是非正常死亡，导游员要保护好现场，立即向公安局和旅行社报告，协助查明死因。导游员应协助领队清理死者遗物，开列清单，各方签字，让亲属或领队带回。

4）旅游者财物被盗

旅游者如丢失护照，导游人员应首先详细了解丢失情况，找出有关线索，努力寻觅。如发现客人财物短缺，应迅速了解物品丢失前后经过，作出正确判断，是失主不慎丢失，还是被盗。

5）交通事故

发生交通事故时应立即组织抢救。电话呼叫救护车或立即拦车将伤员送往距出事地点最近的医院抢救，并立即向接团社和组团社汇报，请示事后处理意见。

注意保护现场。保护现场肇事痕迹，不要在忙乱中破坏现场，尽可能防止肇事者逃跑，以便交通警察和治安部门调查处理。如果有两个以上导游员在场，可由一个指挥抢救，一个留下保护现场。

迅速报告交通、公安部门，让其派人前来调查处理，同时，向旅行社报告事故的发生和伤亡情况,请求派人前来指挥事故的处理,并要求派车前来把未受伤和轻伤者接送至饭店。

做好全团人员的安定工作。事故发生后,除有关人员留在医院外,应尽可能使其他团员继续按原定活动计划参观游览。

做好事故善后工作。交通事故的善后工作将由交通、公安部门和旅行社出面处理,导游人员应照顾好受伤游客,写好事后情况报告,请医院开具诊断和治疗书,请公安局开出交通事故证明书,以供客人向保险公司索赔。

交通事故处理就绪或该团接待工作结束后,导游员应写出书面报告,详细报告事故发生的时间、地点、性质、原因、处理经过、最后结论,司机的姓名、车型、车号、伤亡情况、医生诊断结论、治疗情况等。

6) 其他特殊情况

如发现客人就餐后出现头晕、头痛、恶心、呕吐等不适症状,导游人员除立即劝阻客人停止进餐外,应迅速护送客人前往医院就诊,同时尽快报告旅行社和卫生检疫部门,妥善安排善后处理事宜。

作为一名出色的导游员,无论在何时、何地、何种情况下都应该本着"以客为本"、"顾客是上帝"的服务宗旨,掌握各方面的能力和技巧,以礼相待,争当服务业礼仪使者。

## 实训项目四  导游接待服务礼仪

**情景练习**

**实训目的:**掌握导游员接待客人的服务礼仪规范。

**实训内容:**导游员从机场接机、途中导游、送站的整个礼仪服务过程。

**实训场地:**导游实训室。

**实训步骤:**一个旅游团队刚下飞机,即将开始到某地的旅游活动。用角色扮演的方式分组完成导游接站、途中导游、送站的导游服务任务,运用恰当的服务礼仪为游客提供满意的导游服务。分组进行(6~8人一组),同学观摩,交换意见。

**所需道具:**导游旗、导游胸卡、话筒、接站牌、道具汽车等。

# 8 优质服务——旅游行业岗位礼仪

**实训要领**：利用校内模拟导游室，采用模拟仿真训练方法进行景点讲解训练和校外真实环境进行情境化教学。在教学实施中，以景点景区、宾馆、饭店、商店、火车站等真实场所为课堂，使学生主体完全沉浸于全真情境中，充分利用模拟导游室、实训基地及网络资源进行教学，尽可能利用真实的工作场景或仿真的工作情境对学生进行模拟和实境训练，在实践中促成学生能力生成。

## 延伸阅读

### 泰国文华东方饭店成功的秘诀

泰国的文华东方饭店堪称亚洲饭店之最。泰国在亚洲算不上特别发达，但为什么会有如此诱人的饭店呢？他们的服务到底好到什么程度呢？一位宾客这样描述他的住宿经历：

当他因公务第一次入住这家酒店时其良好的饭店环境和服务就给他留下了深刻的印象，当他第二次入住时几个细节更使他对饭店的好感迅速升级。那天早上，在他走出房门准备去餐厅的时候，楼层服务生恭敬地问道："于先生是要用早餐吗？"于先生很奇怪，反问"你怎么知道我姓于？"服务生说："我们饭店规定，晚上要背熟所有客人的姓名。"这令于先生大吃一惊，因为他频繁往返于世界各地，这种情况还是第一次碰到。于先生高兴地乘电梯下到餐厅所在的楼层，刚刚走出电梯门，餐厅的服务生就说："于先生，里面请"，于先生更加疑惑，因为服务生并没有看到他的房卡，就问："你知道我姓于？"服务生答："上面的电话刚刚下来，说您已经下楼了。"如此高的效率让于先生再次大吃一惊。

于先生刚走进餐厅，服务小姐微笑着问："于先生还要老位子吗？"于先生的惊讶再次升级，他最近一次在酒店吃饭是一年前了。看到于先生惊讶的目光，服务小姐主动解释说："我刚刚查过电脑记录，您在去年的6月8日在靠近第二个窗口的位子上用过早餐"，于先生听后兴奋地说就要老位子。小姐接着问："老菜单？一个三明治，一杯咖啡，一个鸡蛋？"原来这家酒店的客史档案是如此细致周到。上餐时于先生指着一道菜问服务员："这是什么？"服务生后退两步说："这是我们特有的××小菜。"这一次早餐给于先生留下了终生难忘的印象。

后来，由于业务调整的原因，于先生有3年的时间没有再到泰国去，在于先生生日的时候收到了一封文华东方饭店发来的生日贺卡，里面附了一封短信，内容是："亲爱的于先生，您已经有3年没有来过我们这里了，我们全体人员都非常想念您，希望能再次见到您。今天是您的生日，祝您生日愉快！"文华东方饭店非常重视无微不至的人性化服务，迄今为止，世界各国的约20万人曾经入住过那里，用他们的话说，只要每年有十分之一的老顾客光顾饭店就会永远客满。这就是文华东方饭店成功的秘诀。

## 思考练习

1. 谈谈在餐饮服务中如何将标准服务礼仪与个性化宾客服务更好地结合起来。
2. 前厅部员工的服务礼仪在哪些方面会对企业产生重要价值？
3. 思考并整理出在客房服务中经常使用到的规范服务语言。
4. 导游服务人员应特别注意哪些基本礼仪规范？

## 课程任务

为进一步加深旅游服务人员对服务礼仪的体会，可开展酒店岗位服务技能大赛和导游大赛等竞赛形式，在比赛中使学生掌握并具备良好的服务意识、服务礼仪、服务态度和心理素质。

# 9 职场助力——旅游行业求职礼仪

## 知识概述

当今世界，人才流动频繁、求职竞争激烈。在招聘过程中，除了重视求职者的专业知识、能力经验和发展潜力之外，彬彬有礼的言谈举止中表现出来的礼貌修养也成为现代企业对人才考量的基本要求。求职者除了要具备良好的专业素养外，了解和掌握一些求职的礼仪规范是非常必要的，有时这些礼仪形式甚至会起到举足轻重的作用。良好礼仪修养的展现，并不仅仅靠面试时的印象，也许从一封求职信和简历就开始了。除此之外，您还需要做好求职的心理准备和面试后续礼仪等。本章就从求职的实际操作角度，给出全流程的、规范的建议和指导，内容主要包括：

● 求职信的礼仪。掌握求职信的书写格式及礼仪要求，了解其他求职形式的注意事项，以便能在求职伊始创造良好的前提条件。

● 面试的礼仪。了解未来工作岗位的礼仪要求，把握求职就业对仪容、衣着、举止、谈吐等各方面的礼仪要求，真正做到胸有成竹，最大限度地把握成功的机会。

# 9 职场助力——旅游行业求职礼仪

## 知识导入

### 你失败在哪里？

某外企的一次招聘会，一位能力很强的应聘者表现出的素质，让面试官大跌眼镜。面试前，众考官一致看好一位叫刘涛的应聘者，此人硕士学历，动手能力很强，长相也出众，是众考官私下议论的"种子选手"。果然，在于外籍考官的对话中，刘涛用流利的英语展现了自己的实力，也让其余考官频频点头。可是，谈到一半时，他的手机响了，此时，他说了句"不好意思"，就低声接起了电话。打完电话时，他还对一旁面露诧异神情的考官潇洒地说了一句"您继续吧"。不懂得尊重别人的刘涛，虽然能力相当突出，但最终仍被企业淘汰。

阅读以上案例，谈谈为什么这位应聘者最终在面试中失败了。求职过程中，哪些关键因素决定了是否被企业录用？

## 9.1 求职信的礼仪

### 9.1.1 求职信基本礼仪

求职信是用于求职，向某个单位举荐自己，希望得到聘用的礼仪书信。因而，最重要的是要注意书写规范、谦恭有礼、情真意切、言简意赅。基本要求如下：

1. 形式规范，言简意赅

写求职信时，第一要旨就是书写必须规范（图9-1）。通常一页长，书写一般以商业格式为标准，分开头，中间和结尾三部分。

图 9-1 求职信

　　一是要求字迹清晰，格式标准，通篇整洁。求职信最好进行电脑打印，亲笔书写时，务必用带格的正式稿纸，并使用黑色水笔，必要时还可译成英文附上。

　　二是要求内容正确，行文简洁。求职信的正文是书信的主体，即写信人要说的事。内容要以叙事清楚、材料准确、文辞通畅、字迹工整为原则，格调要谦恭，要根据收信人的特点及写信人与收信人的特定关系组织措辞（包括敬语谦词的选择，语调的掌握等）。首尾部分应注意礼貌，通常信的开始要先做自我介绍，如：姓名、学校、所学专业等。中间部分是正文，是求职信的核心，形式多种多样，一般为自我条件展示、工作展望等内容。先是交代写求职信的目的是什么，目标是什么，是想获得一个什么样的具体的职务；其次写自己对从事此工作感兴趣的原因、愿意到该单位工作的愿望和自己具有的资格；接着写出或推销出你的优势或长处，即你的竞争实力；然后谈你为什么想为此机构或公司服务，你对他们的了解有多少，关于他们的产品或服务、任务、企业文化、目标、宗旨等一切与自己的背景、价值观和目标相关联的东西。在结尾处建议下一步的行动，联络地点、联络方式，以及最后的感谢语等。这三部分的内容一般占三或四段，可以发挥创意的空间非常的大，不必死守规则，可灵活运用。

　　三是要求言简意赅。求职信以 600 字左右为宜，最好将其写在一页纸上。因为，太长对方没时间看，太短又说明不了问题，缺乏影响力。此外，求职信的重点应为自我介绍和自我推荐。求职信应与简历分开，有话则长，无话则短，没有必要把简历的内容重复一遍。英文求职信的模式与中文求职信格式相同。

### 2. 谦恭有礼，情真意切

　　写求职信时，要采用书面语言。字里行间勿忘自谦与敬人，注意使用敬语、尊称和礼貌用语。要体现出一种彬彬有礼的态度和个人的良好教养，但也不宜过多地堆砌礼貌用语。在求职信里介绍个人情况时，绝对不可言过其实，态度要诚恳、亲切，只有客观地、实事求是地自我推荐，才容易取信于人。

## 9 职场助力——旅游行业求职礼仪

**3. 用词得体，仔细推敲**

求职时，称呼是前提，要礼貌得体。一般来说，求职信的收信人应该是求职单位里有实权录用你的人，如公司的总裁、总经理、人力资源部（组织人事处、人事科）的负责人，要特别注意此人的姓名和职务，书写要准确，称呼要恰当。因为录用单位从信件中第一眼接触到的就是称呼。最初的印象如何，对于这份求职信件的最终效果有着直接影响，因而要慎重为之。求职信往往是首次交往，未必对用人单位有关人员的姓名熟悉，所以在求职信件中可以直接称职务头衔等。如"某某公司负责人"、"某某公司经理/厂长/人力资源部经理等。求职信的目的在于求职，带有"私"事公办的意味，因而称呼要求严肃谨慎，不可过分亲近。当然礼貌性的致辞还是可以适当使用的。

信封（封皮）的主要内容除要清楚、准确地写明收信人地址及邮政编码、收信人姓名、发信人地址及姓名以外，还要恰当地选用对收信人的礼貌语词。要注意收信人的称呼。因此应根据收信人的职衔、年龄等，写上"经理（或总经理）"、"人力资源部经理"或"先生"、"女士"等。

---

**高级人事主管们认为……**

　　亚信行政、人事副总裁　李建波：求职者在求职时是要把自己"卖"出去，因此要清楚买主的需求。所以，求职信应当简洁，信息清楚，针对对方的需要来写，告诉别人他为什么要聘用你，并介绍清楚你的价值能刚好满足企业的需要。

　　三星SDS人力资源总监　刘航：我自己看求职信不光重视求职者的业务经验，而且还重视他们的社会工作经验如何，这包括他们工作时间的长短、工作经历等。年轻人有闯劲，但有时反映出协调能力较差。求职信仅仅作为选择应聘者的一个参考，而不是决定因素，最好的办法还是能够面谈。其实判断一个人是否合适可能从他打电话时就开始了。他面试时的表现如何，面试迟到时有没有打来电话说明一下，责任心怎样，包括对前台的态度如何都是选择的一种参考。

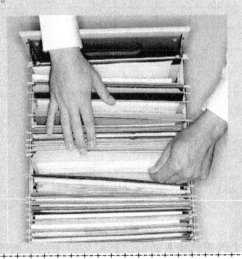

> 　　美国史丹利公司中国地区人事经理　葛丽丽：有的人讲求在求职信中靠新颖的格式或某些个性化的表达来吸引用人单位的注意，这当然是重要的。但真正吸引用人单位的是求职者本人量化了的工作经历和所反映出的能力。如有可能的话，求职者最好附上一封自己手写的求职信，这样会给用人单位留下更准确的信息。
> 　　方正数码人力资源总监　王岱红：一封好的求职信要清晰、简洁，可以反映应聘者经历中的个性，特别是专业技能方面的。另外，求职信还应当针对应聘的企业来写，这样才能引起招聘者的重视。
> 　　中国网通人力资源总监　吴曼：许多人的求职信写得不具体，没有针对性，使人明显感到只是一个模式。吴曼认为在求职之前应当对企业有一定的了解，然后针对公司以及应聘的职位去写，她认为求职者加入企业的原因应当是求职信的关键要素。

## 实训项目一　求职信的撰写练习

**实训目的：** 通过撰写一封个人求职信，熟悉和掌握求职信的书写规范。

**实训内容：** 搜索招聘信息，选择一个适合个人求职意向的岗位，在下面空白处手写一封应届毕业生个人求职信。要求格式正确，书写规范，用词得体，言简意赅地将个人情况介绍清楚，表达出自己的求职意向。

### 9.1.2　求职资料准备

除了求职信外，个人简历也是求职面试时需呈递的书面资料，同时，简历也是用人单位更加重视的关于求职者的个人信息。对于求职人员来说，介绍信与简历都是求

## 9 职场助力——旅游行业求职礼仪

职的一个重要环节。写好个人简历也是踏上求职成功之路的第一步。如何能吸引招聘者的眼球,关键在于应聘人员在简历中是如何对自己做出介绍的。人力资源部门对于投放的数百份简历多数是快速浏览一遍之后,便被归入了"时间不允许完整阅读"的行列。而有一些简历之所以能够得到重视,是因为她们具备了一份有效简历的条件。

那么求职简历包括哪些内容呢?一般有姓名、受教育背景、应聘职位、工作经验、曾加入过的相关团体、个人资料、待遇、获奖情况、到所应聘单位工作的理由以及所具备的能胜任这项工作的智慧和才能。求职应聘资料应用最简练的语言和最简洁的方式概括自己(图9-2),根据不同性质的应聘单位,求职应聘材料也可以有明显的个性特征。

图9-2 求职资料的准备

1. 编写简历的原则

(1)化繁为简。招聘者一般都要面对众多简历,是不可能都仔细阅读的。内容简洁、易懂、清楚的简历最不易被漏掉,而长篇大论最不招人喜欢。

(2)突出经历。用人单位最关心的是应聘者的经历,从经历来了解其经验、能力和发展潜力。因此在简历中要重点写你学过的东西和做过的事情。学习经历包括学校学习经历和培训经历;实践经历要说明你工作过的单位、从事的主要工作,尤其是近期的经历要详细介绍。

(3)量体裁衣。每一份简历都要针对招聘单位的特点和要求,突出相应的重点,表明对用人单位的重视和热爱。另外,无论是介绍经历还是作自我评价,一定要抓住所应聘的职位要求来写,因为招聘者只对和职位相关的信息感兴趣。含糊笼统、毫无针对性的简历会使人失去很多机会,如果有多个目标,最好写在多份不同的简历上。

#### 2. 简历的制作

（1）简洁舒服。"我们首先选择看上去让人感到舒服的简历。有的人为了求新，在封面上用美人照，或用很怪异的文字；有的简历写得很乱，很糟。这样的简历，我们一般看都不看，直接淘汰。"一家知名公司的人事经理如是说。我们在制作简历时，简历中的空行要宽，标题要用粗体，段落首行要缩进，或者使用粗圆点之类的任何标记，只要它能迅速引导别人的视线指向那些可能吸引他的内容。

（2）重点突出。内容是一切，简历一定要突出个人的经验、能力以及过去的成就。这需要用事实和证据来证明。

（3）力求精确。阐述经验、能力及个人信息时要尽可能的准确，不夸大现实误导用人单位。如若表达或简历材料的某些细节不具有真实性，如：工作水平和实际能力不实事求是，会使人感到应聘者过于虚伪，有不可信之感。

---

**高级人事主管们认为……**

　　美国史丹利公司中国地区人事经理　葛丽丽：任何事都有好、坏两个方面，前几年求职者找工作时还通常是手写求职信，但现在基本上都是用电脑打印出来，格式非常漂亮，简历也越写越专业，这是好的一面。不好之处在于求职信中往往把自己说得很好，而见面一谈时却发现不是那么回事，写得与实际能力之间存在很大的出入。

　　三星SDS人力资源总监　刘航：我不太看中简历中的文风和写法，因为我们不盲目相信简历中的内容。简历中的语言应是简练的，提供的应是求职者的个人信息，包括教育背景、工作经历、个人特点等。另外，有人写信的时候由于匆匆忙忙，连电话号码都写错或是没有写上；还有的人信中出现很多错别字，这也能看出他对工作的态度。

　　亚信行政、人事副总裁　李建波：要非常简短，将最重要的经验写在最前面，最关键的信息要简单清楚，将工作经验和教育经验分开来写。重要的一条在于，所有的重要信息是在简历阅读的前30s就可以看到的。

　　方正数码人力资源总监　王岱红：目前的感觉是应届毕业生比较注意包装自己，并且也比较会包装。他们的简历制作得很漂亮，但这其实并不能加重其被录用的分量。

　　中国网通人力资源总监　吴曼：简历太长，简历最多不要超过两页纸。

---

### 实训项目二　个人简历填写训练

**实训目的**：熟悉和掌握个人简历填写规范。
**实训内容**：参照以下模板，模拟填写一份个人简历。
**实训场地**：教室。
**实训要求**：在面试过程中掌握规范的仪容仪表礼仪，得体运用仪态和谈吐礼仪，综合展示面试礼仪。

## 9 职场助力——旅游行业求职礼仪

## 附：简洁风格个人简历模板

**个人概况：**

姓名：_____  性别：_____
出生年月：____年____月____日  健康状况：_____
毕业院校：_____  专业：_____
电子邮件：_____  手机：_____
联系电话：_____
通信地址：_____  邮编：_____

**求职意向：**

_____

**教育背景：**

____年—____年_____大学_____专业（请依个人情况酌情增减）

**主修课程：**

_____

**英语水平：**

＊基本技能：听、说、读、写能力
＊标准测试：国家四、六级；TOEFL；GRE……

**计算机水平：**

编程、操作应用系统、网络、数据库……（请依个人情况酌情增减）

**获奖情况：**

_____、_____、_____（请依个人情况酌情增减）

**实践与实习：**

____年____月____年____月_____公司_____工作（请依个人情况酌情增减）

**工作经历：**

____年____月____年____月_____公司_____工作（请依个人情况酌情增减）

**个性特点：**

_____（请描述出自己的个性、工作态度、自我评价等）
另：(如果还有什么要写上去的，请填写在这里！)

## 9.2 面试的礼仪

求职就业的经历，对每个人来说都是一笔宝贵的人生财富，是求职者走上工作岗位的必经关卡和一道门槛。面试时，除了努力展现自身的能力、素质、水平之外，优雅的面试礼仪、得体的穿着、流利的谈吐、大方的举止，使求职者显示出良好的修养，增加自信，同时能获得招聘单位的尊重和重视，对求职起到事半功倍的效果。注重相关的面试细节，一定会得到面试官的认可、接受和欣赏，学习和掌握面试礼仪则可以使求职经历更加精彩、丰富和完美。

### 9.2.1 面试前的准备

1. 面试前的基本准备

（1）了解目标公司。首先要了解公司所属的行业，在查看招聘信息的时候或许就可以查到。要了解公司的经营情况，其中我们最应该关注的不外乎是两个方面：当前公司的盈利模式以及未来公司的发展蓝图（图9-3）。

图9-3 面试前的准备

（2）确定信息。一般情况下，招聘单位会采取电话通知的方式明确面试的三要素：时间、地点和联系人。万一没听清，需要马上确认详细信息。在一些大公司里最好记住联系人。若不熟悉面试地点，最好先去查看一次。

（3）遵时守信。求职面试最好是提前一些时间到达面试地点，一般要比面试时间

## 9 职场助力——旅游行业求职礼仪

提前 10~15 分钟到达面试现场。提前到达不但可消除求职者由于迟到而引起的紧张不安，更避免了主考人员因等待而烦躁的情绪。也可以稍有时间稳定情绪、调整心态、平静自己的紧张心情，利用这些时间有机会观察和熟悉公司的工作环境。充分利用你的眼睛和耳朵，无论是办公室的环境还是走来走去的员工，都有可能成为面试时的话题。以适应气氛，并友好对待每个人。迟到是大忌，如因发生意外情况迫不得已迟到了，必须诚恳道歉，略作解释，以求得谅解，但不必就此唠叨不停，也不必惴惴不安，以免影响求职形象和临场发挥。

（4）调节心理。自信心在面试中极其重要，要强化自信心主要是两方面，其一是对应聘公司的客观情况和业务面作充分的了解，有信心可以回答好业务面方面的问题。其二是模拟面试的所有过程，包括衣着模拟、问答模拟。若你仍无把握，可在面试前组织部分同学朋友，做一次模拟面试，这样有助于进一步掌握有关资料，增强面试的自信心。在面试过程中，需要积极地去应对面试官可能提出的问题，既不要目空一切，也无需失去信心。

（5）精心准备自我介绍。在面试前要反复看个人简历，把相关内容和可能的问题答案熟记于心。精心准备简短的自我介绍，并反复练习举止手势等个人仪态及表情。如果面试官没有特别强调，那么自我介绍的时间 3 分钟最合适。你可以根据自我介绍的 4 部分内容这样分配时间：第 1 分钟主要介绍自己的姓名、年龄、学历、专业特长、实践经历等；第 2 分钟主要介绍个人业绩，应届毕业生可着重介绍相关的在校活动和社会实践的成果；第 3 分钟可谈谈对应聘职位的理想和对本行业的看法。通常情况下，每分钟 180~200 字之间的语速是比较合适的。这样的语速可以让对方感到舒服，同时也能更加有效地传递信息，增加面试官对你的印象分。

### 2. 面试仪容仪表礼仪

面试是成功求职的临门一脚。求职者能否实现求职目标，关键的一步是与用人单位见面，与人事主管进行信息交流，以便使人事主管确信求职者就是用人单位所需要的人才。面试是其他求职形式永远无法代替的，因为在人与人的信息交流形式中，面谈是最有效的。在面谈中，面试官对求职者的了解，语言交流只占了 30%的比例，眼神交流和面试者的气质、形象、身体语言占了绝大部分。所以，作为外在形象塑造的重要因素，求职者一定要修整仪容，讲究服饰。

（1）面试服装的选择。求职者面试的着装原则是：整洁、大方、线条简洁、格调保守；必须传递出稳重、可靠、有信心以及仔细认真的形象信息，给人以干净利落、有专业精神的良好印象（图 9-4）。

（2）根据职位装扮自己。求职者的着装面临的是别人如何看待自己，而不是一味追求自我感觉或维持现状。选择服装的关键是看职位要求，要能反映出求职者对所申请职位的理解程度。选择价格适中但风格与企业和职位吻合的着装是可取的做法。对于应届毕业生来说，允许有一些学生气的装扮，也可稍加修饰穿着相对正式，男生尽量显得干练大方、女生应显得庄重高雅，要能反映出大学生风华正茂，有知识、有修养、青春活泼、有朝气的形象。

295

图9-4　面试服装的选择

（3）合理选择服装色调。比如，求职者如果在面试的服装色调上，能巧妙融合所面试公司的标识色彩，那么就会更能取悦主考官。再次，如果所应聘的是管理岗位的工作，那么深蓝色较合适，它给人一种稳定感；如果应聘的是充满活力与健康的工作，代表朝气的红色和浅蓝色就相当合适。适当的服装色调能制造易于亲近的感觉。

（4）一尘不染。着装再得体，也必须要保持干净整洁。同时，衣服应经过熨烫，没有褶皱。

（5）男士女士各不同。男士求职者以纯色（黑色除外）或带暗条的深色西服或白色、浅蓝色纯棉长袖衬衣为最佳选择。背带裤、运动裤、牛仔裤无论是什么名牌，都不属于正装，不适合面试的时候穿着。注意服装尺寸、衬衣、裤子、鞋袜等的搭配细节。女性求职者以简洁合身、质地优良的职业套装为最好，颜色以浅色为佳。要熨烫平整、扣全纽扣。忌穿过分花哨妖俗、过分鲜艳耀眼或休闲运动式的服装应试。女士的裙子不能太短，将双手垂与身体两侧，裙子下摆应长于指端。女士的鞋要和衣裤相适应，不要穿鞋跟太高太细的鞋，式样太突兀的长筒靴和带扣的鞋也会显得不合时宜。鞋底、鞋掌最好不选择金属质地，以免发出太大的声响。

### 高级人事主管们认为……

三星SDS人力资源总监　刘航：穿着也是判断一个人的方法，当然对此的观点会有不同。我认为穿着整洁也是纪律，是对工作的一种态度。我们不在乎服装的样式，但在乎它是否干净，一个人的衣服是脏的、皱巴巴的，这个人做事可能也是拖泥带水。

美国史丹利公司中国地区人事经理　葛丽丽：穿着能反映一个人的性格，因此面试时对穿着还是要有所讲究的。葛经理的看法是穿着不一定高档，但一定要职业，要专业化和职业化，用一句有名的话来说就是要"为工作而打扮。"

亚信行政、人事副总裁　李建波：如果认为你很珍惜可能的职业机会，在衣着上就一定要得体正规，要职业化，尤其是面试的时候，穿得到比穿不到好。

网通人力资源总监　吴曼：着装不够职业化是应当引起求职者重视的问题。

2) 面试中的仪容礼仪

求职者仪容仪表应显得端庄、自然、大方。

男性求职者应稍加修饰，头发要梳洗整齐，不要过多使用发胶，发型款式大方、不怪异，不太长，尽量做到前不遮眼，侧不盖耳，后不过领；最好面试前去洗手间整理一下。饰物除领带外，一般不超过两件。最好不要佩戴运动类的手表，不要佩戴任何夸张的项链、徽章（图9-5）。

图9-5　面试中男士仪容礼仪

女性求职者可适当化妆，淡妆或自然修饰即可，切勿浓妆艳抹出现在面试场所。女士头发要干净清爽，短发整齐，长发切勿披肩应尽量盘起（图9-6）。不要喷洒过于浓烈的香水，着装干净整洁，不要佩戴过多的饰物，如果佩戴首饰，在面试时可佩戴高雅、能代表个人品位、搭配得体的首饰，并尽量不要超过3件。

图9-6　面试中女士仪容礼仪

求职者在面试前都应注意个人卫生方面的问题，如：沐浴、剃须、修甲等。总之，好的形象效果能带给应试者好的心情，有了好的心情，也就有了生活的自信，谈吐、举止落落大方，能够展示一个人内在的气质美。内在美与着装美相得益彰的美才是完整的美，它有助于面试的顺利与成功。

**典型案例**

你准备好了吗？

王欣在投了数十份简历之后，终于收到了一家外资公司的面试通知。面试那天，王欣早早地起了床，穿上从室友那儿借来的西装，把自己好好打扮了一番。面试时王欣感觉非常顺利。可是，正当他憧憬着将来在公司大展身手的时候，考官一句"很遗憾"，王欣就被淘汰了。他垂头丧气地走出公司大门，立即找自己的老师去述说委屈。听完王欣的牢骚，老师说："先别怪人家公司，先看看你自己是个什么形象？"王欣此时有几撮头发竖在额头，借来的衣服袖子短一截，裤子虽然长度还好，但总是感觉肥大拖拉，脚上的皮鞋还沾着泥巴。"尽管你自我感觉良好，也的确是经过了精心准备，但是你对穿衣打扮也太外行了。"

考官对一个人素质的初步判断，就是第一眼看到他的印象，有了良好的第一印象，才可能进一步深入了解。像王欣这样连衣服都穿得很拖拉的人，考官会怀疑其他事情恐怕他也很难料理好吧。

### 9.2.2 面试中的礼仪

求职人员从进入面试场到就座与主考人员交谈前，这段时间求职者创造出来的形象会给主考人员留下深刻的印象，这就是"第一印象"，它对面试成功与否影响极大。其实，从进入面试场所开始，主考人员就在留意着求职者走路的姿态、目光的情况和表情的状态等。该时段的礼仪要求有如下几点。

1. 面试中的仪态礼仪

体态语言能传递相应的信息，任何不慎重的体态语言都会损害你原本良好的形象。举止体现着一个人的修养和风度，粗俗习气的行为举止，会使一个人失去亲和力，而稳重大方则会受到人们的普遍欢迎。在陌生的主考人面前，坐、立、行等动作姿势正确雅观、成熟庄重，不仅可以反映出青年人特有的气质，而且能给人以有教

## 9 职场助力——旅游行业求职礼仪

养、有知识、有礼貌的印象,从而获得别人的喜爱。总之,优雅得体的仪态会推动你顺利走向成功。

1) 把握进门时机

求职者在进入面试场合时应调整好心态,不要紧张。如门关着,应先敲门,得到允许后再进去。开关门动作要轻,以从容、自然为好。要是没有人报信,纵然前面一个人已经面试结束,也应该在门外耐心等待,不要擅自走进面试房间。如果面试实行排队叫号制,当自己的名字被喊到时,及时应答后敲门进入;一般敲两三下是较为标准的,敲门时不可太用劲。听到里面说"请进"后,再推门进入房间。开门关门尽量要轻,进门后应转过身去正对着门,用手轻轻将门合上。回过身来将上半身前倾30°左右,向面试官鞠躬行礼,举止应彬彬有礼,并保持面带微笑,神情怡然,不可东张西望或面露怯意,甚至不敢抬头,应友好谦和地注视考官的眼睛。

2) 问候要热情

进入面试现场后应热情地向在座的主考人员打招呼,切不可默然或只是点头致意就忙着找座位坐下,这只能说明你是个缺乏热情和礼貌的人,甚至会给人留下冷傲的印象。正确的问候是:"各位评审/考官,您好/早上好/你们好,我叫×××,很高兴今天来到这里参加贵单位的面试/一直希望与您见面。"

3) 专业化的握手

这是求职者与面试官的初次见面,这种手与手的礼貌接触是创造好的第一印象的最佳途径(图9-7)。面试时,专业化的握手能创造出平等、彼此信任的调和氛围。在面试官的手朝你伸过来之后应及时礼貌地相握,手应当是干净、温暖而无汗。与对方握手时伸出的手不能太高,整个手臂呈L型(90°),双眼正视对方,所用力度应与对方一致并传递出坚定的信息,然后把手自然地放下。握手时主动说出自己的名字,即使是女士,也要表示出坚定的态度,但不要太用力,更不要使劲摇晃;切忌双手捧握,用这种体式格局握手在西方公司看来不够专业。

图9-7 面试中的握手

握手时，长时间地拖住面试官的手，说明过于紧张，而面试时太紧张会给面试人员以无法胜任这项工作的疑虑；轻触式握手显示畏惧且缺乏决议信念，会给面试主考人员以不善于与人相处的感觉；总之在面试现场举手投足应表现出你是个能干的、善于与人相处的职业者。

4）优雅坐姿显精神

进入面试室后，等考官告诉你"请坐"时方可坐下，坐下时应道声"谢谢"。入座时不要全部坐满椅子，尽量坐椅子的三分之二，上身挺直；动作应稍慢，身体略向前倾。面带微笑，双膝并拢，把手自然的放于双腿之上；始终保持轻松自如的姿势，这样既能表现出对主考人的友善和兴趣、又能表现出你的积极性和竞争性。

注意面试者需有两种坐姿不可取：一是紧贴着椅背坐，显得懒散疲惫或漫不经心；二是只坐在椅边，显得过于紧张局促。切忌跷二郎腿并不停抖动，两臂不要交织在胸前，更不能把手放在邻座椅背上，或加些玩笔、摸头、伸舌头等小动作，容易给别人一种轻浮傲慢、有失庄重的印象。

2. 无声胜有声的形体语言

在面试中，除了讲话以外，无声语言是重要的沟通手段。通过仪表、姿态、神情、动作来传递信息，它们在交谈中往往起着有声语言无法比拟的效果，是职业形象的更高境界。形体语言对面试成败非常关键，有时候一个眼神儿或者手势都会影响到群体评分。比如面部表情的适当微笑，就显现出一个人的乐观、豁达、自信；服饰的大方得体、不俗不妖，能反映出求职者有知识、有修养、富有魅力。形体语言在考官眼中是一道夺目的风景，能够增强求职竞争能力。

1）眼睛是心灵的窗户

面试时恰当的眼神能展现出自信和对对方的尊重，还体现出对应聘单位的向往和热情。正确的眼神表达应该是：对面试官应全神贯注，礼貌地注视主考人的眼睛或鼻眼三角区（社交区），目光平和而有神，专注而不凝视，神情镇定自若；如若有几个面试官在场，说话的时候要适当用目光迅速地看一下其他人，以示尊敬和平等。回答问题前，可以把视线投在对方背面墙上，约两三秒钟做思虑，不宜过长，开口回答问题时，应该把视线收回来，切忌眼神漂忽不定。

2）微笑的表情具有亲切感

面试时求职者面带微笑是自信的表现，也能消除紧张的情绪；尽量做到亲切和善、谦虚虔诚、有问必答。保持微笑会增进与面试官的沟通，会提升求职者的外部形象，改善与面试官的陌生感。拥有赏心悦目的面部表情，应聘的成功率远高于那些目不斜视、笑不露齿、表情呆板的人。听对方说话时，要时有颔首，表示自己听明白了或正在注意听。

3）适度得体的手势

说话时做些恰当的手势，加大对某个问题的形容和力度，是很自然的，可手势太多也会分散人的注意力，需要时适度配合表达（图9-8）。讲话时适当地把手掌心向上，或思考问题时偶尔短时间将十指朝上对顶成尖塔状，这都能表现出坦诚和谦虚。

图9-8　面试中的表情与手势

面试中许多手势也应忌用，如两臂交叉在胸前，或把手放在邻座椅背上，或手上不停的摆弄某件东西，或手插在口袋里等都是消极情绪的体现。尤其是在讲英文的时候，有些人习惯两个手不停地上下晃，或者单手比划。有些求职者由于紧张，双手不知道该放哪里，而有些人过于兴奋，在侃侃而谈时舞动双手，抓耳挠腮、用手捂嘴说话，这些都是失礼的表现。

3. 面试中的谈吐礼仪

一个人的言谈，能客观反映其文化素质与内在涵养，面试时求职者的言谈也会折射出其内秀。如果说外部形象是面试的第一张名片，那么语言就是第二张名片，它客观反映了一个人的文化素质和内涵修养。谦虚、诚恳、自然、亲和、自信的谈话态度会让你在任何场合都受到欢迎，富有感染力的语言、良好的口才将帮助你走向成功。

1) 自我介绍做开端

受到"首因效应"的影响，个人自我介绍是面试热战非常关键的一步。这2~3分钟的自我介绍，将是你接下来面试的基调，考官将基于你的材料与介绍进行提问；也将在很大程度上决定你在各位考官心里的形象。自我介绍是很好的表现机会，应把握以下几个要点：首先，要突出个人的优点和特长，并要有相当的可信度。语言要概括、简练、有力，不要拖泥带水，轻重不分。其次，要展示个性，使个人形象鲜明，可以适当引用别人的言论，如老师、朋友等的评论来支持自己的描写；第三，坚持以事实说话，少用虚词、感叹词。

2) 运用谈话技巧来加分

面试中，求职者的语言表达艺术标志着一个人的成熟程度与综合素养。面试中怎样恰当地运用谈话的技巧呢？

（1）口齿清晰，语言流利，文雅大方。交谈时要注意发音准确，吐字清晰。还要注意控制说话的速度，以免磕磕绊绊，影响语言的流畅。为了增添语言的魅力，应注意修辞美妙，忌用口头禅，更不能有不文明的语言。

（2）语气平和，语调恰当，音量适中。面试时要注意语言、语调、语气的正确运用。打招呼时宜用上语调，加重语气并带拖音，以引起对方的注意。自我介绍时，最好多用平缓的陈述语气，不宜使用感叹语气或祈使句。声音过大令人厌烦，声音过小则难以听清。音量的大小要根据面试现场情况而定。两人面谈且距离较近时声音不宜过大，群体面试而且场地开阔时声音不宜过小，以每位考官都能听清你的讲话为原则。面试时，要注意讲话节奏，控制语速，要保证面试主考人员能听清楚，听明白。不顾及对方感受，自我一味地滔滔不绝，也是不礼貌的行为。

（3）反应及时，善于倾听，坦诚相待。求职面试不同于演讲，而是更接近于一般的交谈。交谈中，应随时注意听者的反应。比如，面试官心不在焉，可能表示他对谈话没有兴趣，应设法终止或转移话题；侧耳倾听，可能说明对方很感兴趣或由于自己音量过小使对方难于听清；皱眉、摆头可能表示自己言语有不当之处。根据对方的这些反应，适时地调整自己的语言、语调、语气、音量、修辞，包括陈述内容。

注意倾听，能充分表示出对面试主考人员的尊重和对其谈话的重视。在面试过程中，要专心致志，认真聆听，才能回答好面试主考人员的问题。对方提问时，不要左顾右盼，否则主考人会误认为你缺乏诚心和兴趣。目光要注视着面试主考人员，始终面带笑容，谦恭和气，身体微微前倾，适时做出一些如点头、会意的微笑、提出相关问题等反应。切忌随意打断面试主考人员的讲话。

求职者无论是在介绍、阐述或回答问题时，语言都要求准确、概括、简洁；要注意语言逻辑，做到层次分明、重点突出；尽量不要用方言、土语和口头语，以免对方难以听懂。当实在不能回答某一问题时，应如实告之，不能含糊其辞或胡吹乱侃。

### 9.2.3 面试结束的礼仪

不管是否已经意识到会有什么样的面试结果，在面试结束退场时都必须保持同样的彬彬有礼，要控制自己，以一种善始善终的态度，维护自己在整个面试中的整体形象，并努力在最后一刻给主考人留下一个好印象。

**1. 面试结束时的礼仪**

当确定面试结束时，要果断地先站起来，这之前要拿好你的东西，并确保在你站起来之时不会掉得满地都是。不要一边告辞一边匆忙地寻找和收拾东西。眼睛要平视主考人，面带微笑，身体前倾，与在场的主考人员一一握手道别（这时的握手持续时间可以长一点），让对方再一次感受到你的热情、爽朗、刚毅、果断和自信（图9-9）。也许会因为在退场的一瞬间的优雅表现，主考人才决定录用你。

9 职场助力——旅游行业求职礼仪

图9-9 面试结束时的感谢

2. 面试结束后的礼仪

面试结束并不意味着求职过程从此完结。许多求职者只注意面试时的礼仪，而不注意面试后接下来的等待日子，还有一些礼节性的步骤要完成，这些步骤往往能加深应聘单位或主考人员对求职者的印象。以下是面试后应该注意的一些礼仪事宜。

1）及时表示感谢

为了加深主考招聘人员对自己的印象，面试后两天内，最好能给主考招聘人员打个电话或写封信表示谢意。面试后及时表示感谢是十分重要的，因为这不仅是礼貌之举，也会使主考招聘人员在作决定时留有印象，这往往可以增加求职成功的可能性。即使对方表示不予录用，也应通过各种途径表示感谢。

2）耐心等待

在一般情况下，面试结束后，招聘单位都要进入讨论和投票、送人事部门汇总、最后确定录用人选等正常程序，求职者在这段时间内一定要耐心等候消息，不要过早或频频打听面试结果。一般来说，在面试两周后或在面试主考人员许诺的通知时间已到，还没有收到对方的答复时，才应该写信或打电话给招聘单位，询问是否已经作出决定。

**高级人事主管们认为……**

中国网通人力资源总监 吴曼：紧张是面试者丢分的重要原因。其次是所答非所问，不能正面地、有针对性地回答问题。其次是迟到，吴曼认为若无法及时到达，应当通知对方。面试中最好不要接电话，应关掉手机或呼机。

三星SDS人力资源总监　刘航：爱走极端是目前求职者存在的主要问题。这些人要么很自卑，要么很自负，而造成这种问题的原因是求职者没能很好地看清自己所处的位置。比如一些刚毕业的大学生，张口就要七八千元甚至上万元的工资，这是一种浮躁的想法。报价高低要看你的工作能力的价值到底是多少，如果要得离谱就是态度的问题。

美国史丹利公司中国地区人事经理　葛丽丽：仅仅在短短的面试时间里就判断出谁是本企业所需要的人确实不是一件容易的事，它没有一个固定的标准，靠的完全是自己经验的积累，或者说凭一种感觉。而对求职者来说，最重要的是面试开始时的头30秒和前5分钟，因为大家都在找有效率的人，前5分钟还讲不出自己的特点，就是在浪费时间，因此求职者一定要把自己的闪光点放在开始。

亚信行政、人事副总裁李建波：李总根据到亚信参加面试者的表现，对求职者提出了如下建议：①来前尽可能地多了解公司的信息和各项业务。这样既可使自己判断是否加盟这一企业，也能够在面试回答时有更多的背景知识。②要对自己有所了解，尽可能表达自己的强项。不然就只能跟着面试者走，无法争取主动。③听清楚问题，知道别人在问什么，不要急于回答。

方正数码人力资源总监　王岱红：尽可能清楚明白地表达自己，不要所答非所问，或者回避某些面试者的提问；同时要学习诱导面试者把注意力集中到自己的长项上去；如果候选人可以通过提问很好地了解企业明确的用人标准，用自己的长项去贴近企业需求，这个面试基本就会是一个能够体现出候选人主动性的面试。

### 9.2.4　面试礼仪禁忌

下列行为严重影响面试的成功率，求职者在面试过程中，应注意避免（图9-10）。

#### 1. 临阵怯场

有些人平时说话时自信满满，但真的到了面试考场却开始紧张、怯场，因此，面试前可采用以下几种办法缓解紧张情绪：面试前一天，与朋友彩排一下，准备好经常提及的问题的答案，让朋友提提意见。面试前1小时，浏览一下自己的简历。面试前半小时，深呼吸，提醒自己保持冷静。面试前5分钟，转移注意力，放松一下情绪，以便投入紧张的战斗。

# 9 职场助力——旅游行业求职礼仪

图 9-10　面试时的礼仪禁忌

2. 不准时入场

能够提前或准时出现在求职面试地点，是面试成功的前提条件。不讲时间效率，不珍惜别人的时间，会给考官在一开始就留下对面试不重视、没有礼貌等不好的印象。

3. 着装举止不得体

面试时着装行为举止都要稍加注意，不要在第一时间令考官感到反感。如：服饰怪异或不相称、不搭配、不干净；又如：进门时表现慌里慌张；面试中毫无表情，或左顾右盼，或面带疲倦、哈欠连天，或窥视主考人员的桌子、稿纸和笔记，或不停地看手表，或面试顺利时，得意忘形、大声喧哗等。

其次，进门时不打招呼，临走时不说谢谢，连最起码的礼貌都没有是极为失礼的行为。临走时应该以一种真诚的态度对面试主考人员说：认识您很高兴，谢谢您宝贵的时间。即使求职者认为自己面试效果不理想，也不能立即转身就走，扬长而去！

此外，面试过程中打电话，是非常忌讳的。第一，会耽误主考人员的时间；第二，会给人不重视面试的感觉；第三，会破坏刚刚建立的对话氛围，打断谈话思路。面试主考人员会因此改变对你的最初印象，并匆匆结束面试。

4. 与众相同

"能介绍一下自己吗？"是面试时常问的问题，切记不要把自己的简历复述一遍。你甚至可以讲一个自己的故事，让对方了解你的性格、脾性。面试时，要注意自己的语音、语速。要想让考官满意，你可以模仿他们的语速。此外，有些人急于表现自己，开口即用英语表达，会给人哗众取宠、华而不实的感觉。

#### 5. 心直口快

在考官叙述完问题之后不要迫不及待地去回答，这会给人以不够稳重之感。当然，如果每个问题都要想了又想，又显得过分谨慎，畏首畏尾。正确的做法是：大多数问题一经提出，你可以立即回答，边回答边考虑如何收尾。其他比较棘手或意想不到的问题，你可以采取下列对策：

把对方提出的问题用陈述的语气自己讲一遍确认对方的问题，"您指的是……吗？"。如对方问"你有时会不会感到与他人合作很困难啊？"你可以这样回答："在学校的各种社会活动和小组课题中，我从没有听到别人说跟我合作很困难。如果有的话，我想那是因为有时我对自己感兴趣的活动太投入了。"

#### 6. 无视规则

面试是程式化很强的活动，有自己的游戏规则。如：衣着得体；第一印象至关重要；肢体语言要恰到好处；不要老是盯着考官。无视规则，就会输掉比赛。

#### 7. 不会倾听

在面试过程中，"聆听"也是一种很重要的礼节。不会听，也就无法回答好主考官的问题。好的交流是建立在"聆听"基础上的。聆听就是要对对方说的话表示出有兴趣。在面试过程中，主考官的每一句话都可以说是非常重要的。要集中精力认真地去听。要记住说话人讲话的内容重点，并了解说话人的希望所在，而不要仅仅注重说话人的长相和语调。即使所面对的题目或者追加的问题确实很难，也不要流露慌张，认真听对方讲完题目。在聆听对方谈话时，要自然流露出敬意，这才是一个有教养、懂礼仪的人的表现。面试考场上要做到以下几点：目光注视说话者，可以保持微笑，也可以表情认真，适当地做出一些反应，如点头。聆听的过程中，可以一边听，一边做记录，但注意一定要保持坐姿，双腿不要抖动，有的男士习惯性的晃动腿，或跷二郎腿，这些动作都是不礼貌的。不要随意打断面试主考人员的讲话，或者随意转移话题。这会引起面试主考人员的反感。更不要试图控制局面或支配话题，即使与面试主考人员在观点上有分歧也不要面露不满，甚至情绪激动，与面试主考人员顶撞和辩论。

## 实训项目三　面试礼仪训练

**实训目的**：熟悉和掌握面试礼仪规范。

**实训内容**：模拟面试前等待、进入面试场地、与面试官问候见面、自我介绍和回答提问、离开面试场地的整个流程。

**实训场地**：实训室。

**实训要求**：在面试过程中掌握规范的仪容仪表礼仪，得体运用仪态和谈吐礼仪，综合展示面试礼仪。

**实训步骤**：把同学分成几个小组，分组进行（6~8人一组），每组分配面试官和应聘者的不同角色，面试官可设定题目向求职者提问，并做好面试记录。分角色扮

## 9 职场助力——旅游行业求职礼仪

演,交换练习,其他同学观摩并进行分析,指出应聘者扮演者的优点和待改进的地方。

**所需道具:** 准备完整的个人应聘资料,桌椅等。

### 延伸阅读

#### HR声音:应届毕业生,我对你"非常不满"

你可以认为我摆谱、摆资格,但是,作为毕业生,我相信你还是愿意听听一个5年人力资源总监、有过1万人次面试经历的人力资源工作者,对你的如下"不满":

不要递给我花里胡哨的简历,给我一点简洁(不是简单)而能突出你自己的表达——面对成千上万的求职者你真以为HR会去看你那封100个人有99个差不多的求职信和装订得像书本一样的简历模板内容吗?

不要对我说太多的自我介绍,我不敢说三、五分钟我就准确判断了你,但是30秒之内我就定格了你的第一印象;我之所以很快结束你的面试,是因为你的后面排队的人真是太多,我也曾经作为毕业生这样苦苦的等待,我只是为了给更多的人一个和你一样平等的机会,而后我会挑选请你到我办公室复试;你认为我给你的时间太少,而流露出失望(自己是不是没被看中了?)眼神的那一刹那,你就丢失了再次获得复试的机会。我永远坚持:你的信心就是我的希望。你的岗位机会不是我给你的,而是你自己争取的。

不要一副"只要你招我我什么都肯做"的姿态,这样给我一种"卖身"的感觉,我请你是因为你会为公司创造价值,所以不是"求"职,而是我"请"你。这不是叫你抬高姿态,而只是希望你抬起胸膛。

不要对我拒绝收你的简历,报以晦气的脸色或失望的情绪。我不接收你的简历,不是你不行,而是不适合我的公司;我不接收你的简历,不是不给你机会;而是不想给你根本不存在的期待(如果我收了,你会等待着我通知你);不是我不给你面子,而是我不想浪费你和你父母的血汗钱——尽管每一份简历只有1~2元,但是我没有任何理由,去浪费属于你的一分一厘,何况你还是一个纯消费者;我是在帮你节约,让你能够将它投给属于你的机会。我从不想当我拿不了那么多简历回公司的时候,把你的希望孤零零地留在招聘场地里;我更不希望,当招聘会结束以后,你的简历会在冷清的场地,像其他被丢下的简历一样,雪花般漫天飞舞,任人践踏——我决不加入这样的行列,而宁可以拒收给你打击(你也必须开始懂得直面这样的打击),因为你熬了多少个夜晚做出来的那个简历,代表的就是你,上面写着你的价值和你的尊严。我始终认为,任何人都可以狠狠的批判教育制度,但是绝对不可以否定你的价值,更不可以践踏你的尊严!

不要不敢说出和写下你毕业的学校,无论她是如何的差,你是从那里走出来的,因为我绝对不会要这样的人:看到他父母的时候,因为他们的背景不好而不敢认他们;或者有一天离开我的公司,到一个更大的公司面试的时候,不好意思说我是来自一个不是500强的公司。对公司来说,你的价值和价值观,决定了一切。英雄莫问出处,如果你是一个狗熊,哪怕你从天堂走出来,也还是狗熊。

不要给我罗列一大堆的学习成绩和从事的所谓实习(因为很多毕业生也曾经到我这里来兜一圈,参观一下,盖个章名曰"实习"),你只需要挑选一件特别的事情,要点式地说明过程和结果,让我知道你是怎样做事的。

不要不敢用眼睛看着我,你不敢瞧我的时候我也瞧不起你。

不要在回答"你的薪酬要求"的时候,多了那么多废话。我不想听每个人都重复着"因为我是毕业生,没有社会经验,所以如果公司觉得这个要求太……我也可以……",我的钱也许也是刚刚从人民银行印出来的,但是它们不会因为还没有被流通转手,而减损它的价值。其实我不在乎你说的是5000,还是1500,我在乎的是你说出一个数字的那种语气、眼神。我尊重每个人都有自估劳动力价值的权利(但公司自有它的薪酬制度,不会特殊对待你),但我喜欢干脆利落的同事,干脆利落是一种自信,是一种做事风格,也是一种做人态度。我会固执地认为:你说出这个数字前后带了多少个字符,就表示你做事有多拖泥带水;或者你的自我认识和自信是多么摇摆不定。

人生简短,价值无限,告诉人家你是独一无二的,你就是你,你成就你。

作者:张锦喜 Jeilon,国际品牌职业测评 JOB - KEY 的创始人之一。现任天拓科技首席运营官兼人力资源总监,主持天拓科技、香港天拓国际的整体运营和人力资源管理工作。著有畅销专著《挖一口属于自己的井》、《帝商》等。

**思考练习**

1. 依据个人情况,思考你的求职信和个人简历将突出哪些要点?
2. 在参加一个正式的面试之前,需要做哪些准备?
3. 参加面试时,如何做好简短的自我介绍?
4. 怎样运用良好的语言技巧与面试官沟通?
5. 谈谈面试中的禁忌有哪些。
6. 面试结束后应怎样做才不失礼?

**课程任务**

通过本章的学习,了解职场礼仪知识,学会并掌握求职面试的礼仪知识与技巧。请在课后搜集面试中常见的问题,然后组织讨论,思考回答这些问题的最佳答案是什么。

# 参 考 文 献

[1] 杨向奎．礼的起源．孔子研究[J]．1986年创刊号．
[2] [美]伊丽莎白·波斯特．西方礼仪集萃[M]，上海：三联书店，1991．
[3] 肖沛雄．交际·推销·谈判语言艺术200题[M]．广州：中山大学出版社，1994．
[4] 杨志刚．〈朱子家礼〉：民间通用礼，传统文化与现代化[J]．1994年第4期．
[5] 李柠．国际商务礼仪[M]．北京：中国财政经济出版社，1995．
[6] 胡锐．现代礼仪教程[M]．杭州：浙江大学出版社，1995．
[7] 李元授．交际礼仪学[M]．武汉：华中理工大学出版社，1997．
[8] 丛杭青．公关礼仪[M]．北京：东方出版社，1997．
[9] 陆永庆，崔晓林．现代旅游礼仪学[M]．青岛：青岛出版社，1998．
[10] 熊经浴．现代商务礼仪[M]．北京：金盾出版社，1997．
[11] 韩晓民．办公室的好人缘[M]．台北：为非书屋出版有限公司，2000．
[12] 殷珍泉．礼仪有学问[M]．北京：台海出版社，2002．
[13] 王晞，牟红．旅游实用礼宾礼仪[M]．重庆：重庆大学出版社，2002．
[14] 乌丙安．中国民俗学[M]（新版）．沈阳：辽宁大学出版社，2002．
[15] [美]查理·米歇尔．国际商务文化[M]．北京：经济科学出版社，2002．
[16] 吕钦文．交际礼俗风情[M]．长春：东北师范大学出版社，2003．
[17] 李斌．国际礼仪与交际礼节[M]．北京：世界知识出版社，2003．
[18] 海卉．现代女性应该注意的100个礼仪细节[M]．哈尔滨：哈尔滨出版社，2004．
[19] 陈萍．最新礼仪规范[M]．北京：线装书局，2004．
[20] 靳羽西．魅力何来（新版）[M]．上海：上海文艺出版社，2004．
[21] 靳羽西．魅力自造：做一个美丽健康成功的现代女性[M]．上海：上海人民出版社，2004．
[22] [美]Angie Michael．饭店职业形象：着装与礼仪[M]．姜德顺，译．北京：旅游教育出版社，2005．
[23] 周思敏．优雅美女礼仪图谱[M]．北京：中国轻工业出版社，2005．
[24] 周思敏．上班族学礼仪[M]．北京：中国轻工业出版社，2005．
[25] 赵杏根，陆湘怀．实用中国民俗学[M]．南京：东南大学出版社，2005．
[26] 未来之舟．礼仪手册[M]．上海：海洋出版社，2005．
[27] 韦客俭．现代礼仪教程[M]．北京：清华大学出版社，2006．
[28] 杨英杰．中外民俗[M]．天津：南开大学出版社，2006．
[29] 鄢向荣．旅游服务礼仪[M]．北京：清华大学出版社，2006．
[30] 李莉．实用礼仪教程[M]．北京：中国人民大学出版社，2006．
[31] 金正昆．商务礼仪[M]．西安：陕西师范大学出版社，2007．
[32] 金正昆．公务员礼仪手册[M]．北京：中共中央党校出版社，2007．
[33] 张晓梅．晓梅说礼仪[M]．北京：中国青年出版社，2007．
[34] 李洁．礼仪是一种资本：日常礼仪的300个细节[M]．北京：北京出版社，2007．
[35] 邸为民．旅游服务礼仪[M]．北京：化学工业出版社，2007．
[36] 于西蔓．西蔓美丽观点[M]．北京：中信出版社，2007．
[37] 陆永庆．东西方礼节礼貌[M]．南昌：江西人民出版社，2008．

[38] 白巍．公关礼仪[M]．北京：中国经济出版社，2008．

[39] 王岚巍．女性职场礼仪书[M]．长春：吉林科学技术出版社，2008．

[40] 金正昆．社交礼仪教程[M]．北京：中国人民大学出版社，2009．

[41] 周思敏．你的礼仪价值百万②职场修炼篇[M]．北京．中国纺织出版社，2010．

[42] 周思敏．你的礼仪价值百万③商务社交篇[M]．北京．中国纺织出版社，2010．

[43] 孙东亮．旅游服务礼仪[M]．北京：中国传媒大学出版社，2010．

[44] 林莹．现代中餐礼仪[M]．上海：上海科学普及出版社，2011．

[45] 田晓娜．礼仪全书[M]．北京：高等教育出版社，2001．

[46] 许嘉璐．《礼、俗与语言》民俗理论卷[M]．北京：社会科学文献出版社，2002．